OS ANTROPÓLOGOS E A RELIGIÃO

André Mary

OS ANTROPÓLOGOS
E A RELIGIÃO

DIREÇÃO EDITORIAL:
Marcelo C. Araújo

COMISSÃO EDITORIAL:
Avelino Grassi
Edvaldo Araújo
Márcio Fabri dos Anjos

TRADUÇÃO:
Lúcia Mathilde Endlich Orth

COPIDESQUE:
Thiago Figueiredo Tacconi

REVISÃO:
Ana Rosa Barbosa

DIAGRAMAÇÃO:
Bruno Olivoto

CAPA:
Vinício Frezza

Título original: *Les Anthropologues et la Religion*
© Press Universitaires de France (PUF), 2010
6, Avenue Reille, 75014, Paris
ISBN: 978-2-13-057813-0

Todos os direitos em língua portuguesa, para o Brasil, reservados à Editora Ideias & Letras, 2015.

Rua Tanabi, 56
Água Branca
CEP 05002-010 - São Paulo-SP
Fone: (11) 3675-1319
vendas@ideiaseletras.com.br
www.ideiaseletras.com.br

Dados Internacionais de Catalogação na Publicação (CIP)
(Câmara Brasileira do Livro, SP, Brasil)

Os antropólogos e a religião / André Mary;
(tradução Lúcia Mathilde Endlich Orth).
São Paulo: Ideias & Letras, 2015.

ISBN: 978-85-65893-69-5

Título original: *Les Anthropologues et la Religion.*
Bibliografia.

1. Antropólogos - Vida religiosa 2. Homem (Teologia) I. Título.

14-08028   CDD-301.092

Índice para catálogo sistemático:
1. Antropólogos: Biografia e obra   301.092

SUMÁRIO

Apresentação | 9

Introdução | 13
Da antropologia "religiosa" | 13
O religioso elementar
e as religiões primitivas | 18
A religião dos outros | 20
Religião do "costume"
e religiões históricas | 22
O fim da grande partilha:
os desafios da interação
missionária | 25
O antropólogo teólogo:
da superinterpretação | 26

Capítulo I:

Robert Hertz. A mecânica do mal e o mistério do perdão | 31

Introdução: uma obra inacabada

Coisas complexas e mecanismos de pensamento | 35

O mal e a morte ou a impureza do lado esquerdo | 39

O mecanismo espiritual do perdão | 43

O santo primitivo ou o "perdão" de Saint Besse | 51

O *mana* de Robert Hertz ou a fé do soldado | 58

Capítulo II:

Edward E. E. Evans-Pritchard. No começo era a bruxaria | 61

Uma antropologia de "bom senso" | 61

A "religião" dos azande | 65

Bruxaria, oráculos e magia: o triângulo matricial | 67

A economia da crença | 68

Bruxaria ou magia negra? | 71

Os paradoxos do sistema de bruxaria | 74

O espaço de jogo da acusação e seus códigos de conduta | 77

A piedade dos nuer | 80

Os gêmeos: pessoas ou aves? | 84

O espírito dos profetas nuer | 86

Capítulo III:

**Claude Lévi-Strauss. A morte do deus totêmico
e o nascimento do simbólico** | 91

Introdução | 91

Das coisas sagradas aos sistemas simbólicos | 93

O totemismo hoje: uma história recorrente | 97

A gênese durkheimiana da "matéria-prima" da religião | 99

O *mana* social e o símbolo contagioso | 101

Teoria indígena e pensamento substancial | 103

O *mana*, um significante zero | 108

Sistema totêmico e sistema religioso | 111

Do esquema: homologia *versus* genealogia | 114

Marca distintiva e conduta diferencial | 118

Totemismo e religião em Tikopia | 119

Quando os deuses entram no circuito: o sistema sacrificial | 119

Os símbolos dão a pensar | 126

Conclusão: o "religioso" ou o que resta | 130

Capítulo IV:
Roger Bastide e o sagrado selvagem: do misticismo ao gênio do sincretismo | 131

Entre Bastide e Lévi-Strauss | 131

Pensamento da classificação e pensamento do caminhamento | 133

Do misticismo ao sincretismo | 136

O sincretismo ou a "descontinuidade contínua" das formas | 141

Os paradoxos de um sincretismo das formas | 143

O molde da reinterpretação | 145

O demônio da analogia | 148

O princípio de ruptura | 151

A bricolagem | 153

As translógicas de Roger Bastide | 156

Capítulo V:
Clifford Geertz. Descrever e interpretar a experiência religiosa | 159

Um antropólogo autor | 160

A descrição interpretativa | 164

O modelo do texto | 169

Uma antropologia weberiana: a religião como *ethos* cultural | 174

Religião e senso comum | 181

Conclusão: mudança e engajamento | 186

Capítulo VI:
Marc Augé. Plasticidade pagã e ritual profético | 189

Um antropólogo, pesquisador de campo e escritor | 189

Ideo-lógico de linhagem e lógica pagã | 192

O paganismo, uma antropologia ao inverso | 196

Profetas curandeiros em seu país | 202

O entredois profético e seus rituais | 207

De um profeta ao outro | 211

Da perseguição à autoacusação | 214

O outro crente: plasticidade pagã e alteridade cristã | 216

Diálogo com Marc Augé. O questionamento do rito | 221

A realidade problemática do rito e seus paradoxos | 221

Do bom uso da analogia | 223

Os tempos do recomeço e o sentido da expiração do prazo | 226

O impensável da individualidade | 230

Autenticidade e duplicidade | 235

Ritualidade e sacralidade | 238

Capítulo VII:

Jeanne Favret-Saada. Os mecanismos do engrenador de violência | 245

"A bruxaria no Bocage, isto ainda existe..." | 250

Dos azande aos bocainos | 251

A palavra de membro | 254

Uma palavra dupla? | 256

A dupla cena | 257

O impasse de uma posição em dupla | 259

A perda das proteções mágicas do cristianismo | 262

A dessocialização do conflito | 263

O desenfeitiçamento: um processo de mudança psíquica | 265

Do camponês imaginário ao empreendedor familiar | 268

Os recursos modernos do paganismo cristão | 271

Conclusão: a fé dos incrédulos | 272

Conclusão:

Compreensão do outro e experiência religiosa | 275

Referências bibliográficas | 283

Índice dos principais conceitos | 301

APRESENTAÇÃO

A antropologia é de fato uma ciência cheia de astúcias e artimanhas. É quando ela parece querer afastar-se mais de nossa própria vida que ela mais se aproxima, e é quando ela insiste no caráter longínquo, pouco conhecido, antigo, bem específico de seu objeto que ela nos fala efetivamente de coisas próximas, familiares, contemporâneas e genéricas.[1]

Esta obra é o fruto de uma longa experiência de ensino universitário da antropologia das religiões, elucidada pelo convívio com grandes autores como também pelo conhecimento do terreno das formas contemporâneas da religiosidade africana.

---

[1] GEERTZ, Clifford. *Observer l'Islam*. Paris: La Découverte, 1992, p. 36.

Não se trata de uma simples introdução à antropologia das religiões, como já existem várias, e entre elas algumas são muito bem feitas.[2] Também não se trata de um estudo especializado, consagrado aos grandes autores e às teorias antropológicas da religião, como a grande suma que Camille Tarot[3] publicara. A escolha recaiu sobre um percurso de leitura pessoal, centrada antes de tudo na estreita associação entre um antropólogo, uma obra e um objeto: Claude Lévi-Strauss, *O totemismo hoje*, a função simbólica.

Três ideias diretrizes presidem essa leitura:

1) O ponto exato de uma importante obra de referência é essencial, mas essa obra-chave é apenas a introdução a uma plataforma de coerência que mobiliza perfeitamente outras obras e eventualmente artigos desconhecidos, a montante ou a jusante e em paralelo. Podemos encontrá-los na bibliografia própria a cada capítulo de autor. Algumas obras funcionam, como se sabe, em par: *Le Totémisme Aujourd'hui* de Lévi-Strauss é a introdução à *La Pensée Sauvage*; *Le Péché et l'Expiation* de Hertz é um projeto de tese que toma sentido em relação a outros estudos, inclusive ao estudo consagrado à peregrinação de Saint Besse; *Le Génie du Paganismo* de Augé retoma o ideo-lógico de linhagem e prolonga-se no *Dieu Objet*, como também no estudo dos profetas; *Islam Observed* de Geertz está na interface de dois terrenos (a Indonésia e o Marrocos) e no lugar de encontro da antropologia weberiana com a abordagem interpretativa; *Religions Africaines du Brésil* é uma etapa na busca bastidiana do sagrado selvagem e na união do misticismo com o sincretismo; Enfim, como falar da obra *Les Mots, la Mort, les Sorts* de J. Favret-Saada, sem referência ao diário *Corps pour Corps* e aos numerosos artigos que apareceram depois e por sorte reunidos hoje na nova obra *Désorceler*?[4]

2) Além do cuidado de marcar as filiações de pensamento, a genealogia e a continuidade das escolhas de objetos, existe uma profunda "contemporaneidade" do questionamento e dos objetos na

---

[2] Para citar apenas uma, ver OBADIA, Lionel: *L'Anthropologie des Religions*. Paris: La Découverte, "Repéres", 2007.

[3] TAROT, Camille. *Le Symbolique et le Sacré. Théories de la Religion*. Paris: La Découverte, 2008.

[4] FAVRET-SAADA, J. *Désorceler*. Paris: Éditions de l'Olivier, 2009.

relação entre os autores (clássicos e contemporâneos): é conhecida a grande filiação de Lévi-Strauss a Mauss, mas ignora-se muitas vezes o diálogo, talvez subterrâneo às vezes, entre Evans-Pritchard e Lévi-Strauss ou entre Bastide e Lévi-Strauss. O efeito do anúncio das rupturas e da divulgação das distâncias tendem a ocultar a verdade sobre as retomadas e as dívidas: a antropologia da bruxaria bocaina de Jeanne Favret-Saada não pode ser compreendida sem referência à bruxaria dos azande de Evans Pritchard.

3) Por sua especialidade, a antropologia, já desde o começo tem ligação com as religiões das "sociedades primitivas", com as religiões dos outros, e os antropólogos têm um problema com a (sua) religião nativa. O fio condutor é a questão que Evans-Pritchard foi um dos primeiros a levantar: a relação dos antropólogos com as coisas religiosas na própria construção de seus objetos. Num pequeno livro, ao qual esta obra deve muito,[5] ele lembra a ancoragem religiosa dos teóricos mais célebres da religião primitiva e se interroga sobre a relação inconfessada ou reprimida que eles mantêm especialmente com o cristianismo ou com a religião de sua infância, através do desvio para as religiões "primitivas". A cultura indígena (religiosa ou irreligiosa) dos antropólogos não deixa de ter incidência na natureza necessariamente interpretativa dos dados de toda descrição etnográfica. A tradução cultural e contextual dos termos da linguagem indígena – o que as palavras significam para o outro e para si mesmo na relação de interação da linguagem – é uma questão importante do trabalho etnográfico. Todos os antropólogos são, enfim, confrontados em sua construção de objetos, com a imagem da sorte reservada ao *mana* por Lévi-Strauss, com a questão do "resto": o religioso ou a religiosidade na periferia ou à margem do mecanismo simbólico ou do sistema religioso.

---

[5] EVANS-PRITCHARD, E. E. *Theories of Primitive Religion*. Oxford University Press, 1965 (tr. fr. *La Religion des Primitifs – à Travers les Théories des Anthropologues*. Paris: Petite Bibliothèque Payot, 1971); e por outro lado EVANS-PRITCHARD, E.E. Religion and the Anthropologists, um artigo escrito em 1960 e retomado em: *Les Anthropologues Face à l'Histoire et à la Religion*. Paris: PUF, 1974, pp. 185-235 (tr. fr. *Social Anthropology and Other Essays*. Glencoe: The Free Press, 1962).

INTRODUÇÃO

Da antropologia "religiosa"

Falar de antropologia da religião ou das religiões, ou mais ainda de "antropologia religiosa" não é tão fácil, e particularmente no círculo dos antropólogos. Os termos aparentemente equivalentes ou paralelos de antropologia "política" ou "econômica" não suscitam as mesmas reservas, ao contrário. No entanto, alguns antropólogos permanecem muito ligados ao termo "antropologia religiosa", no espírito dessa "sociologia religiosa" que ocupava um lugar central nos trabalhos de toda a Escola durkheimiana e maussiana.

Podemos pelo menos referenciar, mesmo sem descobrir o que está por trás delas, duas fontes de ambiguidades que podem gerar o mal-entendido:

1) Antes de mais nada, o termo "antropologia religiosa", como o mais amplo de "ciências religiosas", tende a manter a confusão entre um projeto científico e preocupações religiosas. Pierre Bourdieu denunciava a seu modo essas tentativas que pretendem acumular os benefícios da religiosidade e da cientificidade a serviço de uma "ciência edificante" ou de uma "religiosidade culta" (1987, p. 110).

O problema coloca-se em relação às tradições cultas e às disciplinas instituídas que as "grandes religiões" se atribuem em seus institutos e faculdades (católicos, protestantes e agora muçulmanos) em matéria de teologia, de exegese dos textos ou de história religiosa, ou de missiologia (uma disciplina que interpela particularmente o antropólogo). Depois de ter percebido a emergência das ciências humanas ou sociais do religioso (história, sociologia ou antropologia) como uma tarefa "de irreligião", muitos profissionais das religiões (produtores ou agentes) apropriaram-se desde o começo dos saberes antropológicos, seja para engajar-se numa contraetnologia, seja para acomodar a transmissão de sua mensagem. Basta pensar na etnologia "católica" de ex-padres convertidos à etnologia e naquele programa do padre Smith e do bispo Leroy, retomado pela revista *Anthropos*, para uma etnologia religiosa, feita por missionários que conhecem o terreno, as línguas e as populações, e sem preconceito metafísico ateu, materialista ou evolucionista. Os teólogos católicos ou protestantes do cristianismo africano referem-se hoje à leitura do *Génie du Paganisme* de Marc Augé, como os teólogos da inculturação nutrem-se da antropologia dos sincretismos e outras formas de bricolagem religiosa.

Também surge um outro tipo de problema a nível da confusão deliberadamente fomentada pelas produções religiosas de alguns "novos movimentos religiosos" entre ciência e religião, sendo o exemplo mais célebre o da cientologia. Os departamentos de estudos religiosos (*Religious Studies,* como os *Cultural Studies*) dos países anglo-saxões não facilitam as coisas.

Daí a engajar-se numa exigência de "laicização da antropologia" que excluiria que se possa ser ao mesmo tempo etnógrafo dos fatos religiosos, produtor de conhecimento antropológico sobre as formas da experiência religiosa e profissional de uma religião, há um salto que alguns antropólogos não hesitam transpor.

Para Marc Augé (1974, p. 9):

> *A literatura africanista, em todo caso, me parece atravancada há muitos anos por profissionais da religião cristã que parecem encontrar em sua profissão a razão de uma competência particular para o estudo de todas as religiões. O eventual agnosticismo dos não profissionais da religião deveria, ao contrário, assegurar-lhes esse recuo diante do objeto estudado do qual se fez, por outros propósitos, uma virtude da etnologia e de alguma forma sua garantia científica.*

É verdade que uma grande parte dos debates que dominam, por exemplo, a antropologia das religiões africanas está ligada à clivagem mais ou menos declarada e reprimida entre as categorias de uma antropologia religiosa ligada à herança "missionária" e uma antropologia "leiga" ou "pagã" na qual a defesa da cientificidade ou da boa etnografia vai de par com um engajamento não dissimulado pelos valores de tolerância do paganismo.

2) A outra fonte de ambiguidade é a referência da antropologia religiosa a um "religioso" mais ou menos substantivado que sugere alguma especificidade irredutível do religioso enquanto dimensão da experiência humana, ou postula a existência de um *homo religiosus* à maneira de Mircea Eliade e de toda uma história ou meta-antropologia do religioso. A questão levantada pode estender-se a todas as tentativas (especialmente enciclopédica) que buscam nos arquétipos da experiência espiritual da humanidade os fundamentos de um *homo religiosus* ou os sinais de um possível religioso resolutamente inscrito no ser humano.

Esse problema foi claramente proposto por Claude Lévi-Strauss, no momento em que ele assumiu a cátedra de etnologia das religiões na École Pratique des Hautes Études no fim dos anos 1950. Em *Totemisme hoje*, Lévi-Strauss interroga-se sobre esse dilema: como pôde a antropologia distanciar-se do estudo dos fatos religiosos, enquanto estava no cento da obra dos grandes fundadores (Tylor, Frazer, Durkheim)? O dilema de uma ciência humana das religiões é para Lévi-Strauss (1962a, pp. 152-153) o seguinte:

Mas as ciências, mesmo as ciências humanas, não podem operar eficazmente a não ser sobre ideias claras, ou sobre ideias que elas se esforçam para tornar claras. Se pretendemos constituir a religião em ordem autônoma, dependente de um estudo particular, será preciso subtraí-la dessa sorte comum dos objetos de ciência. Se definirmos a religião por contraste, resultará inevitavelmente que, aos olhos da ciência, ela só se distinguirá como reino das ideias confusas [...]. Inversamente, se atribuirmos às ideias religiosas o mesmo valor que a qualquer outro sistema conceitual, que é de dar acesso aos mecanismos do pensamento, a antropologia religiosa será validada em seu modo de agir, mas ela perderá sua autonomia e sua especificidade.

Pode-se fazer muitas reservas sobre essa concepção tão cartesiana da ciência (e das ideias claras e distintas) oposta às ideias confusas que provêm do domínio das emoções e das paixões, numa palavra, da obsessão pelas coisas religiosas. Ela desconhece tudo que os conceitos antropológicos, especialmente no domínio do religioso, devem às categorias religiosas e à dificuldade que há em fazer tábua rasa dessas quando se quer tentar compreender as "coisas religiosas". Lévi-Strauss estigmatiza aqui a maneira pela qual a Escola durkheimiana transmutou categorias indígenas como a de *mana* em conceitos explicativos, o sagrado. Muito menos somos obrigados a aderir a algum paradigma intelectualista ou cognitivista que faz do afetivo ou do social uma resultante dos "mecanismos de pensamento" e não uma fonte de explicação. Também aqui Lévi-Strauss refere-se às explicações do "mau Durkheim" sobre os grandes relatos da emergência do sagrado em termos de efervescência coletiva ou de contagiosidade das emoções. O problema que aqui se coloca diz respeito a todas as tentativas que visam postular a irredutibilidade, ou a especificidade dos fenômenos religiosos em relação à "sorte comum dos objetos de ciência" e, na ocorrência, aos paradigmas das ciências sociais.

Para dizer a verdade, a questão atravessa o debate entre os paradigmas das ciências humanas como tais, entre compreensão e explicação. Lévi-Strauss criticava nessa época a "fenomenologia" das religiões cuja postura da *épochè* – a colocação entre parênteses da questão da existência das coisas religiosas e a concentração sobre as formas da experiência ou da crença – tende a invalidar toda tentativa de objetivação ou de explicação de uma experiência suposta como irredutível. A postura antropológica da recusa de uma especificidade ou irredutibilidade do religioso, seja qual for, em proveito do simbólico – a grande lição do "totemismo hoje" (1962) – marca um ponto de ruptura com a obsessão das "coisas religiosas" que se oculta para Lévi-Strauss por trás do credo fenomenológico do respeito pelo objeto da crença. É interessante observar que Evans-Pritchard se vale, ao inverso, da postura "fenomenológica" para assentar os fundamentos de uma antropologia das religiões desembaraçada dos debates metafísicos sobre a origem das coisas religiosas (1965, p. 23). Essa postura serve-lhe de parapeito contra as tentativas de explicação causal e redutora (psicológica ou sociológica) do fenômeno religioso que, para ele, depende muito mais de uma iniciativa metafísica ou teológica. Ela encarna um interesse de compreensão do ponto de vista indígena e de incentivo ao método comparativo preocupado com a complexidade das coisas religiosas.

Enfim, é clássico opor às ambiguidades da antropologia religiosa o projeto de uma "antropologia política", e é claro que a denominação não suscita o mesmo gênero de reservas. A antropologia política não poderia reduzir-se, como se sabe, a uma antropologia do campo político, nem mesmo a uma leitura política da religião (religão e política), mas "o político" transfigurado ou transmutado em paradigma geral, particularmente do religioso (a religião ou o religioso "é político"), apresenta outras ambiguidades. Uma antropologia política da religião pode ser concebida como ligando o religioso à questão do poder ou às relações de poder. Acontece que Evans-Pritchard não é apenas uma grande figura da antropologia religiosa africana, mas também um dos pais da antropologia política, através de sua monografia sobre os nuer. Em seu prefácio à obra *Les nuer* (1968), Louis Dumont se interroga sobre o privilégio e a evidência concedidos à categoria do político na abordagem das sociedades não ocidentais: "uma vez que temos político, todas as sociedades devem ter também" (p. 10). Porém, mais profundamente, pode-se perguntar com ele se essa evidência do primado do político não traduz um universalismo do paradigma individualista que não pode pensar a totalidade social a não ser a partir das estratégias dos indivíduos e da maximização de seu proveito e de sua posição de poder, atribuindo-se assim uma outra forma de conforto intelectual e de trono metafísico (p. 12).

Como se pode ver, o problema de falar do religioso, do político ou do simbólico tem por objeto os paradigmas com os quais estamos de acordo e que é melhor explicitar.

O religioso elementar e as religiões primitivas

No que diz respeito aos empreendimentos das ciências religiosas que podem ser qualificadas de "meta-antropológicas" (Mircea Eliade e seus arquétipos), o religioso antropológico ou o religioso dos antropólogos ocupa um lugar singular, uma vez que a pesquisa das invariantes antropológicas do religioso está nesse caso tradicionalmente ligada à etnologia das sociedades tradicionais europeias, mas sobretudo não europeias. Esse forte vínculo entre as "formas elementares da vida religiosa" e as "religiões primitivas" construiu-se no quadro da Escola sociológica de Durkheim e particularmente pelos antropólogos através da obra de Mauss.

A religião dos sociólogos se nutre também da tradição durkheimiana, mas a influência weberiana prevaleceu nitidamente. O sociólogo da tradição weberiana está inteiramente de acordo com as religiões ditas "históricas", as "grandes religiões" (*Weltreligion*), que pertencem à sua própria sociedade. Sua pergunta principal refere-se aos processos que afetam a evolução das formas da religiosidade (racionalização ou secularização), particularmente à prova da modernidade, e à maneira pela qual essas influenciam, aquém das ideias e dos valores, as disposições a agir em sociedade.

Por outro lado, o que busca o antropólogo de inspiração durkheimiana aquém da variação das culturas religiosas? Se a etnologia cultiva de fato o sentido da singularidade das formas de religiosidade própria a esse ou àquele povo, ou a essa etnia, a vocação do antropólogo e seu modo de proceder comparativo é exatamente descobrir não tanto traços comuns, mas princípios de variabilidade (como o esquema do sacrifício). Invertendo alternadamente essas formas elementares de religião que são o "totemismo", mas também o animismo, o "fetichismo" ou o "paganismo", o antropólogo está à busca de uma espécie de matéria (de deus-objeto, segundo o belo título de Marc Augé) ou de matriz de um religioso originário. Os debates da etnologia dos fatos religiosos europeus em torno da noção de "religião popular", ou os ensaios mais recentes sobre a "religião como fenômeno natural" (Boyer, 1997), ou "o religioso ordinário" (Piette, 2003) dependem dessa mesma preocupação antropológica.

O vínculo metodológico e epistemológico entre a busca dos traços elementares da religião em geral e o investimento do caso único, mas exemplar, do totemismo, é bem complexo. Para a Escola durkheimiana, a historicidade de nossas formas religiosas, sua relatividade histórica, não causa dúvida: não se trata de fazer dela a expressão de dados imediatos da consciência (Deus, uma ideia inata) ou sentimentos espontâneos do coração humano (a religião como resposta ao "medo da morte"). Do mesmo modo, o desvio por essa "religião primitiva" que é o totemismo não deve dar a entender que teríamos de nos defrontar com a forma primeira, original, da religião. A ruptura com a questão das origens da religião, que é o pacto iniciático de toda ciência humana ou social das religiões, já está iniciada em Durkheim e confirmada por Mauss. Mais ainda, o elementar não é necessariamente simples e pode conter uma "complexidade originária", para retomar a expressão de Mauss a propósito do "esquema do sacrifício".

Resta a tese essencial: no totemismo, nas religiões primitivas, encontramos "todas as grandes ideias e todas as principais atitudes rituais que estão na base das religiões, mesmo as mais avançadas" (Durkheim, 1960, p. 593), ou ainda "as religiões mais primitivas não diferem das mais recentes e das mais refinadas" (p. 601). A tese é de fato dupla, uma vez que:

1) a essência da religião é dada desde o começo e não há diferença essencial;

2) as formas derivadas, mais evoluídas ou refinadas, numa palavra, "superiores", representam o cumprimento ou a perfeição da essência da religião.

O debate sobre as artimanhas que procedem do religioso elementar de Durkheim já tem uma longa história. Toda sua argumentação na discussão sobre as formas do totemismo (australiano e norte-americano) já está dominada pela preocupação de não confundir as formas "derivadas" com o essencial. Mas muitos comentaristas (Isambert, 1982) não deixaram de sublinhar que as formas supostamente elementares da vida religiosa teriam tomado muito de empréstimo às religiões dominantes da sociedade europeia: será que a oposição estrutural entre sagrado e profano não está inspirada na oposição entre espiritual e temporal, e, sobretudo, que a definição da religião em termos de sistema de crenças e de práticas sustentado por uma "comunidade moral", numa palavra, uma Igreja, faz muita concessão à tradição cristã, para não dizer católica (Durkheim, 1960, p. 65)?

A religião dos outros

O desvio pelo totemismo desempenhou um papel importante, no centro da Escola durkheimiana (que até então se nutria de preferência de uma documentação histórica), na consagração da disciplina etnológica nascente. O desenvolvimento das pesquisas de campo incentivadas por Mauss vai ao encontro de um sentido mais agudo da variabilidade e até mesmo da singularidade das culturas religiosas e apressa a desconstrução dos "falsos objetos" da antropologia do século XIX (totemismo, fetichismo, animismo). Ao mesmo tempo, o religioso dos primitivos interpela seriamente a ideia que fazemos da "religião". A ideia de "religiões" primitivas ou tradicionais, africanas, indianas ou outras, sempre foi problemática para a antropologia, como também para os missionários, ainda que por razões inversas.

Se colocarmos de lado a ideia de que a religião dos outros é tudo salvo religião – magia, superstição, bruxaria ou idolatria, ou simplesmente ritual – o dilema antropológico pode resumir-se assim:

—ou nos dedicamos a mostrar que esses cultos exóticos são também portadores de uma ideia original de Deus e testemunham uma "espiritualidade" da alma primitiva, que valem efetivamente como as das "grandes" religiões, mas nesse caso assumimos uma ideia da religião e uma definição da religiosidade cuja forma acabada essas últimas pretendem encarnar (para Leenhardt a pessoa canaque, para Evans-Pritchard a piedade dos nuer, para o padre Smith a oração entre os pigmeus são "à imagem" de nossa religiosidade);

—ou então nos lançamos numa reabilitação de seu gênio próprio e de sua diferença radical e assumimos o risco de fazer do "paganismo" uma espécie de antirreligião ou de religião do Livro ao inverso, como veremos em *Gênio do paganismo* (Augé).

Leenhardt cita o informante canaque que lhe dizia que o que os missionários lhes haviam trazido não era a ideia de alma, a sim a ideia de que eles tinham um "corpo". Mas é claro que o essencial aqui é o próprio princípio da distinção entre a alma e o corpo (Naepels, 2007). Além dos termos da comunicação entre missionário e indígena, o que importa é o sistema de alternativas discriminadoras, as dicotomias significantes nas quais ele se inscreve, e o efeito de imposição, de interiorização ou de apropriação dessas. E esse sistema de alternativas (espiritual/material) se aplica primeiramente à categoria de religião como na oposição religião/magia.

No encontro entre os missionários e os babalaôs em país ioruba, como observa o historiador John Peel (2000), a primeira dissimetria nesse encontro "religioso" está relacionada ao fato de que os primeiros são portadores de um conceito da religião que obriga os segundos a situar-se em relação a uma ideia do religioso ou da relação com o religioso que não é a deles (ainda que o islã tenha servido de intermediário nesse caso).

Algumas observações sobre a definição "metodológica" do que é uma "religião" segundo Durkheim (e sem ir até a essência da religião, na ocorrência o sagrado):

a) A ideia de um "sistema de crenças e de práticas" não está de acordo com a constatação de crenças implícitas e dispersas, de mitos fragmentados ou de dispositivos rituais rompidos.

b) O conceito de Igreja – a "comunidade moral" que transcende as comunidades naturais, edificando lugares cultuais, instituindo um calendário ritual, consagrando agentes religiosos especializados na gestão das consciências e na vigilância das práticas – está bem distante das modalidades de uma vida ritual que adotam as formas e os ritmos da vida social e familiar.

Mais profundamente existe uma relação com o religioso que pode levar a duvidar da generalidade do conceito weberiano de "religiosidade":

a) As crenças partilhadas (bruxaria e outras) são essencialmente crenças nas quais não se "crê". Elas formam uma espécie de senso comum que nada tem a ver com o ato de crer, o engajamento na fé ou a adesão a dogmas. Os relatos genealógicos dos ancestrais ou dos deuses não poderiam ser confundidos com um "credo" e a ideia de que se deve "crer" para ser salvo é uma ideia singular (e estranha) das religiões da fé e da salvação.

b) Os ritos das sociedades tradicionais obedecem a pressupostos pragmáticos que estão fortemente ligados à vida social dos grupos e à sua reprodução vital. Os gênios e os deuses ajudam a pensar e a gerir as relações entre os humanos e estruturam identidades sociais e individuais que são o objeto de uma herança. Em comparação com a religiosidade judaica de seu avô rabino, totalmente distante e severo, Lévi-Strauss se surpreende, em *Tristes trópicos,* com uma religiosidade bororo que leva tudo "na brincadeira".

Religião do "costume" e religiões históricas

Será que se deve abandonar decididamente o termo "etnocêntrico" de religião? Os historiadores africanistas como John Peel (2000) preferem falar de *country fashion* e os etnólogos falam muito mais, como os indígenas, de costumes ou de tradições locais. Mas o termo "religiões tradicionais" que se opõe às "religiões históricas" é por si mesmo portador de ambiguidade e pode ser fonte de um grave contrassenso.

As religiões chamadas "históricas" são assim designadas porque se inscrevem numa história e, sobretudo, numa consciência histórica marcada pelo evento de sua fundação. Elas encontram numa revelação datada, em figuras proféticas e na exegese das Escrituras que supostamente transmitem a palavra divina, o que faz o sentido último da história da humanidade. O universo das religiões do costume ou do culto dos ancestrais faz parte, nessa configuração histórica, do mundo de antes da Revelação: é o mundo "encantado" da magia, no sentido weberiano do termo (*Entzauberung*). E toda uma literatura do "encantamento" da sociedade primitiva, promove esse mundo à função de arquétipo da Tradição imemorial, imerso no Mito original e sujeito ao puro regime da Heteronomia.

Tem-se a tendência de projetar sobre o universo dos costumes ou das tradições ancestrais um conceito "tradicionalista" da Tradição que é a invenção das religiões históricas. A miscelânea indiferenciada de mitos fragmentários, de tradições orais e de ritos que se chamam "costumes" é antes de tudo estranha ao culto do passado como tal e ao escrúpulo da conservação de sua memória. As sociedades de tradição oral não são sociedades da memória como as sociedades da escritura. Os ancestrais não estão mortos e a evocação do mito fundador da ordem das coisas, da mesma forma que o cumprimento reiterado dos ritos, se conjugam no "passado presente".

Em segundo lugar, o costume é evidente porque ele depende de uma ordem que transcende todas as razões que podemos atribuir-lhe. O caráter formal e circular das justificações correntes que fazem apelo à antiguidade e à continuidade (nossos pais sempre o fizeram) confirma a seu modo que o costume vale por ele mesmo e permanece estranho a toda elaboração de um discurso da Tradição como lar de legitimidade e fonte de ortodoxia. Como o diz Edmond Ortigues:

> O costume é razão porque as únicas razões de viver que podem ser qualificadas de religiosas são as razões de estar aí, de habitar algum lugar, em vez de ser uma alma errante como os mortos sem altar ou os loucos sem razão que vão extraviar-se na selva (Ortigues, 1981).

Transmitido como uma herança do mesmo modo que o nome que cada um traz, o culto dos ancestrais não busca, portanto, exportar-se ou converter os outros.

Lévi-Strauss queria intitular sua cátedra de ensino: "Religiões dos povos sem escritura" (em vez de "Religiões dos povos não civilizados"). A clivagem instituída entre as sociedades da oralidade que vivem no passado presente do costume e no pragmatismo do ritual, conjugando a fidelidade à lei dos ancestrais com uma grande plasticidade, e as sociedades da escritura que ligam a verdade a uma dialética do espírito e da letra, fixando os dogmas e tábuas da Lei, transformando o rito em liturgia codificada, contribuiu muito para selar a linha divisória entre o estudo histórico e sociológico das religiões do Livro e a antropologia exótica dos costumes ancestrais.

Essa onipresença ou essa ignorância do texto no seio de uma tradição religiosa faz a diferença nas formas da autoridade (oracular ou escriturária) e comanda as modalidades do trabalho religioso (aqui cabe pensar no papel decisivo dos letrados e dos clérigos sublinhado por Weber). Mas essa presença/ausência do trabalho sobre os textos pesou também muito sobre a divisão e a especialização do próprio trabalho científico e sobre a formação dos hábitos disciplinares no estudo das religiões, a ponto de tornar impensável a ideia de um trabalho etnológico sobre os textos. Mesmo no quadro do estudo das "grandes religiões", a separação entre o ponto de vista escriturário daqueles que buscam na exegese dos textos e no comentário dos autores consagrados a essência da verdadeira religião, e o ponto de vista daqueles que se fazem os porta-vozes das tradições orais e da experiência ritual das comunidades rurais, foi muitas vezes a regra, embora essas duas formas de religiosidade – erudita e popular – coabitassem ou se misturassem. Pode-se perguntar, como o fez Geertz, sobre o peso de uma tal divisão a propósito das pesquisas sobre o islã e sobre essa "grande partilha" entre o estudo escriturário dos orientalistas (juristas, teólogos, exegetas) e a abordagem etnológica das comunidades particulares.

O fim da grande partilha: os desafios da interação missionária

A grande partilha disciplinar entre o religioso dos antropólogos e a religião dos sociólogos está hoje consideravelmente embaralhada pelo desenvolvimento de uma sociologia dos "movimentos religiosos modernos" que se estende aos fenômenos religiosos da África, da Ásia ou da América Latina e abala as "reservas" das sociedades tradicionais. O pentecostalismo que avança entre os índios da Amazônia ou o Evangelho entre os Papuas tornaram-se lugares-comuns. Mais recentemente, a crise das religiões instituídas e o requestionamento das fronteiras que seriam supostamente de um "campo religioso", da mesma forma que instrumentos conceituais forjados no estudo dessa esfera especializada, levaram também os sociólogos a encontrar os questionamentos provenientes do religioso antropológico para compreender melhor as formas pós-modernas de um religioso flutuante, secular ou híbrido (Hervieu-Léger, 1999, pp. 19-20).

Mas é também o desenvolvimento de uma antropologia histórica ou de uma história antropológica das formas do cristianismo, ocidental, africano ou indiano, que coloca à prova as categorias da tradição antropológica mais exótica, começando por lembrar a antiguidade das implantações missionárias cristãs e seu papel decisivo na construção das identidades indígenas. Há várias décadas os trabalhos dos historiadores da África não cessaram de lançar a dúvida sobre a construção desse objeto antropológico que se chama "religião tradicional" e sobre o tipo de etnografia que serve de base à sua elaboração. Hoje mesmo, a multiplicidade e a acumulação das releituras que alimentam todos os movimentos neotradicionalistas tornam muito problemática toda tentativa de acesso ao que poderia ser a versão "tradicional" desse ou daquele culto (vodu, bwiti). Já não é mais possível separar essas "religiões tradicionais" de todos os discursos etnográficos que as saturam. O que continua de fato surpreendente é o papel reconhecido ou negado que desempenham os escritos dos etnólogos mais clássicos, elevados à categoria de textos sagrados, nessas redescobertas da tradição africana autêntica (dogon, ioruba, banto).

A etnologia tradicional foi realmente elaborada, em grande parte, com base nos dados pré-construídos e no desconhecimento do princípio que a tornava possível. O que John Peel chama de "prioridade epistemológica da interação" é a ideia de que o ponto a partir do qual nossas investigações começam, e do qual dependem todos os nossos dados, já é o produto de um encontro e de uma interação entre pontos de vista, aquele encontro que liga o etnólogo a seu informante, ou aquele que se trava entre o primeiro missionário e seu interlocutor, catequista ou exegeta indígena. Como o diz John Peel: "Para nós, a religião tradicional não vem em primeiro lugar, mas o que vem em seu lugar é o encontro do pastor com o babalaô (1990)". Evans-Pritchard é explicitamente grato aos missionários por terem "educado" aqueles que lhe serviram de informantes privilegiados e reconhece que sem o léxico e a gramática deles, não poderia ter levado a bom termo sua pesquisa entre os azande. Até mesmo Lévi-Strauss, em sua busca do selvagem autêntico, menciona sua dívida em relação a seu "professor de sociologia bororo", "o indiano do papa", educado pelos missionários e recebido em Roma, mas que retornou à vida exemplar do selvagem, depois de uma crise espiritual (*Tristes trópicos,* 1955, p. 251).

Portanto, a etnografia hoje, como no primeiro dia, sempre avança praticamente em situações em que a mudança cultural está em curso. Nenhuma via empírica pode conduzir diretamente ao conhecimento de uma religião tradicional em si mesma, seja ela qual for. A concepção que podemos fazer da "religião tradicional" só pode ser uma síntese construída a partir dos dados interativos primários e muitas vezes missionários. Sempre é legítimo, sem dúvida, tentar determinar o que uma cultura ou uma religião era, num dado momento, antes do encontro; mas não se poderia esquecer como poucas coisas dependem do dado e como muitas devem ser reconstruídas a partir de uma análise do encontro. Todos os dados antropológicos dependem, nesse sentido, de uma espécie de sincretismo intercultural originário.

O antropólogo teólogo: da superinterpretação

O vasto processo de "desconstrução" do saber dos antropólogos que sevicia há muitos anos levanta questões temíveis. Se devêssemos resumir o propósito das críticas mais ou menos inspiradas no que se chama a crise "pós-modernista" em antropologia, poderíamos pensar que o religioso dos antropólogos não é, em si mesmo, senão o produto de uma invenção teológica que traduz os dados "êmicos" recolhidos nos termos da problemática religiosa e do sistema de crenças das religiões chamadas "universais". As coisas que fazem o cotidiano mais prosaico e as maneiras de falar da linguagem ordinária teriam sido sistematicamente transmutadas, pela graça da tradução cultural, em crenças metafísicas ou em categorias teológicas. Essas teologias culturais ou essas cosmologias totalizantes foram elaboradas com a cumplicidade de alguns informantes gratificados com o título de pensadores ou de filósofos que lhes era outorgado. Examinando mais de perto, o processo engajado visa essencialmente a uma antropologia simbolista ou culturalista, especializada na exegese indefinida dos mitos e dos ritos e instalada numa postura interpretativa, hermenêutica ou criptológica, que incentiva todas as superinterpretações metafísicas.

Indo até o fim desse processo, pode-se ver muito bem que ele acabaria por dar a entender que a questão do sentido como tal, a interrogação sobre o que pode significar exatamente esse dito ou esse gesto, é ela mesma superinterpretativa, sendo o único meio de pôr um fim ao risco de superinterpretração e eliminar o problema da interpretação dos dados. O que é evidentemente absurdo. Mas o questionamento epistemológico sobre os desvios interpretativos inerentes à atividade de tradução cultural permanece perfeitamente fundado. Podemos reter aqui pelo menos duas figuras da superinterpretação cultural, religiosa ou teológica, que exercem vigilância sobre todo antropólogo às voltas com os dados.[1] Falar de "teologia" nesse contexto, como o fazem costumeiramente alguns antropólogos, praticando o amálgama com a metafísica ou com a cosmologia, pode surpreender. Nesse caso, não é absolutamente questão do sentido nobre dessa disciplina, nem muito menos de uma doutrina erudita particular, mas antes de um modo de pensar. Apreender o conteúdo das crenças e das categorias de pensamento dos "outros" à luz da teologia cristã,

---

[1] Sobre o problema geral da superinterpretação em antropologia e sobre essas figuras mais características, ver Jean-Pierre Olivier de Sardan. La Violence Faite aux Données, Autour de Quelques Figures de la Surinterprétation en Anthropologie. Enquête. 1996, n. 3, pp. 31-59.

seja para estigmatizá-las ou, pior, na intenção de valorizá-las, é a primeira figura clássica do etnocentrismo, o pecado original, se assim podemos dizer, em matéria de antropologia das religiões. Mas a importação de um modo de questionamento teológico ou de uma forma de interesse pela especulação religiosa (a obsessão pelas coisas religiosas) depende de um etnocentrismo mais sutil.

Para Keesing, o antropólogo se transforma em "teólogo cultural" cada vez que ele pratica a imputação de crenças metafísicas explícitas e coerentes aos sujeitos que ele estuda a partir de suas maneiras ordinárias de falar (1985, pp. 211-238). Como as crenças não são jamais verdadeiramente dadas, e raramente são objeto de uma enunciação, todo trabalho etnográfico consiste exatamente em explicitar o que estava implícito, generalizar o que era contextual, e reunir o que estava fragmentário. Mas daí a conferir a essa elaboração culta, que nenhum informante teria produzido como tal, o estatuto de uma construção teológica que se faz passar falaciosamente por uma expressão do pensamento indígena, há um salto. Sem dúvida alguma existem sociedades ditas "primitivas" que elaboraram cosmologias sábias, nas quais se encontram "virtuoses" da exegese e da especulação como nos iatmul de Nova Guiné onde, como observa o próprio Keesing, "a erudição teológica é uma fonte de poder mundano" (*ibid.*, p. 216). Poderíamos encontrar esse gosto pelo questionamento e pela reflexão teológica entre os babalaôs do mundo ioruba em seu diálogo com os missionários (Peel, 2000). Mas extinguindo a distância entre o implícito e o explícito, nós nos privamos de uma análise dos diferentes regimes de crença, das modalidades mais ou menos pragmáticas e contextuais do crer e de suas expressões, e das condições que explicam entre outras a emergência efetiva de teólogos profissionais.

Evans-Pritchard foi um dos primeiros a sublinhar essa questão em sua célebre monografia sobre a magia e a bruxaria dos azande:

> *O zande atualiza muito mais suas crenças do que as intelectualiza e seus princípios exprimem-se muito mais numa conduta socialmente controlada do que numa doutrina. Daí a dificuldade de discutir esses assuntos com eles [...] suas ideias estão aprisionadas na ação* (Evans-Pritchard, 1936, p. 17).

Keesing, antropólogo australiano, tornou-se conhecido particularmente por seu reexame das traduções culturais das noções melanésias de *mana* e de *tapu*.[2] A questão é importante quando sabe-se que ela trata do papel essencial que essas categorias indígenas desempenharam na elaboração erudita do conceito durkheimiano do sagrado. Duas conclusões importantes resultam desses trabalhos. A primeira é que as traduções consagradas do termo *mana* privilegiaram sistematicamente o uso do substantivo em relação ao do verbo, o que incentivou a tendência à substancialização e à reificação das expressões indígenas. Em poucas palavras, onde o melanésio, ao dirigir-se a seus ancestrais, diz: "*mana* por mim" no sentido de "vela por mim ou protege-me", o antropólogo traduziu: "Dá-me o *mana*". Daí o sucesso de uma verdadeira teologia do *mana*, de invenção europeia, bem distante das preocupações melanésias, assimilando o termo a uma substância espiritual, difusa e invisível, fonte de toda eficácia e de todo poder.

A segunda forma de má interpretação corrente realçada por Keesing é o modo como o antropólogo teólogo fixa à palavra as metáforas convencionais de uma dada população, como se tratasse da expressão de crenças autênticas e partilhadas. O que pensar de um etnólogo que tendo assemelhado sistematicamente as fórmulas que utilizamos correntemente a propósito da "chance que tivemos ou que não tivemos", da chance "que nos sorri ou que se evanesceu", ou ainda dos "golpes do destino" concluísse daí que "os franceses acreditam que" a chance é uma substância invisível da qual alguns dispõem e outros não, que se apresenta sob duas espécies opostas, a boa e a má sorte, e que essa substância se metamorfoseia às vezes numa pessoa que faz aliança com uns contra outros? De maneira geral, por que deveríamos atribuir às maneiras de falar dos outros e também a seus relatos míticos mais profundeza metafísica, mais pertinência teológica do que ao modo como continuamos a falar do sol que se levanta e que se deita, ou como fazemos falar nosso coração "despedaçado" como se ele fosse a sede das emoções"? Para retomar a célebre fórmula de Paul Veyne a propósito dos gregos, não está fora de questão que os dogon ou os melanésios só tenham acreditado parcialmente em seus mitos (Veyne, 1983).

---

[2] Além do artigo citado, ver também Keesing (1984, pp. 137-156).

CAPÍTULO I
ROBERT HERTZ[1*]
A MECÂNICA DO MAL E O MISTÉRIO DO PERDÃO

Introdução: uma obra inacabada

Podemos perguntar-nos sobre as razões que podem levar a incluir um autor como Robert Hertz na introdução dessa seleção de autores escolhidos, sobretudo porque sua obra se resume a alguns estudos e porque a "grande obra" sobre o pecado e a expiação permaneceu no estado de esboço.

Três razões importantes, entre outras, podem ser alegadas:

[1*] HERTZ, Robert. *Le Péché et l'Expiation dans les Sociétés Primitives*. Paris: Éd. Jean-Michel Place, Les Cahiers de Gradhiva. 6, 1988, publicado em 1992 em *Revue de l'Histoire des Religions*.

1) Hertz ilustra por excelência um percurso intelectual que faz a ponte entre a abordagem comparativa das sociedades exóticas – embora essa abordagem continue livresca e documentária – e uma etnologia europeia, local ou regional, revisitando as questões históricas e antropológicas de um culto folclórico. Esse percurso tornou-se finalmente bem clássico na história do século XX, principalmente desde que os antropólogos das sociedades colonizadas debruçaram-se sobre o hexágono. Marc Augé e Jeanne Favret-Saada, cada um à sua maneira, ilustrarão os paradoxos e as ambiguidades dessas transferências de inteligibilidade dos horizontes longínquos ao outro próximo. Essa dupla referência (sem falar de duplo terreno) é a ocasião de colocar de modo direto a questão estrutural da relação entre a religião dos outros e a nossa, a dos que cumprem rituais e a daqueles que "creem", mesmo que entre os maoris e os camponeses alpinos ou bocainos, a transferência seja ao mesmo tempo fácil e problemática.

2) A questão do mal e de seu tratamento pelas sociedades (como testemunham os títulos dos capítulos deste livro) talvez seja a melhor introdução antropológica ao estudo das categorias da experiência religiosa. As noções de pecado e de expiação têm conotações excessivamente cristãs e postular sua pertinência em relação aos mundos morais das sociedades primitivas abala o entendimento comum. O debate entre os teólogos e os etnólogos sobre a identidade moral da humanidade é particularmente vivo no começo do século XX. Nos mundos estudados pelo antropólogo e ilustrados de modo exemplar pela obra de Hertz, a ideia de Deus ou a força do *mana* só tomam sentido na resposta à questão do mal e dos males, e a seus efeitos sinistros e desastrosos para a comunidade dos vivos. A força invasora do estado de pecado, como veremos, não se compara com o poder sacramental do aparelho da penitência e da expiação. No começo de uma antropologia das coisas religiosas, há o enigma da força do mal.

3) Será que é preciso sublinhar, enfim, que essa obra nascente, apenas esboçada, e inacabada, ou seja, *O pecado e a expiação nas sociedades primitivas,* mostra todos os entusiasmos, as incertezas e as oscilações de um primeiro começo, a uma boa distância dos grandes mestres Durkheim e Mauss? De um lado, temos nessas

poucas páginas a ilustração de uma dissertação brilhante de agregação, um exercício de estilo que visa desconstruir essas realidades morais dadas como evidência sensível pelo senso comum dos colegas teólogos; e, de outro, uma lição de método exemplar que guarda todo o seu sentido para um aprendiz antropólogo de hoje: e se vocês tivessem de tratar, com relação aos aportes da etnologia comparada, de um assunto como o pecado e a expiação?

Mauss, Hertz e Hubert, todos eles formados na Escola Normal Superior, titulares (de filosofia, Hubert de história), converteram-se à etnologia das religiões por meio de sua associação à Escola de "sociologia religiosa" de Durkheim. Para isso foi preciso que a sociologia durkheimiana se distanciasse da história das religiões (que se tornou suspeita) e se convencesse de que a etnologia pode ser algo diferente daquilo que ela era na França através da Escola antropológica de Broca (uma antropologia física do estudo das raças). À época, é a Inglaterra, através da influência de Tylor, de Frazer e de outros, que acumula em suas bibliotecas (Oxford e Londres) todas as observações e toda a documentação sobre as ditas "sociedades primitivas". Converter-se à etnologia para um titular de filosofia em 1904 ainda não é partir para o trabalho de campo, entre os daiaques de Bornéu; é antes de tudo obter uma bolsa de estudos, atravessar a Mancha e mergulhar apaixonadamente, horas a fio, na leitura e na "colocação dessa documentação em fichas", de acordo com as prescrições metodológicas do manual de etnografia de Mauss.

Segundo o testemunho de Alice, sua companheira, essa etnologia em biblioteca não impede absolutamente o jovem Hertz de imaginar-se literalmente imerso nas sociedades em questão: "Ele viveu durante meses e até aprender sua língua, com os daiaques de Bornéu, que se tornaram para ele não matéria em fichas, mas realidade em carne e osso" (1970, p. 14). Difícil é não pensar no itinerário de Lévi-Strauss que, bem mais tarde, em 1936, depois de sua iniciação ao campo de trabalho nas sociedades da Amazônia, vai também interessar-se por toda a documentação reunida, entre outros, por Boas, e se entregará durante anos a um trabalho paciente de colocação em fichas, dessa vez nos Estados Unidos.

É, pois, justamente depois do concurso ao título de professor (onde ele é recebido primeiro), de 1904 a 1906 que o jovem Robert Hertz (23 anos) vai residir em Londres (Highgate) e frequenta o British Museum para reunir os materiais necessários às suas pesquisas. Os dois principais estudos sobre as sociedades primitivas, publicados quando ele ainda vivia, são resultado desse trabalho de documentação:

1) a redação de uma primeira memória sobre "A representação coletiva da morte", publicada em *Année Sociologique* em 1907 (*Année Sociologique,* 1ª série, vol. 10, 1907);

2) em seguida "A preeminência da mão direita", publicada na *Revue Philosophique* (1909).

O célebre estudo sobre Saint Besse, iniciado em 1912 e publicado em 1913 em *Revue d'Histoire des Religions*, rompe com o "trabalho de biblioteca" e começa uma pesquisa localizada que envolve a participação na peregrinação, a entrevista com as testemunhas da memória camponesa (mulheres e anciãos), e tudo comprovado com dados historiográficos.

É também dessa época que data seu projeto de tese sobre o pecado e a expiação que permanecerá no estado de esboço, de notas e de fichas. Só uma introdução que se refere ao estado do problema nas sociedades "inferiores" aparecerá em 1921, publicada por Mauss. É altamente significativo que Mauss, que prosseguirá ele mesmo um projeto de tese inacabada sobre a Oração, do qual ele tencionava publicar a primeira parte (em 1909), retomará regularmente e sem medir esforços os materiais e as notas de Hertz sobre o pecado e a expiação em seus cursos do Collège de France de 1932 a 1937. Mas também nesse caso a preocupação de renovar e de completar cada ano os dados levará Mauss a rejeitar o projeto inicial de publicação da obra de Robert Hertz, associado a suas próprias notas e comentários, uma repetição perturbadora de cenário que suscitou muitas interrogações (Tarot, 1999). Não se sabe mais se Mauss fala de si mesmo ou de Hertz quando, a propósito do estudo sobre o pecado e a expiação, ele lembra: "o plano modificava-se com os fatos e os fatos não estavam lá para a ilustração, porque Hertz era um sábio e não apenas um filósofo"

(Mauss, 1922, p. 58). Louis Dumont, ouvinte contemporâneo das conferências de Mauss sobre o pecado e a expiação na Polinésia, testemunha do dia em que Mauss todo excitado pelo evento, anunciou que ele acabava de receber um manuscrito importante sobre Havaí que ao mesmo tempo confirmava suas hipóteses e obrigava a relançar a pesquisa: "o ciclo de conferências foi novamente estendido e nunca foi publicado" (Dumont, 1983, p. 181).

Coisas complexas e mecanismos de pensamento

Pode-se compreender que para esclarecer o sentido e as implicações de um estudo como *O pecado e a expiação nas sociedades primitivas*, é preciso mais do que nunca tomar em consideração a maré alta e a maré baixa desse movimento de pensamento.

Num certo sentido, o trabalho começado por Hertz é perfeitamente representativo da carta sociológica do programa elaborado por Durkheim e fiel à sua inspiração maior: a religião fornece a matriz cognitiva e moral da vida social, tanto nas sociedades primitivas como nas sociedades modernas. Como bom discípulo, Hertz retém a lição desde seu estudo sobre a gênese desse imperativo meio-estético, meio-moral que é a preeminência da mão direita, um tema e um terreno no qual esse reenquadramento e uma tal perspectiva não tinham nada de evidente: "é sob uma forma mística, sob o império de crenças e de emoções religiosas que nasceram e cresceram as ideias que, laicizadas, dominam ainda hoje nossa conduta" (1970, p. 88). Por conseguinte, a "sociologia religiosa", segundo Durkheim, é uma introdução à sociologia geral. A religião é a primeira "instituição", aquela que contém todas as outras: o direito, a ciência, a moral, o conhecimento. Foi muito discutido o papel do desvio na pesquisa sociológica das "formas elementares" da religião, através do estudo das sociedades primitivas. Os durkheimianos sustentam firmemente que seu trabalho rompe com toda a problemática das "origens" e se concentra nas formas sociais "históricas", mais ou menos antigas ou arcaicas, em todo caso menos avançadas do que aquelas que se encontram nas grandes religiões, mas que jamais podem ser consideradas como primeiras.

Outro mal-entendido a levantar: o elementar não é simples. E, nesse plano, talvez Mauss como Hertz estão mais convencidos do que Durkheim da "complexidade originária" dos fatos que invalida toda busca de uma essência pura das categorias em questão: as noções de pecado, de expiação, de compensação, de sacrifício e de perdão formam o que Mauss chama "cadeias de representações" e gera uma "coisa complexa e proteiforme" como pode ser a oração (Mauss, 1968, p. 357). A utilização por excelência dessa descoberta será o estudo do "esquema sacrificial" (o *Ensaio sobre a natureza e a função do sacrifício* foi publicado no *Année sociologique*, em 1899) rapidamente reproduzido numa tese ou intuição única (dom, comunhão, expiação). É preciso pensar ao mesmo tempo, como sublinha também a introdução ao estudo da oração, a unidade do objeto (há um "núcleo" de sentido), mas também a continuidade e a "coexistência" da pluralidade das formas, sem renunciar à complexidade e à ambiguidade das coisas. Como Mauss gosta de dizer: "os selvagens não são menos complicados do que nós".

Hertz, como Mauss e Hubert, interroga-se sobre a natureza e a emergência das "representações coletivas" e das "categorias de pensamento" que as informam (no sentido kantiano do termo). Essas não dependem da coalescência de representações individuais e não são da ordem das evidências psicológicas ou dos dados imediatos da consciência. Quem diz "representações coletivas", diz constrangimentos da consciência social e historicidade das formas de pensamento.

> *(Quanto a) esses princípios dos julgamentos e dos raciocínios, sem os quais não os achamos possíveis, e o que se chama, lembra Mauss, categorias [...] constantemente presentes na linguagem, sem que elas sejam aí de toda necessidade explícita, elas existem de ordinário muito mais sob formas de hábitos diretrizes da consciência, elas mesmas inconscientes* (Mauss, 1968, p. 28).

Todo o debate sobre o caráter originário das noções de *mana* ou de *tabu* se baseia no pressuposto do caráter implícito, pré-linguajar ou pré-refletido do que não pode ser apreendido, a não ser por um espírito de discernimento aplicado aos atos observados, aos julgamentos feitos em situação, ou aos sentimentos morais manifestados. Como o nota Hertz a propósito das observações missionárias nos daiaques:

> [...] uma ideia pode existir em estado implícito, em estado de força, e manifestar-se pela ação que ela exerce bem antes de ter sido libertada pela consciência refletida e de ter sido expressa por um vocábulo próprio (1988, p. 35).

Da mesma forma, uma ideia como a "morte" – como sublinha já de saída Hertz na introdução de sua contribuição sobre o tema – não tem o caráter de uma evidência simples e imutável: "Cada um de nós acha que sabe de uma maneira suficiente o que é a morte, porque ela é um acontecimento familiar e porque ela faz nascer uma emoção intensa" (1970, p. 1). Ela pode muito bem depender de um conhecimento íntimo que suscita emoções e sentimentos ditos naturais, mas na realidade trata-se de um "conjunto complexo de crenças, emoções e atos que lhe dá seu caráter próprio" (*Id.*). Em cada sociedade, o acontecimento se diz numa linguagem particular (a alma abandona o corpo), o cadáver é sujeito por obrigação moral (como também por higiene) a condições de conservação e a um tratamento minucioso; os próprios sobreviventes são submetidos a condutas de luto ou outras imposições. Em poucas palavras, nada é simples nem natural, uma vez que a morte é um perigo para todos e sobretudo para a comunidade social que se encontra perturbada em seu equilíbrio e ameaçada pelo acontecimento.

A postura de Mauss em sua abordagem da oração é exatamente a mesma: esse gesto, essa atitude não depende simplesmente de um impulso do coração, da expressão de uma emoção íntima. É um fato de linguagem, um rito oral e mesmo uma conduta ritual que se insere num conjunto religioso no qual a forma e a matéria, a crença e a eficácia da ação são inseparáveis. Para objetivar os fatos religiosos, é preciso avaliar toda a espessura do simbolismo da linguagem, a maneira pela qual se fala do fato e os atos de palavra do dispositivo ritual. Hertz vai reter a lição de Mauss sobre a importância etnográfica e a espessura antropológica das metáforas – expressões figuradas ou imagens materiais – onde se sedimenta a experiência moral dos humanos, e que uma leitura teológica esclarecida e depurada tende a tratar como "as últimas sobrevivências de um materialismo bárbaro" (1988, p. 33).

Enfim, para romper de uma vez por todas com a busca do relato da origem, da gênese original das coisas (o pecado original, a cena primitiva), é preciso pensar em termos de "sistema de relações" no qual todos os elementos se mantêm (sempre a metáfora mecânica): "um ritual de orações é um todo, no qual são dados os elementos míticos e rituais necessários para compreendê-lo" (Mauss, 1968, p. 359). A abordagem mecânica e sincrônica do "esquema" do sacrifício fornece uma outra aplicação do modelo:

1) uma encenação (um crime, um sacrilégio) que supõe um sistema de lugares: sacrificante, sacrificador, sacrificado;

2) um dispositivo ritual com um motor principal, a condenação à morte de uma vítima que libera uma força, uma energia que vai servir de engrenador da comunicação entre os deuses e os humanos, os mortos e os vivos.

As noções de perdão e de penitência, diz-nos Mauss, são "formas de mecanismos mentais, de ideias morais e religiosas mais gerais" (1988, p. 3). O que se trata de abranger e explicar são mecanismos de linguagem e processos de pensamento que nada têm de natural, mas que são social e historicamente construídos e apesar disso vividos como necessários. A questão é precisamente essa: como isso funciona? Como isso se encadeia? Como isso é possível?

Sobre esse ponto de vista, tanto Hertz como Mauss são, exatamente, os fundadores de uma antropologia da função simbólica que em muitos pontos antecipa as abordagens estruturais como o próprio Lévi-Strauss sublinhou. Mas também podemos ver aí o esboço das análises pragmáticas de hoje, na medida em que elas colocam o acento nos constrangimentos e nas formas da ação ritual, a boa distância da sociologia durkheimiana do sagrado ou da hermenêutica dos símbolos. Essa antropologia se baseia em fatos documentados, isto é, cuidadosamente selecionados, confrontados, analisados. A noção de fato "documentado" é essencial no nascimento da etnografia, tanto em Boas como em Mauss. Ela ainda não está ligada à do terreno e de sua experiência direta. Atribui-se a Mauss, no retorno de uma viagem ao Marrocos, a fórmula um tanto provocadora: "O terreno? Deus me livre dele!" Hertz, ao contrário, manifestou bem cedo, é preciso dizer, uma verdadeira paixão etnográfica, o gosto pela imersão nos hábitos de pensamento dos outros (camponeses ou primitivos) e a empatia (ou também a simpatia) por suas emoções. Suas pesquisas de campo na Europa, com o estudo exemplar sobre Saint Besse, confirmarão esse gosto pela pesquisa, até nas trincheiras onde ele recolherá junto dos *poilus* (bravos combatentes de 1914) da Mayenne" os ditos populares que se referem aos cantos dos pássaros (Hertz, 1970, pp. 161-186). Ele não hesitará em comparar espontaneamente o que ele já "viu nos maoris" e o que ele observa nos alemães em matéria de eliminação do outro inimigo e de apropriação de seu *mana*, sublinhando assim a dimensão mística da guerra.

O mal e a morte ou a impureza do lado esquerdo

Mauss confirmará ele mesmo a unidade de preocupação que religa os estudos de Hertz. Os dois estudos sobre a impureza funerária e a impureza do lado esquerdo eram apenas "*à côtés* do estudo total da impureza em geral (1988, p. 2). Todos os comentaristas sublinham seu interesse pelo "lado esquerdo" (Parkin, 1996). O confronto da ordem social e simbólica com o outro estrangeiro, excluído, perturbador ou perseguidor: o criminoso, o cadáver, o canhoto, anunciam o lugar que Bataille ou Caillois outorgarão a essa ambivalência da relação com o impuro (Riley, 2002, p. 365).

No rápido, mas condensado esboço que ele fornece da polaridade do mundo religioso, como introdução ao estudo sobre a preeminência da mão direita, é claro que a descoberta do sagrado impuro perturba seriamente o caráter primário da separação durkheimiana do sagrado e do profano. Entre um sagrado impuro que tende simplesmente a separar-se e opor-se ao sagrado, e um profano cuja negatividade acaba por se revelar ativa e contagiosa, as recuperações são perturbadoras. Mais ainda, como ele mesmo observa: "Entre a privação dos poderes sagrados e a posse de poderes sinistros a transição é insensível" (1970, p. 89). Nas fontes dessa lógica da suavidade e da ambivalência dos valores simbólicos vamos reter o papel essencial da posição ocupada no espaço sociossimbólico por aquele que classifica, qualifica e avalia as coisas ou os atos. Essa lição de perspectivismo sobre a reversibilidade dos pontos de vista como também sobre o efeito de situação ou de contexto que comanda o ponto de vista, inspirará toda a tradição dos estudos consagrados aos sistemas simbólicos dualistas, de Dumont a Bourdieu, passando por Lévi-Strauss, mesmo que a hierarquia "englobante" dos pontos de vista comandada pela totalidade do corpo (físico e social) queira que a esquerda seja definitivamente englobada pela direita (Dumont, 1983, p, 213).

O estudo consagrado às representações da morte e mais particularmente às práticas dos "duplos obséquios", se baseia por sua vez no caso privilegiado e "típico" dos daiaques da Indonésia (Bornéu). É conhecido todo o cuidado que a Escola durkheimiana tomou para justificar, no caso do totemismo australiano, da magia polinésia, da oração indiana ou do sacrifício judeu-cristão, a legitimidade e a fecundidade de um estudo de caso perfeitamente situado, escolhido por sua documentação homogênea e propícia a um trabalho comparativo no seio de uma mesma área cultural que permite comparar o que é comparável.

A comparação com o projeto de tese desse estudo sobre a morte se impõe uma vez que a morte e o pecado jamais estão completamente distantes. A morte faz parte até da primeira definição provisória do pecado: "uma transgressão que, pelo simples fato de que ela se cumpre, tende a provocar a morte" (1988, p. 44). De todo modo, não há morte natural e a viagem dos "mortos" depois da morte e a permanência em alguma sepultura intermediária são muitas vezes identificadas a uma prova de purificação e de expiação. Tanto uma como a outra representam para a comunidade a irrupção de uma desordem, de um escândalo que vem perturbar as relações entre os membros, mas também entre os vivos e os mortos. Como dirá Mauss numa fórmula surpreendente: "O pecado é o que desfaz a vida" (1987, p. 43). E nos dois casos – o luto da morte e a expiação do pecado – a sociedade faz apelo a dispositivos de tratamento dos corpos, dos mortos e dos vivos, de purificação e de reparação dos atos, visando à reintegração social dos sujeitos e o afastamento da coisa impura.

Enfim, em todos os casos, todo mundo está em jogo, tanto o que cometeu a falta como sua família próxima ou seu grupo social, tanto os mortos como os vivos são afetados uns e outros pelos efeitos nefastos do acontecimento e imploram ser "desligados do mal".

A descoberta central de Hertz (é em termos de "descoberta de um fato sociológico" que ele fala disso) é que a morte que se apresenta como uma ruptura brutal da vida se transforma, graças ao dispositivo ritual empregado, particularmente por intermédio dos "duplos funerais", em um rito de "passagem". A decomposição passiva e natural do cadáver é controlada, às vezes acelerada, e transmutada por meio do tratamento ritual (dessecação, mumificação, ou ainda cremação) num acesso cultural ao estatuto social de ancestral. Só a transformação em esqueleto (os ossos secos sendo separados da carne em putrefação), em múmia petrificada ou em cinzas, autoriza os segundos obséquios e a passagem para uma outra vida.

A noção de impureza ocupa um amplo lugar no estudo do "lado esquerdo". Ela também está no centro do que está em jogo nos rituais funerários. Com efeito, de um lado a impureza do cadáver, sua putrefação e sua contagiosidade prejudicam, de acordo com a sorte do espírito ou da alma do morto: "o próprio morto à medida que progride a dessecação de seus ossos, deve ser libertado da infecção mortuária" (Hertz, 1970, p. 7); mais ainda, "é preciso exorcizar o cadáver e premuni-lo contra os demônios" (*ibid.*, p. 9), e sobretudo a alma do defunto, se ela tivesse que permanecer na errância seria perigoso, portanto ela deve ser libertada para permitir que os vivos encontrem a paz (*ibid.*, pp. 12-13). Mas, do outro lado, se assim podemos dizer, os vivos devem ser protegidos dos parentes ou dos próximos afetados pela impureza de um dos seus, "a sujeira fúnebre", e todos esses devem também ser libertados de sua "culpabilidade" por rituais apropriados de luto. A questão é, pois, como para o pecador, "desligar o mal", desfazer o vínculo entre os parentes e o morto, e refazer a vida. A conclusão é clara:

> Essa libertação, essa reintegração (do morto na comunidade dos mortos, dos parentes na comunidade dos vivos), constitui, como vimos, um dos atos mais solenes da vida coletiva nas sociedades menos avançadas às quais poderíamos chegar (*ibid*, 1970, p. 72).

Como o desenvolve o filósofo Paul Ricoeur em seu ensaio sobre *O mal* (1966), a morte ou a doença física, o sofrimento, a pena e a falta ou o pecado são noções bem próximas que apelam para a libertação. Portanto, o mal que é a morte é identificado aqui com uma impureza, uma sujeira que requer uma purificação e um processo de "libertação". O deslize em relação à problemática do pecado e da expiação é, pois, imediato. Mas se a morte corresponde à destruição irreversível, física e sobretudo social de um indivíduo, a falta, por sua vez, embora tenha efeitos nefastos bem próximos, não conduz por si à eliminação do culpado. A "libertação", à qual a morte apela, visa de alguma forma, segundo a expressão de Jean Jamin, "matar a morte", e permanece mesmo assim fundada na disjunção e na exclusão (Hertz, 1970, pp. 72-73) para restabelecer uma separação ou uma boa distância entre os mortos e os vivos. A libertação do estado de pecado – e aí está todo o mistério do mecanismo do perdão – visa, ao contrário, suprimir a realidade moral do mal, extinguir o que existiu, sem por isso eliminar fisicamente aquele que está em sua fonte, sem destruir o pecador, autorizando até mesmo sua reintegração na comunidade dos vivos. Um paradoxo que está no ponto de partida da interrogação de Hertz.

Segundo Nicole Belmont, Hertz teve sem dúvida a intuição ou "a iluminação", em sua descoberta dos rituais de dupla inumação, da noção global de rito de passagem, pelo menos do paralelismo e da relação de inversão entre os ritos do nascimento e da morte (Belmont, 1986, pp. 13-15). Porém seu interesse profundo tem muito mais por objeto a mutação ontológica dos seres e o mecanismo espiritual dos ritos, do que a organização formal das sequências cerimoniais segundo a lógica temporal da separação e da integração. A esse título, a abordagem sequencial da noção de rito de passagem continua sendo o grande aporte de Van Gennep. Mas a noção de "margem" ou de "período intermediário" (de zona limiar), como lugar e momento de cumprimento de um trabalho "molecular" de desagregação e de transmutação das substâncias orgânicas permanece central nas preocupações de Hertz. O tratamento do pecado portador da morte obedece, num sentido, ao mesmo trabalho simbólico de reparação da natureza manchada, corrompida.

O mecanismo espiritual do perdão

A introdução do ensaio sobre o pecado e a expiação constitui uma verdadeira lição de método sobre as virtudes da contribuição da etnologia comparada na desconstrução das evidências do senso comum teológico. O lugar que ocupam nesse estado da questão as teses da teologia "racionalista" do pecado e do perdão, e sua crítica "ortodoxa", as referências à leitura da "redenção" dos padres da Igreja, ou a história jurídica e eclesiástica das instituições, particularmente penitenciais, pode surpreender. Em suas notas, Mauss se preocupa em sublinhar até que ponto Hertz lança mão de todos os meios, e especialmente das fichas de leitura sobre Bossuet, Lacordaire, Nietzsche e principalmente sobre os melhores teólogos como R.C. Moberly.[2]

A legitimidade da etnologia religiosa comparada que Hertz se dedica a defender, como toda a Escola durkheimiana, está longe de ser adquirida nesse começo do século XIX. Entre as especulações e as conjeturas sobre as origens da religião, e as compilações de relatos exóticos, ou as grandes sínteses à maneira de Frazer, seu lugar continua incerto. A monografia de "campo" mobilizando uma etnografia de longa duração sobre um grupo social contemporâneo está apenas em seus começos. Os primeiros ocupantes do local encontrados pelos etnólogos, como Malinowski, são os missionários instruídos pelos linguistas e teólogos. Por conseguinte, não é surpreendente que uma abordagem sociológica ou antropológica das categorias morais das sociedades primitivas comece por ser confrontada com os discursos autorizados dos experts e dos profissionais da religião.

A posição de Hertz, como a de Mauss, é estranha à ideia de fazer tábua rasa desses discursos teológicos e missionários, muito ao contrário: "As teorias explicativas dos teólogos nos ajudarão talvez a interpretar os fatos que a pesquisa comparativa nos terá revelado (Hertz, 1988, p. 43). Nesse vasto projeto de antropologia total que precede a divisão do trabalho e o princípio de corte que prevalecerão em seguida, as produções teológicas tanto como

---

[2] MOBERLY, R. C. *Atonement and Personality*. London, John Murray, 1901, citado em Hertz, 1988, p. 42.

jurídicas são consideradas como um material antropológico importante, particularmente rico de lições. Sabe-se por Mauss que Hertz havia acumulado toda uma documentação para alimentar uma "pequena tese" sobre a história do sistema penitencial cristão dos primeiros séculos (1988, p. 25, nota 1). A antropologia histórica do cristianismo vai aqui ao lado da etnologia comparada das sociedades polinésias.

A preocupação é principalmente pôr fim à dupla perversão que mina a interpretação da documentação recolhida: a do essencialismo esclarecido e a do evolucionismo inverso. A gênese das categorias do mal é sem dúvida o lugar por excelência da influência de uma leitura teológica e ética, fortemente alternada pela filosofia, dedicando-se a assinalar na consciência primitiva do mal a emergência progressiva das categorias depuradas e interiorizadas da espiritualidade cristã: da corrupção à culpabilidade, passando pelo estado de pecado. Como se sabe, a missiologia não pode prescindir da busca de "pedras de espera" para a transmissão da mensagem evangélica; e sem o pressuposto de uma consciência do mal, da "convicção de pecado", como introduzir às promessas da Salvação? A obra de progressiva purificação e idealização das noções morais e das práticas de expiação medidas à luz da concepção ética mais elevada, continua a influenciar a própria leitura dos etnólogos, como o confirmam as análises citadas por Hertz (1988, p. 33), de Tylor e Farnell sobre a "lustração": passagem de uma purificação, real, substancial, externa, a uma purificação simbólica, interna e espiritual (*Id.*). Um verdadeiro desafio para as análises que o próprio Hertz nos propõe em suas leituras do estado de pecado.

Hoje se conhece menos a influência que pôde exercer sobre os canteiros etnográficos em curso, nos anos 1900, o paradigma do evolucionismo ao inverso (o pior, segundo Mauss e Hertz), a tese da Revelação primitiva e de sua degenerescência progressiva. O padre Schmidt vai fundar em torno da revista *Anthropos* (1905) uma "etnologia religiosa católica", tomando o contrapé das teorias da etnologia universitária de Mauss e da história "leiga" das religiões ensinada então na École Pratique des Hautes Études. Os importantes trabalhos de Le Roy e de R. P. Trilles sobre a religião "primitiva" dos pigmeus da África equatorial são uma das aplicações, entre outras, desse programa de etnologia religiosa que pretende-se sem preconceito metafísico ateu, materialista ou evolucionista, e que mobilizará os missionários, conhecendo o terreno, as línguas e as populações, transformando os acampamentos de "nossos pequenos *négrilles*" numa espécie de "terreno apologético" excepcional e único (Le Roy, 1928). A tese pretende mostrar que os pigmeus, encarnação da humanidade primitiva e da primitividade mais pura, têm realmente "o conhecimento ou o pressentimento de uma vida futura que implicaria recompensa ou castigo" (Le Roy, 1928, p. 188), portanto a ideia miraculosa de um deus moral e remunerador que se interessa pela vida e conduta dos humanos. Em compensação, os pequenos homens da floresta não hesitam em render graças a Deus, naturalmente, por um culto bem simples, pela oração espontânea, a oferenda dos primeiros frutos da natureza ou o "sacrifício" de uma parte da caça, velando para que "a parte de Deus" pertença-lhe de fato, sem exigir nada em troca, fora de qualquer espírito de interesse ou de qualquer expectativa de contra-dom, em suma, um "sacrifício de amor" (Trilles, 1933, p. 89).

Além da credibilidade dos fundamentos etnográficos dessa humanidade original que dispõe da ideia pura de Deus (Mauss falará não sem ironia de "golpe da graça"), a consequência maior é que a maioria dos povos primitivos acessíveis pela observação etnográfica no presente das sociedades contemporâneas está voltada a uma leitura de suas crenças e práticas em termos de degenerescência moral e religiosa das noções transmitidas pela revelação primitiva. Tudo o que os etnólogos classificaram sob os termos pseudoeruditos de naturismo, fetichismo, animismo, politeísmo ou mesmo totemismo, tem uma pertinência incontestável, uma vez circunscrita. O processo que leva a fetichizar objetos, a personificar seres naturais (sol, lua), a deificar seres humanos, é simplesmente a consequência de uma perda de sentido do divino e da ideia pura de Deus, e depende de elaborações secundárias e derivadas. Aí está exatamente a tese do evolucionismo ao inverso que participa, apesar de tudo, seja dito de passagem, do "fetichismo da evolução" com o qual Le Roy pretende, no entanto, acabar, em nome da fidelidade aos fatos (1909, p. 349). A etnologia comparada tem, por conseguinte, para essa etno-teologia missionária uma dupla face e um duplo uso que são considerados como fazendo a triagem entre as espécies humanas: de um lado, uma etnologia dos pigmeus que serve de degrau, não sem alguma depuração dos dados, à tese da Revelação primitiva; e, de outro, uma sociologia dos desvios e barbarismos que ilustram, no terreno da África equatorial, as populações banto, fangue e outras.

Hertz foi manifestamente confrontado, com prudência, levando em conta numerosas variantes, com o desafio das teses sustentadas por essa etnologia missionária católica no terreno polinésio que pretende fazer a triagem entre "sobreviventes atrasados" e "testemunhos intactos da humanidade primitiva" (1988, p. 38). Nosso autor recusa tanto o primordialismo de uns como o essencialismo de outros que culminou de toda maneira em conferir aos aportes da etnologia comparada uma função principalmente negativa visando separar, se assim podemos dizer, o grão do joio, o puro do impuro. A prioridade outorgada às virtudes do comparativismo, em relação aos impasses da busca das origens, anuncia a lição que será a de Evans-Pritchard:

> *Pouco nos importa, a rigor, que as crenças polinésias relativas ao pecado e à expiação tenham que preceder e seguir na ordem cronológica as crenças de um caráter um pouco diferente que observamos nos outros povos; o essencial é que o estudo desses fatos longínquos nos ajuda a compreender os fenômenos oferecidos pelas religiões mais próximas de nós e presentes nas nossas consciências* (Hertz, *ibid.*, p. 40).

Essa postura relativista em matéria de evolução que é a marca do antropólogo que procura compreender a partir de sua experiência o que faz o sentido das outras experiências, como o dizia Merleau-Ponty, encontra-se no núcleo da definição "provisória" do pecado retida por Hertz. Esse exercício de definição é uma passagem obrigatória das regras do método durkheimiano. Trata-se de um compromisso metodológico que visa escapar à alternativa do encerramento etnocêntrico numa tradição religiosa ou numa área cultural dada (pensa-se na relação entre o sagrado e o *mana*), seja ela polinésia ou europeia, ou do recurso a um conceito operatório, *a priori* transcendente, mas sempre suscetível de ser recuperado por alguma aderência a um mundo dado. O relativismo metodológico de Hertz é exemplar no que se refere a esse tema:

> *Tomemos por termo de comparação uma noção do pecado e da expiação, construída com base nos dados de nossa experiência social presente: como somos advertidos da subjetividade necessária de concepções relativas a um determinado estado de civilização, poderemos tentar atenuá-lo e corrigi-lo com a ajuda dos dados que a história nos oferece* (1988, p. 43).

Note-se que essa lição de subjetivismo necessário e assumido se vale aqui da história. A palavra de ordem visa libertar-se pelo exercício da imaginação, auxiliada pelo desvio etnológico, da naturalidade dos sentimentos morais mais próximos de nossa experiência, mas também das armadilhas do exotismo e da alteridade presumida. É mais fácil medir o espírito de um procedimento que não hesita religar o estudo do pecado nas sociedades primitivas ao da pena na história ocidental. Como o dirá Louis Dumont, no espírito de Mauss e em homenagem a Hertz: "É através de nossa própria cultura que podemos compreender uma outra, reciprocamente" (Dumont, 1983, p. 174).

No exercício da imaginação ao qual Hertz se entrega nesta introdução, o lugar paradigmático atribuído à parábola do filho pródigo – um material evangélico preferido ao mito adâmico primitivo – pode parecer surpreendente. O relato dramático em questão não depende, na verdade, numa primeira abordagem, da etnologia comparada e lança mão deliberadamente da familiaridade de sentimentos partilhados inscritos na infância. O uso didático que dele se faz é complexo e pode prestar-se a mal-entendido, levando em conta a dupla leitura praticada pelo autor. Uma primeira leitura faz, às vezes, do que poderia passar por "um texto primitivo da religião verdadeira", uma parábola que traduz em termos de sentimentos espontâneos e de representações naturais o que são os motivos do pecado, da cólera divina, do arrependimento e da penitência, da confissão e do perdão. São as "formas elementares" do catecismo mínimo dessa "religião do espírito" que Hertz racha completamente nesta introdução. O problema todo vem da sutilidade pedagógica da exposição que, abraçando o argumentário e a verossimilhança dessa primeira leitura teológica, esboça progressivamente, quase voltando atrás, uma inversão de postura. Uma segunda leitura reversa nasce da primeira interrogando "todas essas certezas complexas e precisas sobre objetos transcendentes" (Hertz, 1988, p. 15), tantos transeuntes de sua natureza que parecem partilhar os atores em oposição e que nada têm de explícito. A lição de etnologia pode tomar então todo o seu lugar.

O aparelho religioso do pecado e da expiação desprende-se do *phatos* dos sentimentos para ser apreendido em sua força substancial em relação a um mundo de "potências impessoais e misteriosas", e no cuidado da mecânica das forças em oposição. Ao mesmo tempo, a depuração é a de um sistema complexo de atos e de relações encadeados entre atuantes: o pecador, o perdoador e o intermediário divino (Jesus ou a Igreja no sistema cristão). Esse sistema supõe constrangimentos partilhados e sentimentos obrigatórios. Nesse "jogo de soma nula", cada um deve desempenhar seu papel (a cólera de Deus o pai não tem igual senão o arrependimento do filho). A conduta de cada um se constrói inteiramente sobre as pré-representações e as expectativas que se referem ao jogo do outro que se supõe "saber". A entrada do pecador em cena e as relações face a face entre atores supõem todo um conjunto complexo de transeuntes de sua natureza, de pré-saberes e de predisposições partilhadas e implícitas. Antes de tudo, é o lugar ocupado em relação aos outros que decide o jogo que se joga e do que se é. Faz até crer que estaríamos numa etnografia goffmaniana das relações face a face em situação de pecado e de expiação.

O lugar marcado do pecado e a possibilidade da transgressão são predefinidos pela ordem moral e jurídica da lei, e segundo a fórmula "não é o pecador que faz o pecado; mas é o pecado, isso é o cumprimento do ato proibido pela lei, que faz do pecador o que ele é" (Hertz, 1988, p. 19). Para salientar o desafio do estado de pecado que segue o ato sancionado e a transgressão averiguada, sem recorrer à eliminação do sujeito pecador, sem ceder à vingança, a solução do perdão como extinção dos pecados continua sendo um "mistério". A força execrável e invasora do pecado, como a da putrefação do cadáver, penetra todos os lugares, afeta e contamina os próximos. O peso do mal é aqui uma realidade objetiva, substancial, que ao extremo prescinde dos sentimentos individuais e da culpabilidade.

A redenção da falta depende de uma verdadeira eficácia "mágica" ou de uma "operação mística" que se assemelha à cura de uma doença (*ibid.*, p. 55) e que só um poder divino inigualável pode assumir. A operação pressupõe um princípio de equivalência entre forças contrárias. A força invasora do pecado encontra sua medida na força liberada pela penitência, pela efusão do sangue e pelo sacrifício. Essa leitura do funcionamento da máquina ritual da expiação faz apelo às leis de uma verdadeira mecânica das forças sagradas, puras e impuras, que ignora em grande parte a economia psíquica dos sentimentos morais individuais de culpabilidade, de arrependimento ou de piedade. A linguagem básica é aqui a linguagem das relações de força e da eficácia operatória que permite ao poder divino vencer o poder do mal.

Hertz será levado a corrigir um pouco essa depuração em termos de aparelho ritual e de física espiritual, como também essas concessões à realidade "sacramental" ou "substancial" do pecado que visam torcer o bastão no outro sentido, no que diz respeito às leituras dos "cristãos esclarecidos". A prova analítica das oposições distintivas das categorias da desonra, do crime e do pecado, volta atrás nessa leitura mecanicista e fisicalista do mal em prol da insistência na dimensão interior e espiritual da realidade moral do pecado. As oscilações no próprio seio da tradição judeu-cristã, entre a versão ética purificada do sentido do mal e a que dá lugar à substancialidade da energia funesta são explicitamente apontadas e visam restabelecer um estado em que as distinções conceituais e morais ainda não estavam presentes na experiência e na consciência dos seres humanos (1988, p. 53).

É significativo que Mauss não cessará de retornar em suas notas a essa "importante mistura de mecânica e de moral" (Mauss, 1987, p. 47): "Seria falso considerar os meios mecânicos da expiação como derivados do código moral. Em tudo existe mágico e jurídico" (*Id.*). Nada ilustra melhor essa magia da maldição, inverso

sacramental da bênção, que o princípio da reflexão e da circularidade do mal entre o ofensor e o ofendido. O retorno da substância
mística desviada a seu lar de origem, de alguma forma o retorno
ao remetente, mostra que a expiação e o perdão participam assim
da economia moral do dom, do pagamento e da compensação,
caros às preocupações de Mauss (*ibid.*, p. 49).

Para concluir sobre o essencial, a unidade moral do gênero
humano, o problema de Hertz não é saber como a humanidade
passou de uma concepção mágica, substancial e mecânica do pecado e da expiação à ideia depurada do sentido do mal que nos
foi imposta pela ética cristã. A hipótese é exatamente a de uma
mistura originária das categorias morais e físicas, espirituais e
materiais, mágicas e jurídicas, a partir da qual as tradições religiosas se empenharam em marcar suas diferenças. A etnologia
comparada tem vocação, entre outras, de testemunhar essas diferenças, mas também de explicá-las racionalmente a partir das invariantes da consciência moral. Evidentemente, Hertz frequentou
muito os escritos do autor de *A genealogia da moral*, e pretendia
discutir a teoria de Nietzsche sobre a origem do pecado em sua
tese. As problemáticas dos dois autores comportam reais recuperações e algumas preocupações comuns, e Hertz pôde reconhecer
o lado decapante da postura de Nietzsche. Mas nem o quadro explicativo retido, nem, sobretudo, a tese defendida permitem dar
a entender, sobre esse tema, que Hertz seria um "nietzscheano"
ignorado no seio da Escola durkheimiana (Riley, 1999). Aquele
que se entusiasmava com a descoberta de um ritual de confissão
entre os maoris só podia recusar categoricamente considerar que
a convicção de pecado e o ascetismo penitencial são estranhos à
realidade moral da humanidade profunda e dependem de uma
pura invenção do judaísmo ou do cristianismo (1988, p. 7).

Na saga psicológica e moral dos bons e dos maus, dos fortes e dos
fracos, dos nobres e dos escravos, que nos é oferecida por Nietzsche,
é bom lembrar que foi o padre ascético que transformou a "má consciência animal" do sofrimento fisiológico, interpretando-a como um
estado de pecado que, daí em diante, envenena a existência do ser humano são e forte. A perversidade suprema do agente sacerdotal con-
sistiu em fazer a paixão do ressentimento diante dos outros virar um

sentimento de culpabilidade pessoal e paralisante (Nietzsche, 1971, p. 169). Essa descrição dos impulsos da "má consciência animal" e do mecanismo psicológico das paixões reativas, com seus deslocamentos e suas mudanças de direção da carga do pecado, oferece um esclarecimento que lembra a realidade primitiva que Hertz tenta atingir, mas o lugar atribuído a padres psiquiatras que cultivam a morbidade de uma consciência doentia, obsediada pelo ressentimento, depende mais da clínica do que do terreno etnográfico. Uma tal genealogia fundada na patologia não pode explicar, segundo Hertz, o caráter sagrado que a consciência dos crentes atribui às ideias de pecado e de expiação. A leitura nietzscheana, artificial e voluntarista, da instituição do ideal ascético com suas rupturas, seus golpes de força e seus transtornos históricos, é estranha à preocupação hertziana da continuidade antropológica do sentido do mal. Hertz tinha muito em mente a lição de seu antecessor sobre a complexidade originária do espírito dos selvagens, a ponto de ele não ter concluído, sem dúvida, como o faz Mauss, que "a ausência de perdão é a característica fundamental do paganismo" (1987, p. 49).

O santo primitivo ou o "perdão" de Saint Besse

Impossível é falar da obra de Hertz sem evocar Saint Besse (Saint Bessus, São Besso) que ao mesmo tempo rompe com o desvio da etnologia exótica e nos leva mais do que nunca pelo folclore à questão da relação primitiva com o religioso. Essa obra testemunha de fato tanto uma preocupação de renovação e de conversão etnográfica, como um trabalho intelectual de mobilização e de transferência dos paradigmas fundamentais provenientes da antropologia: o sacrifício, o dom e o perdão, o *mana* etc. Os alpinos como os bretões, os alemães como os maoris participam de uma mesma religiosidade nativa.

O pequeno mundo de Saint Besse se apresenta logo à primeira vista como bem próximo daquele das sociedades primitivas e segmentárias, frequentadas por Hertz nos livros. Essa pequena sociedade montanhesa teria surgido de uma "acumulação de tribos pastoris, saqueadoras e guerreiras" que se entregam regularmente à razia junto às pessoas da planície, resistindo à ocupação romana e à civilização (1970, p. 112). Hoje, essa "tribo alpina" é organizada em pequenas aldeias isoladas, fechadas e homogêneas, uma organização segmentária que lhe permite perseverar em seu ser, e inclusive quando seus membros masculinos, por ocasião das migrações sazonais do inverno, deslocam-se para Paris, a fim de vender seu *savoir-faire* de vidreiros.

A oposição sociossimbólica das pessoas do alto e das pessoas de baixo, que estrutura o mundo de Saint Besse, evoca diretamente o funcionamento dos sistemas à metade e das sociedades totêmicas com seus emblemas distintivos e todo o seu jogo de hierarquia de valores, suas batalhas arranjadas e seus ciclos de vingança, o paradigma de uma complementaridade antagonista. O lugar histórico particular de fração solitária, mas mesmo assim solidária, que acaba por ocupar a paróquia ou o clã de Cogne no seio da fratria, como também a evolução social que leva de uma reunião de clãs separados, mas equivalentes, a uma estrutura hierarquizada e não reversível, dominada pela aldeia de Campligia, campeã do Val Soana, de alguma forma está inscrito nas leis da dinâmica social das sociedades primitivas (*ibid.,* p. 90).

Nesse mundo dualista e assimétrico, o mal, ou os males, vêm por definição de outro lugar, dos outros: para as pessoas do alto, as de baixo são más, os malvados, os bruxos. A imaginação religiosa e política de Hertz, nutrida dos mecanismos de transferência dos esquemas sacrificiais, se dá pelo livre curso na passagem: "Diríamos que os montanheses experimentam, em certos momentos, a necessidade de vingar-se nos privilégios da planície da maldade da natureza alpina" (*ibid.,* p. 113). A peregrinação de Saint Besse é fortemente trabalhada pelo imaginário do sacrifício, o das lendas do martírio do santo, ou o que o peregrino cumpre pela prova da caminhada ou pelo dom das oferendas. O culto ocupa o papel por excelência da mediação ritual num espaço social e geográfico de cinco paróquias, onde as lógicas da exclusão e da integração são dominantes, ocupando as pessoas da paróquia de Cogne o lugar do outro estrangeiro, perturbador.

A questão do sentido do ritual para os participantes de hoje está no centro da abordagem etnográfica, mas bem depressa, segundo o esquema durkheimiano, é a explicação da efevescência coletiva da multidão dos "adoradores de Saint Besse" que toma a preeminência:

*E, além das razões talvez ilusórias dos próprios cren-
tes, qual é a força que, a cada ano, reúne nessa so-
lidão, a preço de uma penosa subida e muitas vezes
de uma longa viagem, todo um povo de homens, mulheres e crianças, vindos dos vales vizinhos e até da
planície piemontesa? (ibid., p. 110).*

Essa leitura do sentido em termos de força transcendente e contagiosa introduz a uma religiosidade essencialmente sacral que se assemelha aos olhos do etnólogo à "verdadeira religiosidade". O santo
pastor ou guerreiro (segundo as versões) é percebido antes de tudo
como uma potência, uma energia encarnada no famoso rochedo dominado por uma cruz, um "grande bloco xistoso, um enorme menir
natural" (o paralelo entre os bretões e os alpinos é constante). Essa
santidade mineral concentra-se num lugar e resplandece num momento dispensador, a festa da peregrinação. Os prolongamentos dessa manifestação passam entre outros pelas "pedras de Saint Besse",
as parcelas ou fragmentos de rocha recuparadas a facadas pelos fiéis
e que eles assemelham a relíquias ou talismãs portadores de graça e
de virtudes protetoras. As pedras santas disseminadas que as pessoas
levam consigo são o inverso, o outro lado da "estátua maciça" que se
faz sair pontualmente nas procissões.

A figura do santo de pedra ou da rocha sagrada pela qual a
divindade de um homem penetra até o centro da pedra bruta se
revela exatamente, em última análise, como "a verdadeira base do
culto, mesmo em nossos dias" (*ibid.*, p. 148). Faz pensar no "deus-
-objeto", matéria substancial e mediadora que Marc Augé nos des-
creve no fetichismo vodu, nos sacrifícios sangrentos do frango ou
do cabrito pelo menos (Augé, 1988). A dimensão pragmática do
"sacrifício não está ausente, ao menos nessas transações pagãs nas
quais o peregrino indígena pode resgatar, sem remorso, nos leilões
que seguem as oferendas, o objeto que ele deu ao santo. "Dar o espírito (na ocorrência, o valor monetário) para guardar a substância",
não é, em última análise, lembra Hertz, como bom aluno de Mauss,
a própria fórmula do sacrifício religioso? (1970, p. 119).

O ponto crucial desse estudo trata, porém, do que está em
jogo na construção em dupla dessa autêntica "religião popular":
os dois Saint Besse, o pastor pagão dos simples camponeses,

ingênuo e exótico, transmutado em pedra (que poderia muito bem ser o primeiro), e o santo legionário, mártir inventado e "arranjado" pela instituição católica. O pensamento dualista e as oposições significativas de valor que se ligam a cada uma das tradições legendárias presentes (selvagem/civilizado; popular/letrado) não deixam de ter relação com o dualismo hierarquizado que se encontra nos outros estudos: o puro e o impuro, a direita e a esquerda, a vida e a morte, a força e a fraqueza. Será que é preciso sublinhar o jogo significativo de inversão da distribuição inicial das cartas da pesquisa, uma vez que o alto da montanha é aqui, do lado do selvagem, do rude, e o baixo da planície, o lado do civilizado, do letrado, da nobreza do culto? Compreende-se que a questão de saber se o culto proveio em sua versão primeira do alto ou do baixo, em poucas palavras, qual é a "verdadeira" hierarquia de valor entre o culto camponês e o culto letrado, torna-se uma questão antropológica que interessa o etnólogo. Essas oposições distintivas comprovam, como diz Hertz, antes de tudo "hábitos de pensamento e tendências morais" (*ibid.*, p. 144) que informam as representações coletivas de uns e de outros (os camponeses e os letrados; as pessoas de Cogne e as outras). Mas os termos do debate historiográfico engajado por Hertz, assim como a descrição etnográfica da cerimônia festiva traem tanto quanto os hábitos de pensamento e as opções morais do autor e preservam até o fim a identidade e a autenticidade da verdadeira religião contra a tentativa de desvio e de recuperação eclesiástica.

Num campo de estudo das "religiões populares" que remete à época de um interesse coletivo partilhado (Hubert, Van Gennep, Saint-Yves), Isambert sublinha o caráter "de análise antropológica total" da abordagem de Hertz (1982, pp. 49-50):

> *O que é sedutor neste estudo é a maneira como o autor prende-se a seu objeto, o observa, recolhe os testemunhos, redobra a observação pelos documentos do passado, para tentar finalmente, a título de hipótese, uma explicação genética, sem privar-se dos recursos da filologia e da mitologia comparada.*

A descrição etnográfica da peregrinação, examinada de perto, ocupa, porém pouco lugar em comparação com a importância atribuída aos recursos dos arquivos no debate historiográfico sobre a origem das legendas fundadoras. O estudo aparece em *Revue de l'Histoire des Religions* e o sociólogo está aí para nos lembrar que a explicação das práticas é independente das razões que são avançadas pelos fiéis ou pelas autoridades religiosas e que supostamente as fundam. Todo o debate sobre as legendas fundadoras se passa evidentemente entre eruditos locais, letrados religiosos ou autoridades cultas, e sobre o pano de fundo das crenças, as poucas sondagens de opinião ou entrevistas junto aos indígenas testemunham muito mais, como sempre, sua ignorância, sua indiferença ou uma repressão.

A entrada localizada do etnólogo o leva a partilhar as implicações partidárias dessas questões de território, mas ela parece também pesar fortemente sobre suas leituras históricas. A adesão e a implicação na história e o ponto de vista das "pessoas de Cogne" é uma das chaves de suas conclusões. A "tribo de Saint Besse", cuja identidade moral se concentra no rochedo, evoca na maioria das vezes a pequena comunidade dos estrangeiros, dos excluídos da história pelas outras paróquias da federação inicial. É significativo que essas pessoas queiram ignorar o Saint Besse da planície que visa afastá-los ou civilizá-los por intermédio da referência a um ideal espiritual encarnado pelo santo legionário mártir.

Na dupla construção dessa religião popular de Saint Besse, encontramos principalmente todos os esquemas do *habitus* antropológico. O postulado é o de uma impermeabilidade, sem dúvida relativa, mas finalmente irredutível, de dois cultos pensados numa relação de exterioridade. A cruz ou a capela sobre o rochedo é o próprio paradigma de uma estratégia de justaposição ou de acumulação de duas tradições religiosas que dá boa consciência aos clérigos e aos curas "conciliadores", e permite aos camponeses perpetuar o que Bastide chama de "sincretismo de máscara", servindo o santo legionário de véu a um culto fiel a suas raízes pagãs. Dois exemplos da retórica antropológica na matéria. Em pleno núcleo da demonstração em favor do provável cenário da tradição de descida do santo camponês à planície, emerge o argumento decisivo: "Como acontece muitas vezes, na luta pela supremacia, é o Deus mais rude e mais singular que prevalece sobre seus concorrentes, mais civilizados, porém mais enfadonhos" (Hertz, 1970, p. 133). Da mesma maneira, usando uma metáfora geológica nos Alpes, "a rocha primitiva emerge às vezes da acumulação das estratificações mais recentes" (*ibid.*, p. 158). Outro exemplo de estratégia de conciliação de tradições heterogêneas, verdadeira aposta das religiões populares, é a versão cogniana da metamorfose do santo legionário representando o pastor "próprio para ser sacrificado", mais próximo das histórias camponesas:

> *Graças a essa metamorfose, o herói legendário pode tornar-se um outro permanecendo ao mesmo tempo ele mesmo. Processo fácil e de baixo custo, ao qual a imaginação popular jamais hesita recorrer para ajustar representações discordantes uma à outra* (ibid., p. 137).

Esses processos são bem conhecidos, mas o antropólogo encontra neles para satisfazer, a custo mínimo, sua adesão a defender a persistência da tradição.

A tensão inerente ao procedimento antropológico entre a adesão à persistência de um mundo e a lucidez sobre os sinais manifestos de sua decomposição encontra-se na reconstituição da ilusão comunitária desse pequeno mundo de Saint Besse. Toda a descrição historiográfica de Hertz nos apresenta um processo, sem apelo, de desmembramento e de dissolução da festa comunitária, cujos fundamentos sociológicos parecem irreversíveis. A exclusão progressiva das pessoas de Cogne (o sacrifício último do que poderia ser o lugar originário e fundador do culto?) que nem mesmo se autorizam mais ostentar sua identidade vestimentar e acabam de perder a memória, sob os constrangimentos da recomposição das fronteiras morais e políticas impostos pela carta diocesana, e mais globalmente pela urbanização das práticas, é patética. O cúmulo da morte anunciada é o abandono da regra comunitária (ou federativa) mínima que impunha o rodízio anual das despesas do culto entre as paróquias, em prol da monetarização das despesas e, por conseguinte, da lei do "quem der mais" no plano econômico. Todo esse processo descrito com lucidez não impede absolutamente Hertz de retomar o credo de uma comunidade cada vez mais imaginária que "outrora, como hoje", segundo a fórmula consagrada do eterno presente etnológico, continua a encarnar o milagre da persistência de Saint Besse.

O relato etnológico não deixou de ter repercussão, pelo menos o tempo de uma pausa e de um relâmpago, sobretudo quando descobre-se que, definitivamente, seria possível que a tradição "popular" não seja nem mais nem menos "verdadeira" que a outra, isto é, a ficção letrada dos clérigos e dos arranjadores de legendas em todos os gêneros. A conclusão geral é de uma grande lucidez:

> *Mesmo as tradições orais de nossa zona rural, quando em estreita relação com o culto cristão, estão de tal modo impregnadas de representações de origem eclesiástica que é quase quimérico considerá-las como "populares" (1970, p. 157). Portanto, o popular poderia ser lido como uma instituição "popularizada". Mas, como muitas vezes a exceção confirma a regra, e Hertz não hesita em concluir que "uma parte dos fiéis de Saint Besse conservou em estado puro a tradição original sobre a qual se exerceu o trabalho dos letrados (Id.).*

É difícil hoje participar do mito de Saint Besse e partilhar as leituras encantadas que vêm sendo feitas desse relato singular, há mais de um século. Em suas contradições e ambivalências, esse estudo mostra as implicações da abordagem antropológica dos cultos de santos, um sítio etnológico por excelência das pesquisas contemporâneas sobre o religioso. A "santidade fortalecedora e tutelar" de Saint Besse está bem distante dessa relação pessoal e íntima com um amigo de Deus que Peter Brown encontra na emergência do culto do santo da Antiguidade tardia. Uma tal religiosidade está ainda mais distante da "religião peregrina" erigida por uma socióloga como Danièle Hervieu-Léger (1999), como paradigma do crer em regime de modernidade ou de supermodernidade. Hertz, ao contrário, revela-se mais próximo, como sublinha Isambert (1982), da tradição da história das religiões de Alphonse Dupront.

O *mana* de Robert Hertz ou a fé do soldado

Uma tal postura na construção do objeto não é neutra nem deixa de ter relação com a raiz dos engajamentos de Hertz e suas próprias posições na reconfiguração do sagrado, no seio da modernidade e da cidade (Riley, 2002). As análises se comprazem em sublinhar o vínculo, sem dúvida inconsciente, entre seu interesse pelo santo, vítima de uma queda na montanha, as condições da morte acidental de seu pai na montanha, e o papel salvador do santo guerreiro mártir sobre o fundo de guerra anunciada (Isnart, 2006). Essa psicanálise barata do conhecimento deve ser relativizada. Sem dúvida Hertz ocupa um lugar singular no seio de sua família de pensamento, sobretudo nas leituras retrospectivas que podem ser feitas de sua obra. Essa figura mitológica se nutre das promessas que ele encarnava, todas ceifadas na "flor da idade", como muitas outras de sua geração, por uma morte trágica. Passar sem grande transição de uma vida intelectual consagrada ao estudo das representações coletivas da morte, dos rituais de luto, do perdão e da expiação do pecado, ao estatuto de "morte no campo de honra", sacrificado à "religião da guerra", continua sendo desconcertante. É grande a tentação de buscar nos sinais anunciadores dessa obra inacabada as linhas de força de um outro Durkheim, evidentemente mais próximo de Mauss, leitor de Nietzsche e de Bergson, como também de Kant, admirador de Péguy e de Barrès, menos positivista, menos racionalista, menos intelectualista e, não obstante, antecipador do estruturalismo. Seu engajamento político precoce vincula fortemente moralidade com espiritualidade, seu socialismo pretende ser portador de uma regeneração moral da nação e, como comprova sua correspondência de guerra, a "fé" dos homens continua sendo para ele a arma suprema de todo combate, inclusive e sobretudo na guerra.

Tais preocupações políticas, místicas e religiosas certamente terão efeitos sobre o interesse científico atribuído às formas elementares da religiosidade. Como bom antropólogo, a relação pessoal de Hertz com a religião continua sendo profundamente tradicional e fideísta, mais do que mística, visceralmente alérgica a toda veleidade de racionalização ou de secularização, e às preocupações de uma "religião natural", isso é racional, à maneira kantiana. A "verdadeira religião" é para ele a religião simples, não reflexiva, do camponês bretão ou alpino. Em matéria de religião, não se trata de fazer a triagem, mas é preciso estar disposto a assumi-la inteiramente, a cumprir os ritos e sucumbir à força da emoção, ou então recusá-la. As confidências da correspondência de guerra testemunham a esse respeito tentações "pascalianas": poder enfim ajoelhar-se como os soldados camponeses para compartilhar sua fé e orar pelos seus?

Mauss (1988, p. 2) será o primeiro, em seus comentários sobre *O pecado e a expiação*, a sublinhar: "que vida interior intensa se oculta sob essa bela exposição didática!". O extrato de carta a seu amigo Dodd, subsequente à emoção suscitada pela cerimônia do casamento de sua irmã Dora, diz isso mais minuciosamente:

> *Cada vez mais, eu penso que, se alguém tiver de ser religioso, o melhor é que haja por parte dele uma aceitação total – ou seja, sem racionalismo, sem secularização do divino nem adaptação maliciosa da grande incongruência da religião verdadeira relativamente aos nossos escrúpulos intelectualistas sem importância. Se eu fosse um católico romano, certamente estaria do lado de Pio X, contra os modernistas. Essas pessoas têm vergonha de ter uma religião – elas tentam desculpar-se com os intelectuais e os livres-pensadores, agindo do modo mais humilde e "racional" possível – e perdem o que é a essência da religião, o poder emocional, sem ganhar em inteligibilidade (Riley, 2001/2002, p. 133).*

Uma confissão como essa sobre a essência da verdadeira religião, que pretende ser estranha ao intelecto e à razão, e participa antes de tudo do poder da emoção, pode parecer surpreendente, mas não está muito distante da concepção durkheimiana do sagrado e de sua imersão na afetividade social. Ela nos leva, principalmente, com uma notável continuidade de preocupação, ao cerne do debate engajado por Hertz, como introdução a seu ensaio sobre o pecado e a expiação, contra os teólogos modernistas, esclarecidos e racionalistas de sua época, que queriam reconduzir a religião "aos limites da simples razão" e fazer dela a expressão de sentimentos naturais. O argumentário crítico desenvolvido contra essa leitura teológica visando restabelecer a essência de um cristianismo um tanto edulcorado que, no entanto, pretendia respeitar posições afirmadas por esse meio de "cristãos esclarecidos", sendo a questão decisiva a confusão entre a preocupação de testemunho de uma fé renovada e a pretensão não científica de dizer o que é a essência da verdadeira religião. Mas esse debate científico e metodológico vem claramente dar lugar *in fine* a um conflito não confessado e reprimido sobre a essência da religião e a autenticidade da fé que se supunha estar ultrapassado. A mensagem é clara:

> *Se cristãos de fé mesquinha e de razões insuficientes se escandalizam que pecadores possam ser salvos por um ato cumprido por eles [...], é que eles não têm senso para a realidade coletiva da Igreja, que faz os fiéis participar intimamente na natureza de Cristo na qual eles vivem* (1988, p. 24).

A religiosidade social transcende o sentimento religioso dos indivíduos.

CAPÍTULO II
EDWARD EVAN EVANS-PRITCHARD[1*]
NO COMEÇO ERA A BRUXARIA

Uma antropologia de "bom senso"

Em sua obra *O antropólogo como autor* (1988), Clifford Geertz nos traça um quadro do estilo da escrita etnográfica e da retórica textual de Sir Edward Evan Evans-Pritchard: uma arte da imagem bem sólida, bem construída e da encenação (um diapositivo antropológico), uma frase simples e descrições transparentes, evidências indiscutíveis e declarações incisivas e peremptórias. Mais profundamente, essa

---

[1*] EVANS-PRITCHARD, Edward Evan. *Witchcraft, Oracles, and Magic Among the azande*. Oxford, Clarendon Press, 1937, trad. fr.: *Sorcellerie, Oracles et Magie chez les Azandé*. Paris: Gallimard, 1972.

etnografia "homogênea" se apoia numa antropologia de "bom senso" que equivale a dizer que os outros, aqui os africanos, sem dúvida são diferentes de nós, mas não tão diferentes. Em poucas palavras, pode-se compreender coisas que podem parecer extravagantes com um mínimo de informação complementar e de mobilização das categorias do entendimento ordinário. Há muitas coisas que funcionam nessas sociedades primitivas fora do quadro de nossas instituições científicas, políticas e religiosas (a Ciência, o Estado, o Mercado, a Igreja), mas em última análise seus sistemas políticos ou seus dispositivos rituais não fazem apelo a recursos sociais e cognitivos que obrigam a romper com os quadros habituais da experiência, o "senso comum". A antropologia à maneira de Evans-Pritchard não supõe que se esteja *out of minds* (Fabian, 2000).

Esse quadro não é falso, mas certamente injusto. Em primeiro lugar, essa antropologia de "bom senso" não é simplesmente a de um homem de ação às voltas com as realidades coloniais ou com a expressão natural do pragmatismo inglês. De fato ela é explicitamente reivindicada por Evans-Pritchard, que era um homem muito culto e estava a par de todas as teorias antropológicas de seu tempo, em reação contra toda a tradição antropológica letrada do século XIX que queria fazer os selvagens e os primitivos passar por seres extravagantes, supersticiosos, em poucas palavras: verdadeiramente outros. Sobretudo em matéria de "religião", ele quer acabar com a ideia de que as crenças e as práticas dos outros são coisas secretas, misteriosas, bizarras, estranhas, "um mosaico abracadabrante" (1971, p. 15). Essa literatura do "sensacional" fez do primitivo um ser supersticioso e "místico", investido da noite ao dia em relatos míticos e em ritos, esquecendo que os outros, como nós, devem assumir as obrigações do mundo cotidiano, a "rotina de cada dia" e recorrer para o essencial ao "bom senso empírico" para resolver os problemas práticos (*ibid.*, p. 13).

Muito interessado no pensamento de Lévy-Bruhl, cujas teses ele queria compreender (em reação às caricaturas que seus colegas ingleses retinham contra elas), nem por isso ele partilha a tese de uma alteridade da "mentalidade primitiva", de uma lógica diferente que raciocina a partir de representações e de categorias diferentes das nossas (sobre a qual o próprio Lévy-Bruhl parece ter voltado atrás). A declaração é sem apelo:

> *Todos os observadores que estudaram no local os po-*
> *vos primitivos concordam em dizer que quase todos*
> *eles se interessam pelas questões práticas, que eles*
> *resolvem seus problemas de uma maneira empírica,*
> *quer sem nenhuma referência às forças, influências*
> *e ações sobrenaturais, quer limitando-as a um papel*
> *subordinado e auxiliar (ibid., p. 105).*

Em toda sociedade encontramos uma miscelânea variável de conhecimentos empíricos e de noções místicas, e homens que mobilizam, alternativa ou simultaneamente, segundo as situações da vida e os contextos rituais, modos de pensar diferentes – eventualmente a bruxaria completa a explicação pela causa natural (*ibid.*, p. 107). Evans-Pritchard na introdução à obra *Bruxaria, oráculos e magia nos azande* define as "noções do bom senso" que fazem a interface entre as noções místicas e as noções científicas, como as que "atribuem somente aos fenômenos o que os homens disso observaram, ou o que se pode deduzir logicamente de sua observação" (*ibid.*, p. 38).

Essa antropologia do "bom senso" de um homem de ação (associando a etnografia, a expertise política e o engajamento militar) é também uma antropologia reflexiva que se interroga sobre as condições de produção do conhecimento, e antes de tudo sobre os constrangimentos "epistêmicos" que pesaram sobre as teorias da religião. Para compreender como homens que são cultos, muito instruídos e competentes, podem perder seu bom senso quando se trata da religião, dever-se-ia, diz ele: "escrever todo um tratado sobre as ideias da época, sobre as condições intelectuais que impunham limites ao pensamento, curiosa miscelânea de positivismo, de evolucionismo, com restos de religiosidade sentimental" (1971, p. 9). Lembrando o enraizamento religioso dos teóricos mais célebres da religião primitiva ("Tylor era quáquer, Frazer presbiteriano, Marett anglicano, Malinowski católico, enquanto Durkheim, Lévy-Bruhl e Freud eram de origem judaica", p. 20), ele interroga-se não mais sobre a ausência de prática ou de afiliação religiosa, mas sobre a incultura religiosa, especialmente em matéria de religiões históricas, dos agnósticos e ateus (aos quais ele não pertence), e sobre a tentação deles de acertar sua conta com o cristianismo ou com a religião de sua infância pelo desvio para as religiões "primitivas".

Essa questão da cultura nativa (religiosa ou irreligiosa) dos antropólogos não deixa de incidir sobre a natureza necessariamente interpretativa dos dados de toda descrição etnográfica. A "transparência" da etnografia de Evans-Pritchard também está ligada ao lugar que nela ocupa a reflexão sobre as condições interativas da coleta e da transcrição dos dados. Em sua introdução, Evans-Pritchard constata sem rodeios sua dívida em relação à gramática azande e o dicionário dos padres dominicanos Lagae e Van den Plas que foram companheiros de todos os dias (1972, p. 32). Ele chega até mesmo a reconhecer que, se os padres missionários não tivessem "educado" os azande, ele não teria tido à disposição informantes tão úteis para a tradução.

A tradução "cultural" e contextual dos termos da linguagem indígena (o que as palavras significam para o outro e para si mesmo na situação) é para ele uma questão importante (1971, p. 120), tanto para o etnólogo como para o missionário (mesmo sendo inversa a situação). A confusão introduzida pelo uso descontextualizado de relatos indígenas, melanésios ou polinésios, no que se refere à categoria de *mana* e sua transmutação numa força metafísica, vaga, impessoal, difundida nas pessoas e nas coisas, é obstáculo à comparação que se impõe com outras formas de poder espiritual como o *mangu* da bruxaria azande. E, nessa questão, para Evans-Pritchard, nem o recurso a uma terminologia especializada (animismo, fetichismo) que corre o risco de acentuar os desvios, nem a estandardização dos termos indígenas (*mana*, *totem*) que cria todos os mal-entendidos, são em si uma solução. A generalização da oposição azande entre bruxaria e magia é uma ilustração disso.

No plano dos grandes paradigmas da disciplina antropológica, Evans-Pritchard encarna, enfim, a ruptura clara e nítida com as explicações pelas "origens" e pelas "essências" que assediam os ancestrais (e ainda a obra de Durkheim) em busca de não se sabe qual "primordium" à religião: "Origens e essências não dizem respeito à ciência que se ocupa de relações" (1971, p. 131). Nada está mais distante da ciência das religiões do que essas tentativas de compilação dos fatos mais heteróclitos, buscando ilustrar esse ou aquele arquétipo com base em aproximações puramente analógicas e relações em espelho à maneira de Mircea Eliade. A esse método "anedótico", ele opõe um método comparativo que trabalha sobre os sistemas religiosos e compara relações: "a religião comparada deve ser comparada de uma maneira relacional" (*ibid.*, p. 141). É toda a lição que será retida por Dumézil[2] e Lévi-Strauss.[3]

A "religião" dos azande

A antropologia religiosa de Evans-Pritchard está antes de tudo muito atenta ao que depende da experiência espiritual indígena e ao que testemunha formas das mais variadas de religiosidade. Sua etnografia religiosa se nutre de dois terrenos contrastados, o dos azande (banto) e o dos nuer (nilótico), das populações da África sul-sudanesa que apresentam desvios significativos no plano da organização social e política, como também no plano da relação com as coisas religiosas. É a melhor ilustração da ideia que lhe é cara de que as religiões africanas não têm essência, mas que elas se compõem todas a partir de um conjunto de crenças e de práticas que combinam de maneira singular para administrar os perigos e responder à explicação da doença e da desgraça. Na maioria dos banto, o culto dos ancestrais – seus rituais iniciáticos e seus interditos – é dominante, mas para os azande, esse último é restrito à esfera doméstica e familiar, e a referência a um "Ser supremo" está ausente da vida cotidiana. O grande problema é a bruxaria associada aos processos da magia e aos rituais de divinação e de exorcismo. Por outro lado, a religião do nuer é dominada pelo espírito, ao mesmo tempo uno e múltiplo, com o qual os humanos mantêm uma relação de piedade e de submissão moral. Nesse mundo, os casos de bruxaria e de magia são periféricos, e a eficácia dos rituais (oração ou sacrifício) depende menos do respeito aos interditos ou do estado de pureza espiritual dos atores, do que da intenção moral e da sanção divina. A lógica dessas composições variadas deve muito à história dos empréstimos entre etnias e aos efeitos da situação colonial: a "magia negra" envenena

---

[2] Ver sua introdução de duplo sentido ao *Traité d'Histoire des Religions* de Mircea Eliade (Paris: Payot, 1949).

[3] Ver os exemplos paradigmáticos, sobre os quais voltaremos, dos gêmeos e das aves em *Le Totémisme Aujourd'Hui* (Paris: PUF, 1962) e do boi e do pepino em *La Pensée Sauvage* (Paris: Plon, 1962).

a existência social e prevalece sobre a polidez das regulações da bruxaria em país azande; o "monoteísmo" nuer por sua vez não cessou de acolher os espíritos dos povos vizinhos com a cumplicidade dos profetas.

Nada é mais significativo da ruptura que representa o estudo monográfico "intensivo" de Evans-Pritchard sobre a bruxaria entre os azande do que as preocupações evocadas no prefácio pelo professor Seligman, engajado em estudos extensivos sobre as populações nilóticas do Sudão. A preocupação principal desse homem de uma dada geração é a ausência de traço, nesse estudo, de alguma "religião zande", seja sob a forma clássica do animismo ou da oposição religião/magia (a religião dos outros) ou ainda de alguma referência a um "Ser Supremo".[4] Mas nas precisões trazidas por Evans-Pritchard sobre esse tema, retomadas mais firmemente num artigo posterior à obra sobre a "teologia zande" (1974), as posições são claras. Em primeiro lugar, o animismo ou a noção de alma não é uma descrição adequada do estatuto paradoxal dessas coisas que são pessoas e que não são (exemplo do veneno do oráculo ou do sangue dos "irmãos de sangue", ou por outro lado dos gêmeos). Em seguida, a entidade denominada Mbori que é sem dúvida um "recém-vindo" tomado de empréstimo às populações vizinhas ou introduzido pelos missionários, e que poderia passar por algum ser supremo, afinal está pouco presente no cotidiano dos azande. Quando ele é invocado, só o é pelo modo de exclamações pontuais (*ibid.*, p. 21) que não poderiam ser tomadas por orações e menos ainda por palavras cultuais. Enfim, a "religião" dependeria sobretudo dos rituais cumpridos no domínio do culto dos mortos e dos espíritos (*atoro*): "a religião zande está intimamente ligada à relação pai-filho, uma vez que é antes de tudo o espírito de seu pai que é invocado por um homem no altar familiar", e "ele será mais apropriado, declara Evans-Pritchard, para descrever a religião zande em relação à vida doméstica" (*ibid.*, p. 29).

---

[4] Essas preocupações estão também no centro dos escritos do padre dominicano Lagae (1926) que são contemporâneos das publicações de Evans-Pritchard – mas se deve sublinhar que esse último reconhece toda sua dívida relativamente à obra etnolinguística dos missionários – e sublinham a concordância das observações recolhidas sobre os mesmos assuntos (1972, p. 32).

À guisa de assinatura, o professor Seligman, confrontado com o desvio que existe entre as populações nilóticas, como os dinca, "os mais religiosos dos homens" (cujo Ser supremo, identificado com o firmamento, mesmo assim é considerado como muito "preguiçoso") e os azande, dominados pelo mundo da magia, sai desse embaraço sustentando com muita seriedade que a religião é sempre sinônimo de introversão e que decididamente os azande são muito extrovertidos para serem religiosos. Uma psicologia sumária da religião que Evans-Pritchard não cessou de denunciar.

Bruxaria, oráculos e magia: o triângulo matricial

O triângulo religião/magia/bruxaria com as oposições clássicas religião/magia, magia/bruxaria, ou ainda divinação/magia, fornece a matriz de toda uma tradição antropológica. Colocando um pouco à parte a "religião dos ancestrais", Evans-Pritchard se restringe aqui ao triângulo: bruxaria, oráculos e magia, onde os oráculos designam o registro da divinação, intermediário obrigatório do diagnostico da desgraça e do recurso às técnicas da magia, "principal adversário da bruxaria". Como o diz Evans-Pritchard: "A bruxaria, os oráculos e a magia formam um sistema intelectualmente coerente. Cada um dos três termos explica e prova os dois outros" (1972, p. 537).

A categoria de bruxaria certamente está mais do que as outras no centro da antropologia africanista:

1) primeiro, porque a ambiguidade ontológica e os poderes da "substância enfeitiçadora", ao mesmo tempo substância corporal e alma da bruxaria, evocam muito bem os debates estabelecidos em torno da noção substancial de *mana* e a aproximam de todas essas categorias perturbadoras quanto à compreensão habitual do corporal e do psíquico, do material e do espiritual, ou do bem e do mal;

2) em seguida, a ideia tradicional de que a "religião", no começo o culto dos espíritos ancestrais, é uma antibruxaria ou uma contrabruxaria, se mantém em todos os despertares religiosos ou nos movimentos ditos modernos, tendo por corolário o discurso único

de todos os profetismos africanos: o cristianismo não resolveu e nem pode resolver a maldição africana da bruxaria. Os pentecostalismos de ontem e de hoje, com sua problemática da libertação das forças diabólicas e maléficas, dominaram, e o diabo é efetivamente, de certa maneira, o herdeiro do bruxo;

3) enfim, só se pode registrar de fato no período colonial, como na época contemporânea, a onipresença do tema da "recrudescência da bruxaria" e a maneira como essa categoria acabou por arruinar todos os outros esquemas de interpretação da desgraça e da doença (interditos, possessão, marabutagem, magia negra etc.), mesmo no seio do registro das respostas ditas tradicionais, e por se impor como categoria dominante. E o que dizer do campo político, ou mesmo jurídico, onde bruxaria e modernidade se conjugam alegremente! (Geschiere, 1995).

A economia da crença

Tradicionalmente, para os antropólogos, a questão primordial não é a da existência dos "bruxos". Evans-Pritchard lembra que a "bruxaria não tem existência real" (*any real existence)* (1972, p. 132). As noções mobilizadas são para ele, claramente, noções "místicas" (*ibid.*, p. 38). As pessoas que ele encontra são antes de tudo em certas situações particulares de repetição ou de acumulação de desgraças, pessoas que se pensam enfeitiçadas ou que certos terceiros declaram enfeitiçadas.

Aqui é importante sublinhar o deslocamento prévio imposto pela posição antropológica clássica do problema em relação ao debate do senso comum. Marc Augé resume bem essa questão: "A existência de "bruxos" pode ser um efeito da crença, mas a proposição inversa é mais do que duvidosa e nos parece importante, de um ponto de vista teórico, decidir se a crença é primeira ou segunda, causa ou efeito" (1982, pp. 214-215). Para Evans-Pritchard, o homem que supostamente é bruxo ou que é acusado de bruxaria não sabe, na maioria das vezes, que ele enfeitiçou um outro, mas porque todo mundo crê na bruxaria, e ele em primeiro lugar: "Na cultura zande, a bruxaria é uma preocupação tão cotidiana, uma coisa tão estável e tão universal que um homem pode vir naturalmente a pensar: uma vez que cada um pode ser bruxo, é possível que eu mesmo seja um" (1972, p. 162). Mais ainda, mesmo que ele sinta rancor diante de sua vítima, ele só pode ser agradecido ao oráculo por preveni-lo antes que ele sucumba à vingança dos outros (*ibid.*, p. 133).

Algumas observações prévias extraídas de *Bruxaria, oráculos e magia nos azande* permitirão esclarecer o quadro cognitivo da abordagem de Evans-Pritchard:

1) "A bruxaria é o cotidiano, essas ideias, esses atos estão na superfície de sua vida [...], *mangu* é uma das primeiras palavras que ouvi pronunciar dia após dia, meses a fio no país zande (1972, pp. 53-54). Mais ainda, "Não há canto ou recanto da cultura zande onde ela não venha insinuar-se" (*ibid.*, p. 97). Em seus jogos e suas disputas, crianças desde os seis anos brincam com essas palavras. Portanto, a bruxaria nessa sociedade nada tem a ver com um sujeito misterioso, estranho, ou com fatos excepcionais que suscitam o assombro e o terror.

2) "Todo zande é uma autoridade no que diz respeito à bruxaria" (*ibid.*, pp. 53-54), mesmo porque "um bruxo nada tem de singular, cada um de vocês pode ser um deles e com toda certeza muitos de seus vizinhos próximos o são". A bruxaria não remete a um saber especializado e esotérico que seria monopólio de personagens duvidosos que chamaríamos de "bruxos". Cada um pode descobrir-se bruxo, uma vez que outros o são, mas ninguém assumiria o risco de proclamar-se bruxo.

3) A bruxaria designa uma força impessoal ligada às pessoas que pode ser objeto, nas conversas, de uma generalização fácil, mas, antes de tudo, no meio do cotidiano "é uma resposta a uma situação e não um conceito intelectual complicado" (*ibid.*, p. 156). Como não cessa de sublinhá-lo Evans-Pritchard: "Suas ideias estão aprisionadas na ação [...], seus princípios se exprimem muito mais por um comportamento socialmente controlado, do que em doutrinas" (*ibid.*, p. 117).

4) "O que a bruxaria explica são as condições particulares e variáveis de um evento e não as condições gerais e universais" (*ibid.*, p. 103); "A crença na bruxaria não contradiz em nada o conhecimento empírico da causa e do efeito [...]. A bruxaria é um fator

causativo na sobrevinda dos fenômenos prejudiciais em lugares particulares, em momentos particulares e em relação a pessoas particulares. Isso não é um elo de cadeia necessário numa sequência de eventos, mas alguma coisa de exterior aos eventos que virá participar neles e dar-lhes um valor particular" (*ibid.*, p. 106): ver a metáfora zande da "segunda lança".[5] A imputação de bruxaria é sobretudo privilegiada quando a gente não se satisfaz com o como, mas se busque o porquê e quando uma intervenção social e uma alternativa ritual são possíveis.

5) A bruxaria, enfim, nada tem a ver com o direito ou a moral (*ibid.*, p. 110). Aquele que invocasse a bruxaria para justificar seu mau comportamento social ou moral (quebra de uma proibição, ou desrespeito de uma regra) seria rapidamente desmascarado. A violação de um tabu e a bruxaria são dois modos de explicação e de acusação totalmente distintos. Na inveja, no rancor ou no ódio que se pode ter pelo vizinho, há exatamente violação e responsabilidade, mas o ato de bruxaria não é consciente e a "confissão" ou o testemunho da bruxaria, o que se chama "espirrar" (*ibid.*, p. 133) visa menos testemunhar uma culpabilidade do que "resfriar" a bruxaria e libertar a vítima. De maneira geral, o tratamento comum dos casos de bruxaria se inscreve numa lógica da vingança, da ameaça de intimidação ou da dívida compensatória, mas não da justiça.

Para concluir sobre esse ponto, nas nossas sociedades as questões de bruxaria, mais ou menos midiatizadas, dependem globalmente da manipulação extraordinária de forças maléficas por personagens marginais e perigosos. Na sociedade zande, como em muitas outras sociedades africanas, a bruxaria é uma antropologia generalizada (uma "filosofia natural", diz Evans-Pritchard) das relações sociais e a categoria explicativa principal de todos os eventos "desgraçados": em poucas palavras, a bruxaria é a desgraça (*ibid.*, p. 136) e "o idioma no qual os azande falam deles mesmos e se explicam a si mesmos".

---

[5] Se um homem atravessa um outro com sua lança na guerra, o matador é a primeira lança e a bruxaria é a segunda e com ambas eles atiraram no homem (*ibid.*, p. 108).

Bruxaria ou magia negra?

O debate sobre a existência dos bruxos se alimenta da multiplicidade dos sentidos e dos usos do próprio termo "bruxo". Na Europa, essa figura designa de fato:

1) o personagem turvo, sombrio, mais ou menos clandestino, mas socialmente referenciável, que usa um saber oculto apropriado de alguns livros e domina certas receitas maléficas (magia negra);

2) a mulher bruxa que se mostra com sua vassoura no *sabbat* (reunião noturna das bruxas) para se entregar a cerimônias diabólicas ou, sob uma forma mais edulcorada, que tem poderes de desdobramento e de metamorfose, um dom de ubiquidade;

3) existem também os adivinhos que consultam os chefes ou os curandeiros que operam nas sociedades exóticas (Augé, 1982: "o bruxo é o médico dos outros"), e que correspondem ao que Evans-Pritchard chama de *witch-doctors*, os "exorcistas", numa palavra, os contrabruxos.

Evans-Pritchard, com base nas categorias indígenas dos azande, introduziu uma distinção decisiva entre *witchcraft* e *sorcery* que adquiriu na antropologia anglo-saxã um valor paradigmático e quase operatório (1972).[6] "Bruxaria (*mangu*) e magia (*ngwa*) têm certamente diferentes conotações e devem ser claramente distinguidas numa exposição etnológica".[7] De fato ele se apressa em precisar que sob certos aspectos as duas são similares (sobretudo se estiver incluído que *sorcery* se aplica muito mais à "magia negra") e que elas podem cumprir funções comuns, mas que a diferença está sobretudo em sua "técnica" e em sua incidência social.

O *witch*, o bruxo, designa sobretudo um indivíduo associal e maléfico que opera graças a um poder de desdobramento, de metamorfose e de deslocamento de sua "alma", mesmo sem seu corpo abandonar o lugar onde ele dorme. Esse poder "psíquico" lhe vem de uma substância (*mangu*) alojada em seu ventre, como pode confirmá-lo a

---

[6] Toda tradição antropológica anglo-saxã retomou amplamente e discutiu essa distinção: ver a obra coletiva de Max Marwick (ed.). *Witchcraft and Sorcery*. Penguin Books, 1982.
[7] Artigo de 1929: Witchcraft (*mangu*) Amongst the azande. *Sudan Notes and Records*. Retomado em Marwick, 1982.

autopsia, que age sem intermediário, de forma invisível, em geral de noite, mesmo quando ela se encarna em animais ou aves noturnas. A ação propriamente dita dos bruxos consiste em "devorar" a substância vital dos outros e retirar-lhes toda força e toda vida.

O *sorcerer*, o mago, ao contrário, é um personagem socialmente reconhecido, cujo modo operatório é em princípio visível no mundo diurno. A eficácia de sua "técnica" se apoia no conhecimento e no domínio das substâncias vegetais ou orgânicas, os "remédios" ou medicinas (*ngwa*), e no cumprimento dos ritos. Os "advinhos exorcistas" (os possessores de *avure*) operam no quadro de sessões de "dança" divinatória.

Se *witchcraft* define o registro da bruxaria e *sorcery* o espírito da magia, compreende-se que não há na África "mago da aldeia". Ser mago não designa em nenhum caso um estatuto social; a pessoa se descobre como tal pela suspeita dos outros e pelo lugar que o consenso coletivo lhe confere transformando essa suspeita em acusação.

Pode-se resumir sob forma de quadro o sistema das oposições significantes:

Witchcraft e Sorcery segundo Evans-Pritchard

Mangu (witchcraft) bruxaria
Um poder "psíquico" involuntário, não controlado, ligado a uma particularidade física que se pode verificar por autopsia na morte do indivíduo: uma coisa localizada geralmente no ventre ou nas vísceras (intestino delgado).
Um componente do ser da pessoa que pode ser inconsciente e que permanece inoperante se ela não está "formada" ou "preparada".
Uma ação invisível, "noturna", ligada a um poder de desdobramento, de metamorfose, a um dom de ubiquidade que consiste em devorar a substância vital da vítima, sugar seu sangue, comer a carne humana (os bruxos são vampíricos).
A bruxaria é o próprio dos indivíduos (de alguns clãs) ainda que se admita que os bruxos formam uma "sociedade" com suas regras de entrada, seu pacto iniciático (o sacrifício de um próximo), seus "ritos noturnos antropofágicos" e suas sanções.

Ngwa (sorcery) magia
Uma técnica aprendida e dominada que supõe a mediação de palavras mágicas, de gestos rituais, a manipulação de objetos materiais e o domínio de substâncias animais ou vegetais (remédios).
Uma dimensão da habilidade (*savoir-faire*) que é apropriada e transmitida por herança ou por iniciação, privilégio dos homens.
Uma prática consultável e observável, exercida por um personagem social reconhecido que dispõe de uma competência estatutária adquirida, e que a coloca a serviço de um uso social ou antissocial, benéfico ou maléfico.
A magia é a propriedade dos indivíduos que dela se servem para eles mesmos ou para uma clientela privada, mas a aquisição das técnicas e o conhecimento dos remédios estão sob o controle de associações de magos ou de adivinhos curandeiros.

O próprio Evans-Pritchard diz: "Não me preocupo em definir a bruxaria, os oráculos e a magia como tipos ideais de comportamento: atenho-me a descrever o que os azande entendem por *mangu, soroka* e *ngwa*" (p. 34). O problema que surge e Evans-Pritchard foi o primeiro a tomar consciência dele, é o mesmo que se coloca para todos os conceitos antropológicos: o de sua dependência em relação às categorias indígenas localizadas e contextuais (o *mana*, o *totem* etc.). As oposições distintivas sublinhadas por Evans-Pritchard nos azande podem evidentemente ser sujeitas a reexame, e, mesmo nas sociedades africanas, elas não são todas igualmente pertinentes, ou elas não se compõem da mesma maneira.[8] Essa oposição tornou--se, no entanto, uma verdadeira opsição "totêmica" na história da antropologia. Que ela seja denunciada insistindo nas recuperações, nas complementaridades ou no englobamento de um pelo outro,[9]

---

[8] Para uma discussão da oposição no contexto africano, ver Augé (1982, p. 217).

[9] Peter Geschiere que se apoia evidentemente no traço estrutural que se refere à ideia de uma força invisível, estando oculta por definição a agressão da bruxaria do *ndjambe* (1995, pp. 143-144), afirma que a diferenciação das fontes de poder que coloca um fim ao caráter maleável, circular e englobante do poder bruxo não intervém a não ser na emergência das sociedades onde se exerce a autoridade de um chefe de tribo (exemplo do *fon* das populações bamileque e bamenda dos Grassfields, pp. 91, 209) e não no seio das sociedades segmentárias, mas Luis Mallart-Guimera (1981) distingue bem nos Evuzok o poder do *evu* e o poder dos ancestrais.

que ela seja ultrapassada para melhor encontrá-la[10] ou que ela seja desdobrada ao infinito (Mallart-Guimera, 1981), ela alimenta mais de meio século de debates e de controvérsias.

A distinção entre as classificações estruturais e as construções ideal-típicas não é negligenciável, como ilustram as discussões paralelas sobre possessão e xamanismo ou possessão e êxtase. A classificação estrutural supõe uma lista acabada de traços diferenciais, o jogo das presenças/ausências e o combinatório dos possíveis definindo o sistema das variantes, seu modelo é o quadro cruzado (Mallart-Guimera, 1981). Sua virtude heurísitca é convidar para explorar possíveis não identificados nas cabanas vazias, como ilustra a via aberta por Lévi-Strauss em *O totemismo hoje.*

Poder	Sem mediação	Com mediação
Controlado	?	*Ngwa*
Não controlado	Mangu	?

A análise tipológica é mais modesta. Ela admite que os traços pertinentes retidos pelas exigências da análise (aqui ação sem mediação/com mediação; poder controlado/não controlado; ou ainda ação voluntária/involuntária etc.) não formam uma lista definitiva, pois cada nova configuração cultural singular pode acrescentar novos traços distintivos, e sobretudo cada traço tipológico pode estar num dado contexto tomado separadamente, enquanto os outros ocultam a verdade.

Os paradoxos do sistema de bruxaria

A pertinência da oposição estrutural entre *witch* e *sorcerer* na cultura zande nem por isso deve fazer esquecer o essencial: a extrema plasticidade e os recursos de ambiguidade da figura do bruxo que vão de encontro com a lógica essencialmente pragmática (no sentido primeiro e também erudito do termo), situações em que a imputação de bruxaria é invocada em vez de ser pronunciada e confirmada pelos oráculos.

---

[10] Ver Geschiere (1995) sobre a oposição *ndjambe/nkong.*

Evans-Pritchard reconhece que jamais esteve tão perto de "pensar negro", em outros termos, de pensar à africana, do que nas questões de bruxaria. Uma das chaves é nunca deixar de fazer a diferença entre o que é dito em geral, na conversa, e o que é mantido em particular nas situações vividas individualmente. Pode-se dizer que os bruxos em geral estão "conscientes" de suas malvadezas, mas todo acusado de bruxaria afirma que ignorava tudo de seu poder bruxo. É preciso distinguir sempre o que é verdadeiro em teoria e o que é comprovado na prática. Em princípio, a bruxaria é hereditária e todos os membros de um clã podem ser bruxos se a bruxaria de um só é confirmada pelo oráculo, mas na realidade só alguns indivíduos são de fato bruxos, em poucas palavras, não se pode concluir mecanicamente do todo à parte.

Para compreender melhor as ambiguidades do sistema das representações que caracterizam a força da bruxaria – o que se pode chamar de imaginário da bruxaria – é preciso levar em conta seu enraizamento numa teoria da pessoa e toda uma psicologia das relações sociais. A força feiticeira se apresenta como um componente da identidade dos indivíduos. Entre os azande é o *mangu*, entre os fangue do Gabão chama-se o *evus,* mas em todas as línguas africanas existe um ou vários termos para designar essa coisa. A partir desse primeiro nível pode-se avaliar toda a dimensão da ambivalência que está ligada a essa força comparável ao *mana* durkheimiano, como se disse.

É ao mesmo tempo uma substância física que pode ser observada no corpo, por ocasião da autopsia ritual, e um poder psíquico que pode desprender-se do corpo e metamorfosear-se. Como coisa inscrita no ventre, ela é negra, mas enquanto voa como a alma nos ares, ela brilha como a luz de um pirilampo. Essa "coisa" que se herda, permanece de todo modo no estado potencial, adormecida ou "fria", enquanto não for reforçada por algumas práticas ou atualizada em certas situações. Talvez se possa ser bruxo "em potência", mas não pode sê-lo de fato a não ser "em ato", e todas as formas de contrabruxaria não visam fazer com que os bruxos não sejam mais do que são, mas neutralizar sua influência maléfica. Como diz Evans-Pritchard: "um bruxo não fará mal às pessoas pelo simples fato de ser bruxo [...]. Um homem pode ter nascido bruxo e, não obstante, sua substância enfeitizante pode permanecer fria" (1972, p. 145). Essa força você a possui do mesmo modo que ela possui você. Mas em si mesma ela não é boa nem má e pode fazer de você tanto um ser humano perfeito, realizado, como um ser antissocial.

Toda tentativa de abordar a coerência do imaginário da bruxaria e a função do sistema de bruxaria choca-se com uma série de paradoxos que se nutrem de sua ambivalência moral e social. O bruxo é ao mesmo tempo temido, como ser maléfico e prejudicial, e respeitado, quando não cobiçado e invejado. Entre os fangue do Gabão, aquele que não tem o *evus* é um inocente, um fraco, votado a fazer-se "inchar" pelos outros. O ato de bruxaria é próprio dos indivíduos fora das normas, ambíguos, associais, mas a força da bruxaria é também o impulso do êxito social, do enriquecimento, do prestígio (os "Grandes", aqueles que aproveitam, são necessariamente grandes bruxos).

Todo mundo pode ser suspeito de bruxaria: não se sabe quem é bruxo e quem não é. Ao mesmo tempo nos dizem que existem bruxos notórios, famílias de bruxos e vítimas designadas. Ninguém duvida que os bruxos sejam plenamente conscientes e responsáveis por seus malefícios – eles se reconhecem entre si e se reúnem secretamente –, mas ninguém confessa ser bruxo, todos pleiteiam a inocência e a ignorância. O bruxo pensa que ele é vítima da inveja dos outros, daqueles que lhe querem mal, mas o bruxo acusado e pego no ato explica igualmente sua situação pela inveja: "As pessoas me querem mal, e por isso me chamam de bruxo".

Enfim, a bruxaria é geralmente a questão dos próximos, dos vizinhos, dos parentes, dos conhecidos. A imputação de bruxaria obedece a uma regra de proximidade espacial, sexual, ou social. Entretanto, no contexto moderno, acontece que o bruxo seja o outro, o estrangeiro ou a esposa estrangeira que vem de outro lugar (a devoradora de almas).

Tentar esclarecer essas ambiguidades que representam um desafio para todo pensamento analítico jamais deve levar a esquecer que são essas ambivalências que conferem ao sistema de bruxaria uma plasticidade que faz justamente toda sua eficácia. Como o diz também Evans-Pritchard que dificilmente pode ser qualificado de doutrinário: "As doutrinas zande são tão numerosas, tão variadas e tão maleáveis que um homem pode sempre encontrar nelas um elemento que se dobra a seus interesses em que não importa a situação" (1972, p. 171). O cúmulo das ambivalências e a maleabilidade de interpretação que elas oferecem aos atores criam, no plano da lógica social, ao contrário do nobre que é nobre em si, um espaço de jogo bem aberto.

O espaço de jogo da acusação e seus códigos de conduta

A sociologia da acusação pôde incentivar uma leitura funcionalista globalizante (Geschiere, 1995) que pretende ver na bruxaria quer uma ideologia a serviço da reprodução da ordem social, comunitária ou desigual, quer, por um funcionalismo inverso, a expressão da resistência dos dominados, dos pequenos. Toda tradição antropológica britânica engrenou numa leitura funcionalista levando em conta a mudança social, a exacerbação das desigualdades e as tensões (camponeses/novos citadinos, velhos/jovens, homens/mulheres) da situação colonial (Marwick, 1982).

Mas além do discurso dominante que veicula uma topografia social imaginária dos bruxos e até uma tipologia do bruxo, a bruxaria é claramente, para Evans-Pritchard, cuja mensagem foi esquecida, uma resposta em situação: "Os azande se interessam unicamente pela dinâmica da bruxaria em situações particulares". Daí a própria relatividade da acusação de bruxaria apoiada na desgraça ou infortúnio, que não deve, sobretudo, ser confundida com um julgamento de essência:

> Ao contrário do nobre que é nobre em si, a personalidade social do bruxo não é tão marcante nem tão persistente, porque ele não é tido como bruxo, a não ser em certas situações. As noções zande da bruxaria exprimem uma relação dinâmica de pessoas com outras pessoas em situações desastrosas. Sua significação, a esse ponto, é dependente das situações passageiras, isto é, apenas se olharmos um homem como bruxo, uma vez desaparecida a situação que o metia em posição de acusado (Evans-Pritchard, 1972, p.143).

Nesses casos, a questão essencial se situa ao nível do controle da acusação e da imposição da postura vitimária. A manipulação do imaginário que confere a posição de força ao bruxo permite mascarar a posição de poder que representam o manejamento da acusação no seio das relações sociais e sobretudo o crédito ligado ao lugar de vítima. Não se constrói a mesma sociologia da bruxaria segundo se considere antes de tudo os discursos, e aquele que se impõe é sempre o do enfeitiçado, ou as práticas de acusação em seus efeitos sociais. Aqui, a verdadeira vítima, o bode expiatório, pode muito bem ser o "bruxo".

Se a acusação constitui um espaço de jogo, é antes de tudo porque há jogo entre o registro imaginário da suspeita e o processo social da acusação. Pode-se sempre suspeitar dos "grandes", dos ricos, dos poderosos de serem grandes bruxos, mas a acusação, em situação, obedece a princípios de verossimilhança social que a limitam às relações de conflito entre indivíduos estatutários equivalentes. Esse princípio foi retomado por toda a tradição antropológica anglo-saxã (Max Marwick, Mary Douglas), e Jeanne Favret-Saada o encontra no centro das situações que existem no Bocage: "Importa lembrar aqui que a pessoa não se torna bruxo, a não ser entre iguais ou entre parceiros incluídos numa situação de desigualdade relativa" (1977, p. 148). Nos azande, os membros da classe principesca, os governadores das províncias, os deputados dos distritos, os homens da corte, os chefes militares podem ser suspeitos de bruxaria, mas jamais eles são objeto de uma acusação pelo processo do oráculo do veneno que, aliás, nada tem a dizer a respeito deles. E se as pessoas jamais acusam os nobres ou os plebeus influentes, não é somente porque não é aconselhado insultá-los, mas simplesmente porque "seu contato social com essas pessoas se limita a situações em que seu comportamento é determinado por noções de categoria ou de função. Um homem disputa com seus iguais, ele é zeloso de seus iguais" (1972, pp. 141-142).

Os limites de uma leitura do sistema de bruxaria são vistos como expressão de uma sociedade fundamentalmente igualitária. É confundir uma regra do jogo que depende de uma lógica situacional e que pretende que a acusação só é pensável em situações de concorrência aberta entre "iguais" reais ou potenciais, com um princípio de sociedade. Na sociedade zande, o bruxo é o outro próximo, por excelência o vizinho e até mesmo o parente. A explicação é clássica: "É que as pessoas que vivem distantes umas das outras não têm contatos sociais suficientes para fazer nascer entre elas um ódio mútuo, enquanto há muitas vezes matéria para atrito entre aqueles cujas propriedades e culturas estão em estreita vizinhança" (*Id.*). Marwick concluirá disso que se as crenças na bruxaria e na influência pessoal dos outros sobre nossas desgraças puderam desaparecer nas nossas sociedades, é que elas não funcionam mais a partir de relações de pessoa a pessoa, relações "primárias", mas a partir de relações "secundárias" e "segmentárias".[11]

Mesmo nas relações entre iguais ou próximos, especialmente entre vizinhos, Evans-Pritchard insiste particularmente nessa "polidez" que se deve ao bruxo. Já foi dito que todo o problema é que a pessoa se descobre bruxo em circunstâncias precisas pela acusação dos outros. Por essa razão, uma acusação inverosímil mal recebida se voltaria contra o acusador e a vítima". "Se você sofre alguma desgraça, não tem o direito de fazer represálias jogando-se sobre o bruxo que está em questão" (1972, p. 122). Além disso, você corre o risco de perder todo prestígio e ficar devendo perdas e danos. Em contrapartida, um "bruxo" deve conformar-se ao costume e trazer à memória sua bruxaria, quando lhe for feita a demanda. Se um bruxo recusa aceitar uma demanda apresentada nas formas do costume, ele perde todo prestígio social e se trai.

Os trâmites de acusação têm, portanto, um caráter rotineiro que diminui as chances de ação violenta da parte dos parentes e dos consanguíneos do doente. Mesmo confirmada pelo oráculo do Príncipe que é a autoridade suprema em matéria de bruxaria, a nomeação pública do bruxo jamais é direta, ela recorre a processos de eufemização ou de intimidação. Os parentes do doente farão uma declaração pública em presença do "bruxo", mas sem mencionar nomes, de tal sorte que as partes em questão e a pessoa incriminada se compreendam por meias-palavras. O método chamado de *kuba* permite não

---

[11] "Uma grande parte de nossos relacionamentos diários é impessoal e segmentário, no qual as tensões podem ser isoladas e compartimentalizadas, e expressas de formas muito diferentes daquelas de uma sociedade suficientemente pequena em escala para ser dominada pela ideia de influência pessoal" (Marwick, 1982, p. 21).

ofender as pessoas de um certo estatuto social. Para corrigir essa versão polida e serena das questões cotidianas de bruxaria, é preciso, porém, lembrar que a morte da vítima rompe todo o processo de conciliação e recorre a uma sanção de outra amplitude:

> *O único ato de bruxaria legalmente reconhecido por punição infligida a um bruxo é o homicídio. Esse crime deve ser provado por um veredito do oráculo do veneno do príncipe e só ele pode permitir a vingança ou impor a indenização* (1972, p. 122).

Por conseguinte, não se trata de confinar-se numa análise puramente interacionista dos conflitos de bruxaria, pela simples razão de que não se deve ignorar o papel da instância mediadora, porta-voz da sociedade global, que detém em última análise o poder de reverter o sentido da acusação pelo domínio dos processos de apelação. O oráculo do príncipe nos azande evoca de uma maneira geral todos os processos de ordálio, de autopsia ou de exame minucioso do cadáver da vítima, cujo controle social é determinante e cuja arbitragem não pode fazer abstração da evolução histórica do consenso coletivo.

A piedade dos nuer

A totalidade do mundo "religioso" dos azande não se reduz naturalmente à bruxaria, mas, como diz Evans-Pritchard, nos azande, a palavra *mangu* (*witchcraft*) é a chave da "filosofia zande" (Prefácio a *nuer Religion* 1956, 6). Há sem dúvida a magia, a magia negra, os oráculos, os ritos, os interditos e o desenvolvimento considerável da magia vingativa, e o recurso aos fetiches estrangeiros é um fenômeno que o etnólogo pode observar em situação no seu campo de pesquisa. Mas o núcleo cultural se mantém:

> *[...] a magia zande era desconhecida, assim como os oráculos, se não se levasse em conta sua relação com as noções zande de bruxaria. É só eliminar a crença na bruxaria e a magia e os oráculos se tornam, afinal de contas, uma ladainha sem pés nem cabeça"* (Evans-Pritchard, 1976, p. 475).

Ao inverso, no mundo dos nuer a palavra da qual se ouve falar o tempo todo e todos os dias, é *kwoth*, digamos *Spirit*, Espírito, ou espírito, que é o fundamento de sua teologia.

O retorno à religião dos nuer se impõe na verdade por razões contraditórias: de um lado, o contraste entre a bruxaria dos azande e a religião dos nuer ilustra a relatividade das configurações que podemos encontrar sob o termo "religião africana"; mas, de um outro lado, na experiência pessoal e no interesse atribuído à religião por Evans-Pritchard, a dissimetria é evidente. Ele jamais ocultou que sua experiência da religiosidade nuer, com base em sua própria conversão ao catolicismo, tinha sido para ele um momento determinante de sua vida, e não apenas de seu percurso profissional, e a sedução exercida por essa religiosidade nuer é muito sensível:

> *Os nuer são inegavelmente um povo primitivo segundo os padrões usuais de cômputo, mas seu pensamento deles é extraordinariamente sensível, refinado e inteligente. Também é altamente complexo (1956, p. 311).*

É verdade que o desvio é particularmente manifesto. Na religião dos nuer, o lugar do culto dos ancestrais é bem direto, não se pode falar, nesse mundo, de animismo, nem mesmo de uma força que pertenceria ao panteísmo. As questões de bruxaria são menores e sobretudo o peso do ritualismo e do respeito pelos interditos nada tem de obsessivo. Até onde se pode chegar, a religião nuer é uma religião sem ritos, sem magia e sem bruxaria, uma religião do Espírito e da relação íntima e pessoal com Deus pela oração. A descoberta da coisa não deixa de surpreender, mas ao mesmo tempo o espírito do método antropológico continua o mesmo. A relação dos nuer com o Espírito ou com os espíritos é altamente "complexa", feita de ambiguidade e de ambivalência, e o etnólogo é constantemente confrontado com os paradoxos de sua relação individual com essas coisas. Sobretudo a vivência pessoal dos nuer deve sempre ser relacionada aos diferentes níveis de experiência de sua existência e às situações de vida com as quais eles são confrontados. Um nuer não passa todo seu tempo rezando a Deus, não mais que um azande que faz apelo aos bruxos para explicar tudo o que lhe acontece.

O sistema dos espíritos, mesmo que não se possa falar de "sistema", a não ser com muitas precauções, é ao mesmo tempo "monoteísta" e "politeísta", categorias que devem ser relacionadas ao ponto de vista de onde nos situamos. De certa maneira, não há, de fato, senão um só Deus, o Espírito, mas ele não tem na verdade nome próprio (*kwoth* é um termo genérico) e pode receber diversos nomes ou apelidos, como em todas as cosmoteologias africanas (o Pai, o Juiz, o Criador etc.). A questão do Deus dos outros, dos Dinka vizinhos, dos cristãos ou dos muçulmanos, também pode ser abordada em termos de apelidos ou de nomes, mais do que de "verdadeiro Deus". Evans-Pritchard acaba por falar de um monoteísmo "poliônimo" mas não "henoteístico" (1956, p. 49). Mas ao mesmo tempo, se *kwoth* significa simplesmente "espírito", todo ser espiritual também é *kwoth*, e existe no mundo dos nuer um número muito grande de espíritos. Duas categorias de espíritos se revelam nesse mundo cosmológico em escala ou grau: os espíritos do alto (do ar ou do Céu) e os espíritos daqui de baixo (da Terra). Todos esses espíritos são ao mesmo tempo distintos do Espírito supremo e mesmo assim dificilmente individualizáveis; são potências impessoais, apesar de os espíritos totêmicos terem sido outrora pessoas, figuras ancestrais. Por outro lado, a atitude diante do Espírito depende da piedade filial que se tem diante de um Pai, mas nem por isso se pode falar de um Deus pessoal que dispõe de uma individualidade marcante. O Espírito, Deus, não é um espírito do ar, mas os espíritos do ar são "filhos diretos", "descendentes" do Espírito, suas "figuras" no sentido metafórico.

Os espíritos daqui de baixo não são substancialmente e intrinsecamente de uma outra natureza dos espíritos do alto; eles são, diz-se, "caídos do alto". Mas são doravante imanentes aos seres e às coisas da terra e se reconhecem por sua aparência terrestre. Isso não impede os espíritos do ar de serem para os nuer "grandes espíritos" e os espíritos daqui de baixo de serem "pequenos espíritos". Existe por outro lado uma categoria particular de espíritos intermediários entre os do alto e os daqui de baixo, os "espíritos totêmicos" (*colwic spirits*) que estão em vínculo umbilical com os clãs e as linhagens. São espíritos que eram antigamente "pessoas", mas que foram capturados pelo Espírito e que perderam em geral seu nome e sua identidade, permanecendo ao mesmo tempo ligados a certas linhagens (particularmente em relação à propriedade e à guarda dos rebanhos). A questão desse sistema dos espíritos tem, pois, por objeto as relações espirituais e simbólicas que os humanos mantêm com esses espíritos e essas engajam a questão de sua individualidade.

Essa cosmogonia só toma efetivamente sentido através das manifestações desses espíritos no centro da vida pessoal das pessoas, de seu destino, de seus êxitos e de suas misérias. Em si mesmos, esses espíritos não são bons nem maus, mesmo sendo temidos e respeitados, como aliás o Espírito supremo. Os espíritos se manifestam de modo maléfico por acidentes, doenças ou pela loucura, quando são negligenciados, ignorados, ou quando as pessoas se esquecem de responder a suas demandas "sacrificiais" – sacrifício de animais domésticos e particularmente de vacas. As interferências entre a importância e até mesmo a onipresença dos rebanhos de vacas na vida dos nuer e no sistema dos espíritos são capitais para a sobrevivência do grupo. A contrapartida da mediação e da guarda que os espíritos oferecem na gestão dos rebanhos passa pelo fato de que se vigia para "dedicar-lhes" uma vaca. As histórias de vacas são histórias de espíritos. E a questão não é somente camponesa ou de linhagem, ou mesmo tribal.

A mais importante manifestação dos espíritos é a "possessão" das pessoas, comprovada e diagnosticada pela doença ou pelos transtornos da personalidade. A paz só pode intervir pela domesticação do espírito e por uma relação contratual, fundada em sacrifícios regulares. Mas a possessão ritualizada e controlada de certos espíritos, os do Céu, ou da chuva, é o privilégio ou o monopólio de personagens chamados "profetas", que colocam seu poder místico a serviço da coletividade em troca de sacrifícios. A celebridade dos profetas nuer, na época colonial, vem menos da reputação de sua vida espiritual e de sua exemplaridade moral, do que das razias de gado que eles organizavam em detrimento de seus vizinhos Dinka, ao apelo de seu espírito, como o Espírito do Céu (*Deng*) do célebre profeta Ngun Deng.

A antropologia religiosa do sistema dos espíritos da religião nuer tornou-se, graças a Evans-Pritchard, o cadinho dos maiores debates da tradição disciplinar. Primeiro, os espíritos nuer estão no centro das interrogações sobre o sistema totêmico e a natureza da relação simbólica. Voltaremos a esse ponto com Lévi-Strauss. Em seguida, os espíritos convocam os profetas, e as questões do profetismo que irrompem no terreno da etnologia dos anos 1930, com toda a especificidade da tradição dos profetas nuer, abrem uma janela num canteiro prometedor. Teremos ainda ocasião de confrontar-nos sobre isso no terreno da tradição profética marfiniana, estudada por Marc Augé. Nessas duas aberturas, alguns elementos para concluir que nos permitirão uma nova retomada, em tempo oportuno, nos capítulos seguintes.

Os gêmeos: pessoas ou aves?

O caso de espécie dos gêmeos, se assim se pode dizer, ofereceu para toda uma geração de antropólogos o ponto de partida de uma problemática renovada da relação simbólica entre o símbolo e a coisa simbolizada. Resumindo: as aves, no discurso dos nuer, são para a maioria espíritos do alto, "filhos de Deus" ou filhos de suas filhas. Mas algumas espécies são também chamadas a pertencer ao povo da margem. Todas essas afirmações, mesmo para um entendimento europeu, podem parecer parcialmente plausíveis no jogo dos dados empíricos, como também das analogias comuns. A problemática introduzida por Evans-Pritchard é de ordem cognitiva e se interroga sobre o sentido da relação metafórica num mundo que funciona também no bom senso e que não confunde, como se pôde dar a entender, o símbolo com a coisa: "Um pássaro não é literalmente visto como um filho de Deus" (1956, p. 90). A questão não se refere a nada que não seja o sentido dos sistemas totêmicos, o estatuto simbólico das espécies e a natureza da relação totêmica dos grupos sociais com as espécies que preocupavam toda a Escola durkheimiana e a antropologia britânica. Ora, a ideia importante que foi aventada por Evans-Pritchard e cuja lição será retida por Lévi-Strauss, é que não é a natureza intrínseca e substancial da espécie que é pertinente nessa questão, mas o jogo das associações simbólicas e ao mesmo tempo intelectuais que instauram um sistema de correspondências entre os humanos e os espíritos por intermédio das espécies. Assim a genealogia nuer da escala das aves entra num sistema de equivalência simbólica e funcional com a dos espíritos:

> *A relação do Espírito com as coisas deriva, porém, de sua relação com os humanos. O problema do simbolismo religioso e o problema do um e do múltiplo são dois lados para o relacionamento triádico do Espírito com os humanos por meio das coisas* (1956, p. 94).

É um esboço ainda intuitivo, como dirá Lévi-Strauss, mas já é o princípio de um modelo de pensamento fundado na evidenciação de um sistema de relações que é o grande aporte da análise estrutural.

O problema repercutiu com o célebre caso dos gêmeos e das aves. Lembramos dois dados contextuais que não interessarão a Lévi-Strauss. A questão do estatuto dos gêmeos e do sentido do nascimento gemelar está onipresente nos nuer, como também em muitas sociedades africanas. Os gêmeos são percebidos pelo fato de sua dualidade na fronteira do gênero humano ("como pessoas") e do gênero animal; e, aliás, o nascimento gemelar é regularmente invocado para explicar a relação totêmica com esse ou aquele animal (bebê homem-pássaro vivo nas árvores/ bebê hipopótamo vivendo no rio). Por conseguinte, todo o problema é que eles são duplos e um ao mesmo tempo. Os nuer têm bom senso e a dualidade física não é negada, à diferença das sociedades que mandam matar um dos dois ou ambos. Mas sua personalidade social é concebida como uma, o que se mostra nas práticas rituais do casamento "em dupla", ou por ocasião dos funerais: o cadáver daquele que morre primeiro é colocado numa árvore esperando que ele possa se reunir ao seu duplo por ocasião do enterro.

O desafio cognitivo surge com o enunciado contraditório que afirma que os gêmeos não são pessoas, mas aves ou "filhos de Deus", o que contradiz a ideia de que eles são, por outro lado, pessoas, e mesmo "uma pessoa". O sentido do verbo "ser" está evidentemente em jogo e Evans-Pritchard não ignora a famosa lógica da participação de Lévy-Bruhl, mas não foi esse o caminho seguido. A relação analógica entre os gêmeos e as aves não necessita de ilustrações, uma vez que, quando um deles morre, se diz que ele "voou". Mas o detalhe significativo que instiga o etnólogo e que fornece ao mesmo tempo a chave do enigma, é que os gêmeos não têm o direito de comer as aves "terrestres" cujo nome eles trazem. Para sair da contradição, é preciso, na verdade, apelar para um sistema de pensamento em níveis que postulam no nível superior "pessoas" – pessoas do alto e pessoas daqui de baixo – e no nível inferior aves do alto e aves daqui de baixo. Os gêmeos são evidentemente "pessoas", mas pessoas do alto, filhos celestes cuja posição simbólica é significada por sua denominação de "filhos de Deus", em oposição às pessoas daqui de baixo, os humanos comuns. Mudando, porém, de níveis de referência, pode-se também dizer que os gêmeos são aves, mas dessa vez aves daqui de baixo, assimiláveis em sua posição metafórica às espécies que vivem na terra. A lógica da analogia das posições ocupadas nos dois universos lógicos, que vem acompanhada de uma inversão significativa dos valores (alto/baixo), resume-se dessa maneira: "Gêmeos pertencem à classe do alto, mas são daqui de baixo; exatamente como galinha-d'angola e francolim (perdiz africana e asiática) pertencem à classe das aves, que, como uma classe é a categoria do alto, mas são quase terrestres" (1956, p. 129). Enfim, é preciso notar que as permutações dessa mudança de sistema só adquirem sentido quanto à relação a um terceiro e ao ponto de vista que engloba Deus. É uma lição sobre os dualismos assimétricos e hierárquicos que será retida por um dos grandes admiradores de Evans-Pritchard, Louis Dumont (1983).

O espírito dos profetas nuer

Os profetas não criaram para o antropólogo os mesmos problemas que os gêmeos, mas eles também apresentam, à sua maneira, um verdadeiro desafio, dessa vez para a antropologia política e religiosa de Evans-Pritchard. Com a religião dos nuer, o antropólogo encontrou uma forma excepcional, no terreno das religiões africanas, de expressão da relação íntima e pessoal com Deus. A oração e o sacrifício se oferecem, no prolongamento da confissão, como uma resposta à questão do pecado e da culpabilidade individual. Hertz teria tido grande satisfação em investir, como contraexemplo, no estudo da piedade nuer, uma vez que, segundo Evans-Pritchard, essa piedade ignora os recursos de uma ordem ritual e até a noção de impureza ritual, em proveito da única preocupação moral, no próprio centro do sacrifício, da sinceridade de intenção (1956, p. 317).

Essa religião da relação com Deus e da confiança pessoal em Deus o levou a compreender, em termos weberianos, que o nuer se remete mais facilmente ao profeta do que ao padre: "Na verdade, o profeta busca uma união tão completa com um espírito, que ele não é mais ele mesmo, mas o espírito" (*ibid*., p. 318). No entanto, a ideia de uma afinidade eletiva entre a piedade nuer e o profetismo nuer continua sendo um simples relâmpago, uma visão do espírito, na abordagem do fenômeno sociológico e histórico retido por Evans-Pritchard. A possessão é sem dúvida uma fusão mística com o Espírito, mas ela também é o veículo da circulação dos espíritos, e os profetas são os agentes mais importantes da importação dos espíritos dos outros, os Dinka, e sobretudo as viagens dos espíritos vêm acompanhadas de razias de rebanhos que são uma fonte de ameaça para os vizinhos e para as fronteiras da ordem colonial.

Evans Pritchard reconhece não ter encontrado de fato os profetas em seu próprio terreno (eles estavam mortos ou na prisão). Foi pelas informações coloniais e pelas tradições orais populares que ele pôde fazer alguma ideia deles, considerando que o fenômeno foi amplamente superinterpretado pela administração britânica. Para um antropólogo que dava preeminência à necessidade de tomar em consideração as representações pessoais e a experiência individual para compreender a atividade religiosa das pessoas, o profetismo permaneceu à revelia, encerrado numa leitura em termos de lógica coletiva e de estruturas sociais. Portanto, os profetas nuer fazem parte da antropologia política de Evans--Pritchard e não de sua antropologia religiosa.

A abordagem histórica e antropológica proposta hoje por pesquisadores como D. H. Johnson (1997) dá toda importância ao estudo biográfico da vida das grandes figuras proféticas da tradição nuer, como a de Ngun-deng, nascido por volta do fim dos anos 1840 e morto em janeiro de 1906. A história de vida e suas fontes de inteligibilidade prevalecem sobre o fetichismo da estrutura social e os mecanismos de reprodução da ordem segmentar caros a toda antropologia funcionalista anglo-saxã. A tese central continua sendo que o profetismo nuer é uma das chaves da organização religiosa, social e política dessas sociedades: os profetas são agentes mediadores e construtores de paz, dispondo a esse título de um carisma político colocado a serviço da regulação dos conflitos e das mudanças, e os portadores de uma mensagem de abertura numa "comunidade moral" que transcende as divisões internas, clânicas e tribais da sociedade nuer e se dirige também às outras populações locais, Dinka, Anuak, Shilluck e outras. A "comunidade moral" do profeta nuer é antes de tudo uma comunidade de dons, e especialmente de dons sacrificiais de gado, uma vez que as maiores reuniões acontecem por ocasião dos ritos periódicos de sacrifício de bois. O poder profético de mediação supõe efetivamente a alimentação regular da máquina sacrificial, um tipo de imposto do sangue que sempre foi percebido pela administração colonial como dependendo mais de uma lógica predatória do que do contradom, sobretudo quando esse está sujeito à ameaça da maldição do profeta. A comunidade moral transcende as expectativas individuais e as divisões das linhagens agnáticas ou dos grupos territoriais. O desvio entre a vocação comunitária e o serviço mágico-ritual dos indivíduos ou das famílias, associado à distância hierárquica entre os deuses invocados (deuses do alto, do Céu, e deuses daqui de baixo, da Terra), constitui o critério decisivo de diferenciação entre o simples adivinho-curandeiro (*guan kuoth*, aquele que "possui" os espíritos ou os deuses) e o verdadeiro profeta (*guk kuoth*, o veículo ou o recipiente da divindade).

O profetismo nuer é sem dúvida um fenômeno novo que emergiu por volta do século XIX, consequência das mudanças importantes que aconteceram na economia e na ecologia dessas sociedades pastoris sujeitas às flutuações das inundações do Nilo. Mas não poderíamos fazer delas o produto de uma influência exterior ligada às sucessivas ondas do movimento madista (1881-1898), ou uma simples reação à implantação colonial egípcio-inglesa que seguiu à dos turcos. A leitura colonial que quis ver nos profetas perturbadores da ordem segmentária e da disciplina tribal das sociedades nuer, solapando a autoridade dos chefes costumeiros que eram os que faziam o revezamento do controle administrativo das populações, foi, segundo Johnson, amplamente reforçada pelos etnógrafos, e particularmente pelo ilustre antropólogo dos nuer, Sir Evans-Pritchard, chamado justamente nos anos 1930 a responder à demanda de expertise das autoridades coloniais. Contudo, não se poderia confundir a antropologia política de Evans-Pritchard com a leitura que dela reteve a administração colonial. O que está em questão é toda a ação do paradigma sociológico e neoweberiano do profeta como figura da crise e do profetismo como movimento de reação ou de resistência à mudança resultante da situação colonial. Mas, para Evans-Pritchard, a resistência tribal ou intertribal encarnada nos profetas está ligada ao fato de que eles representam no próprio seio de uma sociedade acéfala, onde os chefes não têm nenhuma autoridade política, uma forma única de poder espiritual que não deve nada aos mecanismos da estrutura tribal, mas que é chamada a personificar o "princípio estrutural da oposição" ao Outro estrangeiro num contexto novo que impõe a federação política das tribos face à ameaça exterior (1969, pp. 218-219). Em poucas palavras, a estrutura, por meio da antiestrutura, canaliza o modo de resposta à situação.

CAPÍTULO III
CLAUDE LÉVI-STRAUSS[1*]
A MORTE DO DEUS TOTÊMICO E O NASCIMENTO DO SIMBÓLICO

Introdução

São conhecidas as reservas de Claude Lévi-Strauss em relação a toda tentativa que se propusesse constituir a religião em objeto específico da antropologia e todo seu itinerário científico está marcado por esse cerco ao "falso objeto" que é o religioso. Dois grandes canteiros foram escolhidos como objetos privilegiados da análise estrutural: em primeiro lugar o parentesco e as estruturas da aliança com essa grande obra

---

[1*] LÉVI-STRAUSS, Claude. *Le Totémisme Aujourd'hui*. Paris: PUF, 1962.

As estruturas elementares do parentesco (1949); em segundo lugar a mitologia no universo na qual Lévi-Strauss mergulha durante quase vinte anos para publicar os quatro tomos em *Mitológicas* (1964-1971). Pode-se observar, porém, que numa espécie de entredois, que vai do começo dos anos 1950 até o começo dos anos 1960, e que coincide justamente com sua nomeação para a seção "ciências religiosas" da École Pratique des Hautes Études e seus ensinamentos no quadro da cátedra "Religiões comparadas dos povos sem escritura", temas que tocam de perto a religião, a bruxaria e a magia, aos rituais funerários que estavam no centro das lições de seus predecessores (Mauss e Leenhardt) estão muito presentes em suas preocupações e em seus escritos.

É significativo que em seu primeiro artigo de etnologia erudita consagrado aos índios bororo (1936), as cerimônias funerárias muito ricas e fascinantes que ele pôde assistir, e que serão mencionadas mais tarde em *Tristes Trópicos* (1955), sublinhando até que ponto "poucos povos são tão profundamente religiosos", foram explicitamente descartadas: "Deixamos completamente de lado tudo que se refere ao poder espiritual e à vida religiosa" (Lévi-Strauss, 1936, p. 285). O retorno à religiosidade bororo é introduzido no capítulo 23 em *Tristes trópicos,* consagrado às relações entre os vivos e os mortos pela evocação do contraste entre dois tipos de religiosidade: a de uma religião ao mesmo tempo onipresente na vida cotidiana e ao mesmo tempo "bom filho" e "sem cerimônia" em relação ao sobrenatural, como a dos padres e bruxos bororo, mas também dos templos budistas da Birmânia; e a da religião judaica de sua infância, material e espiritualmente cortada da vida ordinária, onde a secura do culto vai ao encontro com a atitude respeitosa do recolhimento. Foi preciso o "relachamento" (e, se podemos dizer, esse "retorno do reprimido") autorizado pelo relato biográfico e "analítico" em *Tristes trópicos*, para que a "escolha do objeto" que presidiu o descarte do religioso na afirmação da vocação de etnólogo, vinte anos antes, receba um outro esclarecimento. A descrição etnográfica desse "fato social total" que as "crenças espirituais" e as cerimônias rituais representam entre os bororos devolve todo seu lugar à mediação das almas dos mortos na reprodução das relações sociais.

Em *Antropologia estrutural* (1958) se consagram suas duas primeiras partes aos temas da linguagem, do parentesco e da organização social, mas comporta, na mais pura tradição monográfica, uma parte sobre a magia e a religião. Os dois célebres capítulos que tratam dos fundamentos da crença na magia e na eficácia simbólica da cura xamanística (ambos escritos em 1949) testemunham um período em que o espírito de crença e o poder espiritual que presidem o funcionamento dos ritos ainda não havia sido evacuado como objeto antropológico em proveito da análise dos mitos. É interessante notar que essas aventuras e esses esboços de antropologia religiosa (nos quais deveria ser incluído o estudo impertinente consagrado ao "Papai Noel supliciado", publicado em *Tempos modernos*, em 1952) que dependem tanto dos constrangimentos de sua cátedra como das liberdades que ela concede, todos são feitos sob o signo de uma comparação entre as fontes de inteligibilidade fornecida pela psicanálise (noção de ab-reação e outras) e as que dependem do inconsciente estrutural. A introdução à obra de Marcel Mauss (1950), creditada de uma antecipação profética do interesse pela aproximação entre a etnologia e a psicanálise, é sem dúvida a chave dessa antropologia religiosa generalizada dos anos 1950.

Das coisas sagradas aos sistemas simbólicos

A categoria de "totemismo" é sem dúvida uma daquelas que mais marcaram as relações da tradição antropológica com a questão do religioso, e ao declarar-se contra esse "nó de víboras", Lévi-Strauss se propõe, na aurora de seu novo canteiro em *Mitológicas*, fazer primeiro a arrumação da casa etnológica (Bertholet, 2003, p. 262). Antes de tudo, tanto o totemismo como o fetichismo ou o animismo são noções que estão no centro dos debates do final do século XIX e do começo do século XX sobre a origem da religião e da busca de um religioso, se não original, pelo menos elementar. Entre a ideia de um culto prestado às plantas e aos animais, mais ou menos identificados aos humanos (o totemismo de Mac Lennan), a ideia de um culto dos objetos materiais (o fetichismo de De Brosses) e, enfim, a ideia de um culto das almas e dos espíritos dessas mesmas coisas (Tylor), o ar de família e a circulação das noções são evidentes. O *mana* totêmico é sem dúvida o primeiro Deus dos antropólogos (mesmo sendo uma crença desigualmente partilhada).

Em seguida, supõe-se que a questão do totemismo teria desaparecido dos objetos centrais da antropologia do século XX e Lévi-Strauss se dedica principalmente a fazer a história da "desconstrução" de um objeto já morto. Mas o totemismo não cessou, como se diz, de ser revisitado pela tradição antropológica e de "retornar", aliás, como o fetichismo ou o paganismo. Mas em *O totemismo hoje* (1960) está em jogo mais do que a desconstrução de um objeto particular e empoeirado. Por meio da categoria das coisas sagradas, Durkheim procedeu a uma espécie de redução sociológica da religião. Lévi-Strauss se entrega aqui, pela introdução do conceito de "sistema simbólico", à dissolução do religioso ou à redução de toda autonomia ou especificidade de ordem religiosa (1962a, p. 152).

Para os historiadores ou antropólogos da religião do fim do século XIX (Rosa, 2003), tanto o totemismo como o animismo remetem a um antigo fundo de crenças primitivas que "se desenvolveu" através dos tempos e que, em certos casos e sob certas formas, "sobreviveu" nas sociedades civilizadas (Egito, Grécia, Roma e até no seio do cristianismo). As noções de "desenvolvimento" e de "sobrevivência" inspiradas em teorias do antropólogo britânico Tylor coabitam, não sem contradição, em todos os escritos da época. Esse evolucionismo se refere a um magma original de crenças e de significações heterogêneas e não unificadas por uma única categoria (daí, aliás, sua recuperação) e sobretudo não implica necessariamente estágios de desenvolvimento claramente marcados e lineares. Há muito do inferior e do superior, do primitivo e do civilizado, mas a questão é, entre outras, sublinhar alguma continuidade entre o ser humano selvagem e o civilizado, um prolongando-se no outro.

O quadro teórico dessa antropologia evolucionista é essencialmente psicológico e intelectualista: ele faz apelo a mecanismos naturais do pensamento, a uma psicologia espontânea que atua no ser humano primitivo como em todos os humanos. As ideias de alma ou espírito que se separam dos corpos são ideias naturais e evidentes, desde que se busque, por exemplo, explicar simplesmente a existência desses seres que nos aparecem nos sonhos.[2] Os espíritos e os deuses nasceram naturalmente e, se assim podemos dizer, realmente dos sonhos. Um tal realismo psicológico sublinhando a continuidade entre o bom senso do homem selvagem e a parte selvagem da psicologia do homem civilizado está nos antípodas das teses descontinuístas que Lévi-Strauss, por sua vez, associa à invenção do totemismo.

O paralelo entre as questões que tratam da problemática do totemismo e da histeria, ao qual ele se dedica em sua introdução, pode criar dificuldades. A ideia comum da construção artificial de uma categoria erudita a partir de fatos heteróclitos certamente é justa e fundada. O totemismo (como forma de identificação ou de indistinção do ser humano e das espécies animais testemunhado pela crença num vínculo de filiação ou pela prática do sacrifício) e a histeria (como ressurgimento do exagero de uma mulher na natureza, matricial) participavam de uma mesma iniciativa ideológica que visa atribuir à natureza (selvagem, animal) atitudes sociais e fatos de cultura cuja proximidade com aqueles de nossas sociedades seria perigosa. Esse culturalismo diferencialista está bem longe do evolucionismo intelectualista que fornece o quadro do debate totêmico antes de 1910, ainda que ele dependa de um mesmo etnocentrismo de base.[3]

Essas ambiguidades certamente estão relacionadas à heterogeneidade das posições que encontramos no debate sobre o totemismo antes de 1910 (Rosa, 2003):

– de Mac Lennan a Frazer, um homem culto, um antropólogo de "gabinete", que será o grande enciclopedista do totemismo, há todo um trabalho de compilação e de síntese sobre o objeto totêmico de 1887 a 1911 que culminará no *Totemismo e exogamia*, um *corpus* de dados etnográficos que fará referência para Durkheim como também para Freud;

---

[2] Sobre essas questões, ver Frederico Rosa (2003), particularmente o capítulo sobre Mac Lennan e o movimento antropológico tyloriano.

[3] Numa fórmula pouco clara (1962a, p. 8), Lévi-Strauss suaviza no entanto essa exigência de descontinuidade reservando um lugar para a exigência inversa através da referência a "essa natureza segunda" que o homem civilizado confecciona para si mesmo, com os estados "primitivos" ou "arcaicos" de seu próprio desenvolvimento, uma dualidade que ele encontra na distinção última entre dois tipos de sacrifício, o sacrifício totêmico que mantém a confusão entre o homem e o animal, e o sacrifício "cristão" que eleva o homem ao estatuto de Deus.

– mas paralelamente ou em prolongamento, as pesquisas de Robertson Smith, as especulações de Jevons, ou os ensaios de vulgarizadores ou pequenos autores como Reinach, alimentam grandes relatos de história das religiões que influenciam não somente o público culto, mas os grandes autores.[4]

No conjunto, porém, o "partido totêmico" perderá terreno bem depressa no meio antropológico, particularmente britânico e ainda mais americano (e isso bem antes dos trabalhos de Goldenweiser (1910,[5] que representa para Lévi-Strauss o primeiro "demolidor" do totemismo), com o que se chamou a "revolução arunta", o trabalho etnográfico pioneiro de Spencer e Gillen (1899) sobre as tribos australianas que vai fazer explodir as especulações meta-antropológicas sobre o assunto. A dissociação dos laços entre os três componentes que fundavam o "sistema totêmico":

1) a ancoragem num certo tipo de organização social, o clã (unilinear e exogâmico);

2) a atribuição de nomes tomados do reino animal e vegetal aos membros do clã e os interditos e práticas rituais (sacrificiais) atinentes;

3) a crença num vínculo de parentesco, de filiação, entre as espécies e os clãs, representou uma virada fatal (e não esperou Lévi-Strauss para ser iniciada e consumada). Mas o relançamento do debate sobre os grupos e as regras de parentesco em questão (clãs, meeiros, classes matrimoniais) vai fornecer o humo da grande mutação de paradigma que conduz em antropologia do evolucionismo ao funcionalismo (Radcliffe Brown e outros). Lévi-Strauss tende a extinguir essa mutação (o funcionalismo é um truísmo) uma vez que está ocupado no período de 1910 a 1960 em antecipar uma outra mutação importante que levará do funcionalismo ao estruturalismo.

O mais interessante é que, de alguma forma, a complicação dos termos do debate sobre a organização social (ligada aos dados australianos) e a dissociação obrigatória do aspecto social e do

---

[4] Ver o catecismo totemista de Reinach citado por Freud em *Totem et tabou*, 1924.
[5] Lévi-Strauss (1962a).

aspecto religioso do totemismo favorecerão, por contraste, a expressão de uma teoria sociológica e antropológica do totemismo como religião elementar da humanidade, cujos mestres de obra são evidentemente Frazer e sobretudo Durkheim. Colocando claramente de lado os elementos do totemismo que dependem da "sociologia da família", esse último toma para si o campo livre para reconstruir a gênese social e simbólica do Deus totêmico (em reação contra o psicologismo do evolucionismo britânico). Mas esse distanciamento em relação às questões da organização social vem também acompanhado de um deslocamento importante dos paradigmas do religioso antropológico no próprio centro da Escola durkheimiana. Em poucas palavras, a "religião do sangue", a sacralização dessa substância partilhada da qual somos herdeiros e que não é proibido verter, esse culto da "substância totêmica" no fundamento da coesão clânica, cede o lugar, na construção durkheimiana de 1912, a uma religião do símbolo emblemático, fonte de identificação moral para o grupo. A sacralidade do símbolo totêmico é sem dúvida o fruto da efervescência emocional e coletiva, mas esse processo de simbolização não é tão estranho, como Lévi-Strauss dá a entender aos coautores da obra sobre as formas primitivas de classificação.

O totemismo hoje: uma história recorrente

O totemismo hoje é ao mesmo tempo uma obra de história das ciências e um tratado pedagógico de introdução ao *Pensamento selvagem* no qual Lévi-Strauss desenvolve mais diretamente suas análises da lógica classificatória dos sistemas simbólicos. De 1910 a 1960, há, portanto, duas histórias numa só: 1) a da "desagregação" do sistema totêmico, anunciada por Goldenweiser e 2) a da emergência e da formação de um novo objeto solidário de uma outra decupagem dos fenômenos reagrupados arbitrariamente sob a categoria de totemismo. Sem dúvida esse período foi precedido de uma história da formação do objeto totêmico de 1877 a 1910 (Rosa, 2003), mas se ela está em "último plano", isso não interessa aqui a Lévi-Strauss. A história da "desagregação" ou pelo menos da contestação da pertinência desse pseudo-objeto por alguns foi logo de saída de encontro com a história de sua generalização como objeto social total pelos outros, e essa última prosseguiu. As duas histórias retidas por Lévi-Strauss não se sucederam, mas elas têm desenvolvimentos paralelos, se entrecruzam ou se telescopam.[6]

O que faz a originalidade da obra é antes de tudo o fato de que ela se inscreve numa história epistemológica da construção dos objetos e dos falsos objetos que prima sobre a história das ideias ou dos autores. Toda teoria é solidária de uma construção de objeto, de uma arquitetura conceitual e de uma decupagem dos fenômenos. O trabalho de desconstrução desse falso objeto que é o totemismo vai poder aplicar-se a todos os objetos e conceitos da antropologia, religião e outra, quer se trate da bruxaria, da magia, da possessão, do sacrifício, do mito e do ritual, das crenças ou mesmo do religioso. Existe aí a ideia de que podemos ater-nos a esse ou àquele traço isolado ou a um conjunto empírico de traços heteróclitos e contingentes para falar de um mesmo objeto e usar analogias externas para alimentar comparações duvidosas. O que Leach chamará de "caça às borboletas".

O gênero adotado de uma história recorrente do verdadeiro também está inspirado na epistemologia bachelardiana e supõe o recurso a uma retórica muito sutil dos valores de verdade que emergem do próprio seio do mundo do erro ou da ilusão, e às vezes graças aos erros ou aos mal-entendidos. Nessa retórica da recorrência, há aqueles que, como Rousseau, estão na verdade sem o saber (e por causa), ou pior, os que como Bergson caem na verdade, graças a uma simpatia com o pensamento selvagem que está a origem do erro global de sua filosofia. E depois há os que como Firth, Fortes ou Evans-Pritchard estão parcialmente na verdade sem o saber, ou que não compreenderam a revolução que eles fizeram. Mas será que se pode dizer que se sabe uma coisa no momento exato em que a fazemos, enquanto não sabemos que a fazemos?[7]

Resta que, além dos truísmos de Malinowski que não são verdadeiros nem falsos, para Lévi-Strauss o erro absoluto, a encarnação do erro patente existe (Freud) e ele tem por fator essencial a busca

---

[6] Van Gennep (1920) que promete ao totemismo um belo futuro.
[7] O que pensar da formulação seguinte: "Ainda que não expressamente formulado por Evans-Pritchard, será que esse raciocínio o leva a uma importante conclusão?".

do próprio princípio da explicação (na ocorrência a afetividade) no que se recusa submeter-se à explicação. Por seu apelo às noções de efervescência coletiva ou de contagiosidade, por suas concessões à noção indígena de *mana*, a "substância totêmica", Durkheim está nesse plano ambíguo e contraditório (Lévi-Strauss, 1962a, pp. 142-143). Como Lévi-Strauss já fez há muito tempo a escolha de Mauss contra Durkheim, esse último é na verdade, para ele, o fantasma que assedia a questão totêmica.

A gênese durkheimiana da "matéria-prima" da religião

Para Durkheim, não há dúvida de que uma vez colocado de lado o aspecto secundário da complexidade de sua organização social, o totemismo é a religião "primitiva" da humanidade. O totemismo australiano não é uma religião particular a certos povos que se teria difundido em seguida ou teria sobrevivido nos povos mais avançados (como afirmava Tylor). Pode-se assinalar no caso exemplar do totemismo australiano a própria essência do religioso em geral que forma um vasto sistema de "coisas sagradas". Para Durkheim, a religião é de fato um "sistema produzido pela união de fenômenos elementares" (Durkheim, 1960, p. 49). Essa insistência de Durkheim ao mesmo tempo no caráter sistemático da religião e na dimensão segmentária, fragmentada e dispersa das coisas religiosas, é evidentemente nutrida dos fatos religiosos primitivos ou antigos, mas tem também um valor quase profético: "Não há religião por mais unitária que possa ser, que não reconheça uma pluralidade de coisas sagradas" (*ibid.*).

No entanto, a religião totêmica se baseia essencialmente em três coisas sagradas: o emblema totêmico, o animal ou planta totêmicos e o clã totêmico. Esse último é um tipo de agrupamento que resulta da comunidade de nome e não da filiação ou da partilha de um mesmo território. As coisas que servem de tótens são em geral espécies animais ou vegetais, mas podem também ser escolhidas entre as coisas inanimadas, as partes do corpo de um animal ou de um objeto material, mais ou menos identificados com figuras ancestrais. Seja qual for sua natureza, as modalidades coletivas ou individuais do totem são variáveis. Enfim, o emblema totêmico é um nome, mas também uma "marca" gravada no corpo ou nos objetos como o mostra o exemplo dos churinga.

É evidente que a triagem aqui operada ao nível dos traços significativos do sistema totêmico e o critério principal do primitivo e do derivado são solidários de uma construção de objeto. A originalidade de Durkheim no plano fenomenal é o reconhecimento da importância da dimensão sagrada do emblema como tal. A tese é exatamente essa: o que faz o caráter sagrado das espécies ou objetos totêmicos é o símbolo que os representa, mesmo quando o simbolismo do emblema tem um caráter por demais abstrato, pouco figurativo, numa palavra, convencional.

Por conseguinte, explicar o totemismo para Durkheim é explicar como essas coisas foram marcadas pelo caráter sagrado (e não se contentar simplesmente em admitir esse fato). Mas apesar de Durkheim afirmar incontestavelmente que a coisa mais sagrada é o emblema, no entanto ele reconhece que nenhuma dessas coisas pode explicar por si só a gênese do sagrado. Portanto, o "princípio" totêmico comum a essas três coisas não pode se encontrar, segundo ele, a não ser na quarta "coisa": uma força que transcende não apenas essas três coisas, mas todas as formas de individuação nas quais ela se encarna (objetos, seres, espíritos, deuses) e até mesmo todas as determinações correntes: física/moral, material/espiritual, boa/má. Essa "matéria-prima" da religiosidade, essa força informe e impessoal é o famoso "*mana* totêmico".

Pode-se pensar que com esse "princípio totêmico" Durkheim se atribui com certa facilidade o que ele se propunha explicar (Lévi-Strauss fala de petição de princípio), mas isso seria desconhecer o fato de que todo esforço "genético" comporta uma tal circularidade e que, ao mesmo tempo que desloca o problema, Durkheim pretende explicar precisamente a gênese dessa ideia. O verdadeiro problema é que, ao recorrer à categoria indígena de *mana*, Durkheim parece contradizer o argumentário que o guia tenta explicar a ideia primeira do "Deus totêmico" recorrendo a uma noção derivada. De fato, para Durkheim, a noção de *mana*, enquanto representação unificada de uma força anônima, impessoal e englobante, só podia nascer com uma organização social ela própria centralizada e não segmentária, nesse caso no seio das religiões tribais, como as que se encontram na Melanésia ou entre os índios da América do Norte. A resposta à objeção é sutil, mas perfeitamente inscrita no modelo explicativo da gênese dialética das coisas; embora a noção de *mana* não esteja explicitamente presente nas sociedades elementares e segmentárias da Austrália, "a noção de força religiosa está no sentido e no espírito do totemismo australiano" (Durkheim, 1960, p. 282).

O mana social e o símbolo contagioso

A chave da explicação do surgimento da ideia dessa força superior está, como se sabe, na transmutação da força social do grupo. O princípio totêmico é o clã hipostasiado e a projeção de sua força no totem. Numa palavra, o Deus e a sociedade fazem um só. O argumentário utilizado por Durkheim é evidentemente decisivo nessa etapa-chave do grande relato explicativo. O primeiro argumento se apoia no reconhecimento efetivo do caráter altamente sagrado do símbolo e inverte a coisa concluindo: "Se, pois, ele é ao mesmo tempo o símbolo do Deus e da sociedade, isso não quer dizer que o Deus e a sociedade fazem um só?" (*ibid.*, p. 295). O segundo argumento põe a funcionar a aplicação do conceito construído do sagrado e de seus critérios (exterioridade, superioridade, dependência) para fundar a aproximação analógica das atitudes e a identificação entre a força do totem e a força social do clã. A realidade divina é efetivamente alguma coisa que o ser humano representa como superior a ele e da qual ele se crê dependente, mas que também lhe concede uma força sobre a qual ele se apoia, como a sociedade.

Mas o momento forte dessa argumentação é o grande relato da cena primitiva (nutrida de referências vagamente etnográficas australianas: *intichuma*) da efervescência emocional e coletiva das cerimônias de reunião do grupo na clareira sagrada (*ibid.*, pp. 308-310). Sabe-se que esse grande relato deve muito aos trabalhos de Mauss sobre as variações sazonais dos esquimós, e sobre o princípio de alternância entre a dispersão estival e a concentração hibernal propícias à efervescência ritual e festiva (Durkheim,

1960, pp. 470-471). A evocação dessa efervescência do meio social, da onde teria nascido a ideia religiosa, descrita em termos de estados afetivos ou emocionais coletivos (ou mesmo em termos metafóricos: para fazer a solda, é preciso eletricidade) representa uma grande concessão ao mito das origens. Lévi-Strauss não deixará de observar que esses estados afetivos efervescentes pressupõem a referência ao contexto social e ritual que eles são justamente presumidos de explicar (outra petição de princípio).

Uma vez suposta a identidade da força divina e da força social do grupo, outros princípios evidentes são mobilizados para explicar a circulação do sagrado entre as coisas. Se admitirmos que o símbolo, levando em consideração seu caráter não figurativo, representa primeiramente o grupo social, as emoções e atitudes provocadas por um se estendem "contagiosamente" ao outro: "com efeito, é uma lei conhecida que os sentimentos despertados em nós por uma coisa se comunicam espontaneamente ao símbolo que a representa" (*ibid.*, p. 314). Podemos encontrar esse princípio de contagiosidade inerente ao sagrado em todas as fases de segmentação ou de dispersão da coisa sagrada, uma vez que o todo está na parte. Aqui a influência da lógica da participação de Lévy-Bruhl está evidente.

Para Durkheim, o processo de sacralização das espécies totêmicas (animais, vegetais) ou objetos materiais, mais ou menos identificados ao grupo clânico, vem mais tarde, em último lugar, quando essas espécies ou essas coisas do meio ambiente, mais ou menos boas para serem figuradas, são reconhecidas *a posteriori* no símbolo totêmico. É claro que, para Durkheim, o caminho da explicação vai das crenças aos ritos, e que a inversão de perspectiva que levará Radcliffe Brown, como bom funcionalista, a partir em sentido inverso da relação primeira de controle ritual (interditos e ritos de fecundidade) das espécies pelos grupos sociais, é completamente estranha ao sociologismo durkheimiano.

Mas a lógica de explicação genética fundada nas virtudes criadoras da efervescência coletiva e no princípio da contagiosidade do sagrado (que representam para Lévi-Strauss o "mau" Durkheim) encontra algum substituto em outras lógicas que associam a socialização e a simbolização (e que são talvez o "melhor" Durkheim).

A teoria do emblematismo esboçada por Durkheim está bem longe da teoria do simbolismo estrutural e seus fundamentos naturalistas podem parecer um pouco curtos:

> *Que um emblema seja para toda espécie de grupo um centro útil de reunião, isto é inútil demonstrar [...] essa ideia do emprego de símbolos emblemáticos deve ter jorrado espontaneamente das condições da vida comum (ibid., p. 329).*

A ideia de que o simbolismo é um elemento formador do vínculo social e não somente sua expressão ou sua representação, mas a condição "transcendental" de uma comunidade moral está, contudo, bem presente:

> *A melhor maneira de testemunhar a si mesmo e testemunhar a outrem que se faz parte de um mesmo grupo, é imprimir no corpo uma mesma marca distintiva (ibid., p. 333).*

A importância da função simbólica, restrita aqui a um "instinto gráfico", será amplamente retomada na sociologia do conhecimento esboçada em seguida por Durkheim, no prolongamento do ensaio sobre as formas primitivas de classificação.

Teoria indígena e pensamento substancial

As críticas dispersas endereçadas por Lévi-Strauss à construção durkheimiana do totemismo em *O totemismo hoje* são de dois tipos:

1) primeiramente há o argumento, amplamente retomado no *Prefácio à obra de Mauss* (1950), e desenvolvido sob outro ponto de vista, do recurso problemático a categorias indígenas, substantificadas e descontextualizadas, como a de *mana*, que são a expressão de um pensamento substancialista cego às relações significantes que estruturam um sistema simbólico. Aqui a questão é certamente o desvio entre "teoria indígena" e modelo de inteligibilidade científica, mas talvez mais ainda entre um pensamento substancialista e a necessidade de pensar em relações;

2) em seguida, existe a circularidade inerente a uma explicação em termos de gênese, o que Lévi-Strauss chama "petição de princípio" que faz alguém aceitar como premissa justamente aquilo que ele se propõe explicar. Como pretender explicar a partir de princípios ou de realidades inexplicáveis? Como, no exemplo do *mana,* explicar a gênese de um sistema de distinções sociais e simbólicas a partir de uma matéria-prima e de um princípio "totêmico" indistinto?

3) enfim, sobre a própria questão do sistema totêmico há o argumento decisivo da confusão dos objetos em oposição: o desvio entre a lógica das relações religiosas (com os espíritos, os ancestrais ou os deuses) e a lógica das classificações totêmicas.

O lugar que Durkheim dá à noção de *mana* na explicação da ideia do Deus totêmico foi precedida, como se sabe, pelo recurso, desde 1902, a essa noção na teoria da magia de Hubert e Mauss, mas podemos encontrar o mesmo procedimento, levando em conta o parentesco das noções indígenas de *mana* (Polinésia) e de *hau* (Nova Zelândia), na explicação da lógica da troca do dom e do contradom. Nessa célebre análise, Mauss, confrontado com os três termos da obrigação de dar, de receber e de devolver, é levado, para explicar o vínculo de necessidade que reata essas três obrigações elementares, a fazer apelo a um quarto termo, um "princípio sintético e material", uma "propriedade-talismã" (Mauss, 1950, p. 157), essa "matéria espiritual" (*ibid.*, p. 164) que é o *hau* e que tem por virtude forçar os dons a circular (*ibid.*, p. 214). O paralelo com o modo de proceder de Durkheim que encontra no princípio sintético e material do *mana* esse quarto termo que explica a circulação do sagrado entre as três "coisas" que são o clã, o emblema e a espécie totêmica, é evidente – e notavelmente colocado em evidência por Lévi-Strauss em seu *Prefácio à obra de Mauss* (1950).

Para Lévi-Strauss, essas noções são efetivamente as formas conscientes, mais ou menos elaboradas pelos exegetas indígenas, que os homens dessas sociedades fazem obrigações que se impõem a eles, mas elas não poderiam fornecer a chave das necessidades inconscientes que presidem seu sistema de pensamento e seus atos rituais. Será que é necessário precisar que a noção de "teoria indígena" introduzida por Lévi-Strauss não visa descartar o interesse das categorias indígenas no plano da descrição e mesmo da compreensão do "ponto de vista indígena", mas que o problema começa com o lugar que lhes é atribuído na explicação científica? Em compensação, não se pode fazer das teorias da magia ou da religião da Escola sociológica durkheimiana simples "teorias indígenas" abraçando os termos descontextualizados das culturas locais, porque no plano de explicação a "redução sociológica" é inequívoco. A ideia de *mana* é, em última análise, como afirma Mauss, mais mágica do que religiosa, e se resume à expressão derivada, sublimada e substancializada (fetichizada) de "sentimentos sociais" ou de "estados coletivos de sensibilidade" engendrados em situações sociais (Mauss, 1950, pp. 130-131). Essa descoberta não é estranha às análises da efervescência coletiva sagrada presente na conclusão sobre *As variações sazonais dos esquimós* (Mauss, 1959, p. 445).

O problema levantado por Lévi-Strauss a propósito da "teoria indígena" trata na verdade tanto da oposição entre pensamento consciente e processos inconscientes, como do modo de pensar naturalmente substancialista que o caracteriza e das concessões que o pensamento científico durkheimiano faz a esse modo de pensar. Nas expressões e noções indígenas (sobretudo quando elas são descontextualizadas) "os termos ocultam a relação", a "coisa" é um obstáculo à compreensão e à revelação dos princípios de relação estrutural que, para Lévi-Strauss, estão no fundamento da função simbólica e de toda lógica de simbolização: princípio de reciprocidade na troca, princípio de oposição ou de desvio diferencial nas classificações totêmicas. Diante da complexidade e da elaboração das classificações totêmicas, não se faz ideia de como um tal sistema de distinções poderia ter nascido de um princípio que se caracteriza por sua indiferença às diferenças, numa palavra, como poderia a matéria-prima que é o *mana* gerar formas discriminantes e marcas distintivas.

A questão se complica com a natureza do social (ou a "natureza social") à qual se referem as explicações sociológicas que mobilizam as noções de efervescência coletiva ou de contagiosidade, uma socialidade afetiva e emocional que está sem dúvida alguma nos antípodas de uma função simbólica assimilada por Lévi-Strauss ao "intelecto" (ver o capítulo sobre o intelecto em *Totemismo hoje*,1962a). Tornou-se comum nesses períodos de reabilitação da emoção e dos afetos em antropologia estigmatizar o intelectualismo frio do pensamento estrutural (o *lynx*), mas a questão não é fazer abstração, também nesse caso, do registro das emoções e da afetividade na abordagem das realidades religiosas e cerimoniais.

Para Lévi-Strauss, o que importa é o impasse ao qual leva a tentativa de explicar a emergência da ideia religiosa a partir de uma realidade ela mesma inexplicada, o recurso *in extremis* a uma espécie de "*mana* social". O social afetivo e emocional, se ele faz parte dos fenômenos a explicar, por si mesmo ele não é fator de explicação:

> *Como a afetividade é o lado mais obscuro do ser humano, somos constantemente tentados a recorrer a ele (diz-nos Lévi-Strauss), esquecendo que o que é hostil à explicação, por isso mesmo, não é próprio para servir de explicação. Um dado não é prioritário porque ele é incompreensível* (1962a, p. 104).

Devemos dizer que as concessões feitas por Durkheim a um modo de exposição cronológica como também genética, o grande relato da reunião efervescente e dos momentos de exaltação que evocam as cerimônias australianas de *corroborri* ou as cenas obtidas por empréstimo de Spenser e Gillen (Durkheim, 1960, p. 307s.), prestam-se facilmente à crítica. Como o faz observar Lévi-Strauss:

> *Não são emoções atuais sentidas por ocasião das reuniões e das cerimônias que geram ou perpetuam os ritos, mas é a atividade religiosa que suscita as emoções. Longe de pensar que a ideia religiosa nasceu de "meios sociais efervescentes e dessa mesma efervescência"* (Durkheim, 1960, p. 313), *eles a supõem* (Lévi-Strauss, 1962a, p. 106).

O argumento da petição de princípio é sem apelo: a pessoa admite como premissa (aqui o contexto cerimonial social) o que resulta da ideia religiosa a explicar.

É preciso notar que, de maneira geral, para Lévi-Strauss, como o ilustram as críticas feitas regularmente a Freud, a ideia de que a tradução de um nível de realidade num outro (do simbólico no social, ou no pulsional ou no sexual) possa ser portador de inteligibilidade é pura ilusão. De tal forma que essas realidades (o que ele chama de códigos), não são pensamentos como expressão de uma lógica, de um sistema que faz surgir a eventualidade de relações de homologia; não há, portanto, nenhum proveito em buscar qualquer relação de causalidade. Persiste mesmo assim que a determinação "em última instância", a fonte de inteligibilidade, está realmente no espírito humano, no intelecto que é muito menos uma faculdade psicológica do que a função simbólica "transcendental".

As concessões feitas por Durkheim ao plano da descrição dos fatos e de sua colocação em enredo numa linguagem bem psicologizante, tomada de empréstimo ao registro da emoção e da afetividade, não devem, apesar de tudo, fazer esquecer que, para ele, como para toda sua Escola, o social não resulta da coalescência dos estados psicológicos individuais, como o confirma a crítica de Tarde. Todo o combate de Durkheim (sobre o suicídio como sobre muitos outros temas) trata da importância do constrangimento social e da recusa do psicologismo intelectualista da antropologia britânica do século XIX. Nesse sentido, Durkheim estaria plenamente de acordo com Lévi-Strauss em sua crítica à Escola culturalista americana (noção de personalidade de base): "A formulação psicológica não é mais do que uma tradução, no plano do psiquismo individual, de uma estrutura propriamente sociológica" (1950, p. 16). Em *Essai sur les Variations Saisonnières* (Mauss, 1950, p. 470), o princípio da efervescência coletiva é claramente colocado em relação com uma lei geral que estrutura a vida social dos grupos humanos, tanto esquimós como australianos: a alternância rítmica entre fases de concentração e de "socialidade intensa", e fases de dispersão e de "socialidade lânguida e deprimida". Para retomar os termos de Mauss, os estados de sensibilidade coletiva são mais "substratos" da vida social do que princípios de inteligibilidade últimos dessas grandes manifestações.

A mais importante divergência nesse diálogo de surdos entre Lévi-Strauss e Durkheim trata, portanto, dos modos de pensar, das maneiras de compreender e de explicar: de um lado, um modelo de explicação fundado na gênese das coisas (que encontra-se no conceito "genético" de *habitus* em Bourdieu) que comporta sempre alguma concessão a um pensamento circular ou simplesmente dialético (o social gera o sagrado que, ele mesmo participa na elaboração do social); e, de outro lado, um pensamento estrutural analítico que não vê nessa circularidade senão uma petição de princípio.

O *mana*, um significante zero

A discussão sobre a noção de *mana*, desenvolvida por Lévi-Strauss, mais particularmente em sua *Introdução à obra de Marcel Mauss* (1950), é a esse título exemplar do mal-entendido. Para Durkheim, é verdade que essa noção existe ao mesmo tempo no estado implícito nas sociedades australianas e não adquire uma forma mais elaborada nas outras sociedades mais centralizadas como as sociedades melanésias. Por conseguinte, ela está aí, sem estar, e isso sem contradição. Mas não é só isso, porque essa ambiguidade não é apenas genética, mas estrutural. O *mana* é na verdade uma força impessoal, um poder absoluto que transcende todas as determinações, ao mesmo tempo espiritual e material, psíquico e físico, bom e mau, por conseguinte uma matéria-prima indiferenciada e ao mesmo tempo para concebê-la e falar dela é preciso fazer referência a distinções e diferenças que se encontram, por outro lado, no fundamento dos grupos sociais (clãs ou classes) ou nas representações coletivas. É mais ou menos como o exemplo, no plano ritual, da troca sexual indiferenciada, evocada por Durkheim a propósito das cenas de exaltação coletiva e que só toma sentido porque o cotidiano da ordem social é a separação dos casais. O desafio a pensar é, pois, uma matéria ou uma força indiferenciada que se baseia na negação de todas as diferenças que ela supostamente deve fundar ou engendrar. A ambiguidade e a contradição estigmatizadas por Lévi-Strauss no cerne dos meandros do pensamento durkheimiano também estão inscritas na realidade dos fatos e das ideias religiosas, e a noção de *mana* não faz mais do que ilustrar uma ambiguidade e uma ambivalência que se encontra no centro de todas as categorias indígenas religiosas ou outras. E sobre esse ponto, Durkheim é tão crítico como Lévi-Strauss em relação às teorias de Lévy-Bruhl sobre a lógica da participação e sobre a ideia de que o pensamento primitivo seria por natureza e de modo sistemático indiferente às diferenças e estranho ao princípio de contradição: "Mas não cremos que seja possível caracterizar a mentalidade das sociedades inferiores por uma espécie de tendência unilateral e exclusiva para a indistinção" (Durkheim, 1960, p. 341). O que Durkheim retém é, sobretudo, diz ele, uma forma de excesso nos dois sentidos que leva o pensamento religioso (à diferença do pensamento científico) a oscilar de "confusões intemperantes" a "contrastes chocantes". Como o reconhece Lévi-Strauss citando essas passagens, aí está precisamente o "melhor Durkheim" (1962a, p. 142).

Poderíamos dizer que a leitura de Durkheim feita por Lévi-Strauss é de certa maneira "exagerada" quando ao cessar de fazer justiça a um pensamento "dividido entre exigências contraditórias" ele o rebate numa das vertentes de sua abordagem. Mas na sua preocupação de reduzir a polissemia do simbolismo, a leitura da noção de *mana* como "significante zero" proposta por Lévi-Strauss é exemplar de todo um método e de todo um novo espírito científico. As noções de *mana* ou de *manitu* ou outras são categorias universais que vêm responder, segundo ele, à contradição que é inerente ao pensamento simbólico, uma vez que esse, em sua exigência primeira de totalização do mundo e da experiência, só pode postular que tudo tem um sentido, mas que essa exigência se choca inevitavelmente com um déficit de sentido (num desnível entre significado e significante) que ele precisa preencher. Todo sistema simbólico se choca de fato com o inominável, com o informulável e mesmo com o contraditório, que coloca em perigo suas categorias, os desvios que fundam a possibilidade do sentido. As noções de tipo *mana* que são universais têm por função prevenir de alguma forma esse déficit de sentido. Elas são, como nos diz Lévi-Strauss, "a expressão consciente de uma função semântica cujo papel é permitir ao pensamento simbólico se exercer, apesar da contradição que lhe é própria" (1950, p. 50). A contradição é superada por um princípio instituído de indeterminação, "um valor indeterminado de significação nele mesmo vazio de sentido e, por conseguinte, suscetível de receber não importa que sentido, cuja única função é preencher a distância entre o significante e o significado" (1950, p. 50).

Convém notar que, como bom etnólogo, Lévi-Strauss não hesita em fazer compreender sua tese, recorrendo às categorias ordinárias do pensamento "indígena" ocidental: as noções análogas de "fulano", "truque", "não sei o quê" etc., expressões que vêm preencher um déficit de significante no jogo da linguagem. Mas a inspiração da própria tese deve muito às teorias linguísticas e aos conceitos de "significante zero" ou de "significante flutuante" que Lévi-Strrauss toma de empréstimo a Jakobson (noção de fenômeno zero, sem valor diferencial ou fonético constante).

Deve-se observar que nesse exercício de estilo a interpretação estrutural opera mais do que uma tradução do pensamento indígena, ela procede a uma completa inversão de sentido. O *mana* como força pura e poder absoluto transcende todas as determinações, mas porque ele as contém todas, sua indeterminação é de fato uma superdeterminação, numa palavra, um excedente de sentido muito mais que uma falta ou um vazio de sentido. Citamos Lévi-Strauss (1950, p. 50):

> O mana *é tudo isso ao mesmo tempo (força e ação; qualidade e estado; substantivo, adjetivo e verbo ao mesmo tempo; abstrato e concreto; onipresente e localizado), mas precisamente porque ele não é nada, de tudo isso: simples forma ou mais exatamente símbolo no estado puro, portanto suscetível de carregar-se de qualquer conteúdo simbólico, seja ele qual for.*

É o "lugar vazio" do inconsciente estrutural, segundo Lacan.

Mais ainda, a indeterminação desse valor é rejeitada no limite do sistema, em sua periferia o *mana* é um resíduo da exigência de sentido (Deus é o que resta quando não se tem mais nada a dizer). A teoria estrutural também aqui inverte a relação instituída pelo pensamento indígena e religioso que coloca esse princípio na fonte do que faz sentido, no princípio do sistema simbólico. Essa análise paradigmática se aplica certamente a toda a abordagem do simbolismo inaugurado por Lévi-Strauss, uma análise estrutural que rompe com todas as leituras simbolistas ou hermenêuticas do símbolo como "duplo sentido" ou "excesso de sentido" à maneira de Ricoeur: trata-se de conter, de reduzir e não de cultivar a ambiguidade. Como declara sem rodeios Lévi-Strauss em seu debate com Ricoeur (mas também com Sartre), não se trata de ater-se ao que faz sentido para mim no que tem sentido para os outros, de buscar algum sentido do sentido, porque o sentido sempre é redutível a não sentido (*Esprit*, n. 302, p. 181). O objetivo é compreender "como o espírito humano funciona", os "mecanismos de um pensamento objetivado". Aqui não pode ser ultrapassado o abismo que separa as maneiras de compreender.

Guardada toda a proporção, e para restringir-nos ao universo mágico-religioso, é efetivamente a irredutibilidade ou incomensurabilidade que existe entre os sistemas de sentido que formam uma cultura e uma sociedade que os xamãs ou os profetas são encarregados de superar, inventando a partir do excesso de significantes de sua neurose individual as "transições imaginárias" ou as "sínteses incompatíveis" que se impõem, particularmente nos períodos de crise em que esses sistemas evoluem a ritmos perigosamente desarticulados (1950, pp. 19-20). Esse princípio de uma desarticulação entre os constrangimentos intelectuais da função simbólica que sofre sempre de um déficit de significado, e um pensamento patológico que dispõe de uma pletora de significantes, também está, como se sabe, no centro das análises consagradas ao sistema mágico que retira toda sua eficácia da resposta coerente e integradora que ele traz à experiência do inominável (Lévi-Strauss, 1958, pp. 202-203).

Sistema totêmico e sistema religioso

O argumento crítico mais forte de Lévi-Strauss contra a tese do totemismo como religião (elementar ou derivada) é a demonstração da confusão patente dos objetos e a ilustração da fecundidade exemplar da análise estrutural sobre esse tema. No primeiro capítulo do livro *Totemismo hoje*, significativamente intitulado "A ilusão totêmica", Lévi-Strauss procede na verdade em dois tempos para mostrar que nesses debates sobre o totemismo: 1) foram arbitrariamente dissociados fenômenos que dependeriam do "mesmo tipo", e 2) ao inverso, foram confundidos fenômenos de "tipo diferente".

A questão central é precisamente a da "boa decupagem" dos fenômenos e da construção dos objetos antropológicos. Será que basta contar com relações privilegiadas de grupos humanos ou de indivíduos com espécies vegetais ou animais para saber se isso tem a ver com a mesma coisa ou com um mesmo objeto ou não? A questão e a lição são generalizáveis a todos os objetos ou falsos objetos da antropologia: será que basta ter condenado à morte um animal para falar de sacrifício em vez de caça ritual? Qual é a diferença entre possessão, bruxaria ou canibalismo, uma vez que todos eles supõem formas de incorporação do outro? A relação com deuses é necessariamente religiosa?

Aqui, o critério da boa decupagem dos fenômenos é o da construção de um modelo que confia na imaginação científica para proceder a uma espécie de "generalização indutiva".[8] Essa visa "ampliar as perspectivas e buscar um ponto de vista mais geral que permita integrar as formas cuja regularidade já foi adquirida" (1962a, pp. 71-72). Estamos nos antípodas de um empirismo classificatório, que procede caso por caso, complicando a tipologia em função dos novos casos de figura, sem limites lógicos, o que E. Leach chamará de "caça às borboletas", exemplo típico do totemismo ilustrado pelo método de Elkin (Lévi-Strauss 1962a, pp. 69-70) que multiplica os tipos de totemismo até exaurir o conceito. Com a construção de um modelo, cuja esquematização mais simples é o quadro cruzado, estou certo de ter a ver com um mesmo tipo de fenômeno, se posso engendrá-los todos a partir de uma mesma lei de transformação que me permita, por permutação dos termos ou inversão das relações, passar de um ao outro e esgotar o campo dos possíveis. Não há mais caso exemplar ou privilegiado (ou mesmo "ideal típico") sobre o qual se aposta

---

[8] Ver a noção de estrutura em etnologia, Lévi-Strauss, 1958, cap. 15.

para descobrir uma essência e formas derivadas ou anormais, à maneira durkheimiana. Todos os casos de figura são equivalentes porque se inscrevem num mesmo combinatório dos possíveis, delimitando um número finito de possibilidades (o que é chamado aqui por Lévi-Strauss de "campo semântico").

Na verdade, o totemismo consiste em colocar em relação duas séries de termos, um que pertence à ordem humana da cultura ou da sociedade, o outro que depende da ordem da natureza vegetal ou animal (ou mineral). O espírito do método é colocar o acento nas relações ou no sistema de relações, mas Lévi-Strauss, por cuidados pedagógicos em sua demonstração, começa por ater-se às modalidades de existência dos termos de cada série, colocando "decisoriamente" duas modalidades – individual e coletiva– e cruzando-as, o que dá quatro modos de associar dois a dois os termos de duas séries (1962a, p. 27):

Natureza/Cultura	Espécie	Indivíduo
Grupo	Totemismo australiano	Totemismo africano e olinésio
Pessoa	Totemismo "individual" indiano	Totemismo "conceitual"

A finalidade de ampliar logo de início a perspectiva e de mostrar que se privilegiou nos debates o caso australiano ou indiano, procedendo a "uma distorção do campo semântico", quando todas as combinações são equivalentes em relação à sua lei de engendramento. Apesar de tudo, pode-se ficar surpreso ao ver que foram levados em consideração casos de figura como o totemismo "conceitual" das Ilhas Banks (evocado por Frazer) que supõe um laço pessoal entre tal animal encontrado pela mãe por ocasião de sua gravidez ou cruzado por ocasião do parto e a criança na qual ele se reincarna ou que ele protege. A existência ou não dessa relação privilegiada estava no centro dos debates sobre o culto totêmico. Mas o problema de Lévi-Strauss não é de definir o que é o totemismo em si, descartando certas formas, mas tomar em consideração, num primeiro tempo, todos os tipos de relações possíveis para fazer da melhor forma a diferença. Num segundo tempo, é exatamente a modalidade da relação entre os termos que é significativa: uma relação entre um indivíduo e uma pessoa não é necessariamente "pessoal" ou "individual".

Do esquema: homologia versus genealogia

É claro que, para Lévi-Strauss, o erro fundamental é ter querido, como Durkheim, compreender o sistema totêmico como uma adição de relações de identificação construídas isolada e separadamente entre cada grupo e cada totem (emblema ou espécie), como se pudéssemos compreender um todo somando partes.[9] Ainda mais, se somos autorizados a falar de "sistema totêmico", é que se trata não apenas de um sistema de relações entre os termos, mas também de relações entre relações que supõem que todas as cartas sejam distribuídas logo de entrada no jogo. O que Lévi-Strauss chama de "átomo totêmico" (1962a, p. 18) baseia-se em "uma homologia entre os desvios diferenciais que existem, de um lado entre a espécie $\underline{x}$ e a espécie $\underline{y}$, do outro lado entre o clã $\underline{A}$ e o clã $\underline{B}$".[10] Portanto, a relação de identificação entre o grupo e a espécie não é primeira, o que vem em primeiro lugar é a diferenciação, o desvio diferencial no seio das duas séries (o ser se põe opondo-se), e não são as semelhanças substanciais que contam, mas a similitude das diferenças, numa palavra, a homologia dos desvios.

Mas essa tese sobre o "totemismo" faz surgir por contraste um outro sistema de relações (se podemos falar de "sistema") no qual Lévi-Strauss encontra as primeiras ilustrações no sistema *manido*, o sistema dos espíritos dos ojibwa e o sistema dos deuses ancestrais (*atua*) de Tikopia, e que ele identifica claramente à "religião". São, portanto, dois sistemas de relações que são colocados em evidência e cujas confusões e entrecruzamentos são esclarecidos de modo notável.

---

[9] Em *La Pensée Sauvage,* Lévi-Strauss se dá ao luxo de considerar "especulações teóricas" tomadas de empréstimo às sociedades indianas, onde parece que o totemismo foi construído sobre a base de uma "analogia direta" entre grupos humanos e espécies naturais e da adição dessas relações isoladas, mas essas especulações resultam supostamente das elaborações secundárias de uma teoria indígena (1962b, pp. 152-153).

[10] Impõe-se o paralelo com "o átomo de parentesco" que é a estrutura mínima necessária para explicar a lógica das atitudes parentais, Lévi-Strauss, 1958, cap. 2.

Análise comparativa do sistema totêmico e do sistema religioso[11]

Totemismo	Religião
Um sistema de denominação coletiva tomado de empréstimo às espécies animais ou vegetais.	Um sistema de crenças e de práticas relativo aos espíritos, ancestrais ou deuses.
Esquema fundamental: A homologia - As relações de equivalência.	Esquema fundamental: A genealogia - As relações de ordem.
O sistema das denominações totêmicas é regido por um princípio de equivalência: a espécie x é para a espécie y o que o grupo a é para o grupo b.	O sistema religioso institui relações hierarquizadas entre os deuses, os espíritos e os humanos e uma escala de grau entre os seres.
O sistema de denominação está fundado em relações de diferenciação independentes entre uma pluralidade de grupos e de espécies.	Crença segundo a qual um indivíduo ou um grupo particular mantém uma relação de eleição exclusiva com um espírito ou um deus que o protege.
A relação entre os grupos e os tótens é "dissimulada", mediada, indireta (metafórica), ligada à estrutura.	A relação entre os deuses ancestrais, os animais nos quais eles se encarnam e os humanos é contígua (metonímica) ligada ao acontecimento.
As proibições alimentares visam "marcar" a relação com uma espécie e funcionam para o grupo como uma "conduta diferencial".	Os interditos ou rituais dependem de prescrições feitas a um indivíduo ou um grupo por um espírito ou deus ancestral instaurando uma relação de aliança.

---

[11] LÉVI-STRAUSS, C. *Le Totémisme Aujourd'hui*, cap. 1.

O conceito de "esquema" é uma das chaves da diferenciação dos sistemas de relações em oposição (Lévi-Strauss, 1962a, p. 39):

> *Por trás das crenças e das proibições particulares dese-nha-se um esquema fundamental cujas propriedades formais subsistem, independentemente das relações entre tal espécie animal ou vegetal e tal clã, subclã ou linhagem, por ocasião das quais ele se manifesta.*

Esse conceito é uma herança da filosofia kantiana na qual a teoria do esquematismo fornece a chave da aplicação das formas *a priori* da sensibilidade ou das categorias do entendimento aos conteúdos materiais dos dados sensíveis. Em *La Pensée Sauvage* (1962b, p. 160), Lévi-Strauss inscreve paradoxalmente essa herança kantiana numa terminologia perfeitamente marxista:

> *Entre práxis e prática intercala-se sempre um media-dor que é o esquema conceitual pelo qual uma maté-ria e uma forma, desprovidas uma e outra de existên-cia independente, se completam como estruturas, isto é, como seres ao mesmo tempo empíricos e inteligíveis.*

Mas Mauss também fala geralmente de um "esquema do sa-crifício" no *Essai Sur le Sacrifice* (Mauss, 1968).

Pelo que diz respeito às outras ferramentas conceituais de modelo, de forma, de estrutura, o conceito de esquema tem por propriedade insistir no laço e mesmo na indissociabilidade entre as propriedades formais que podemos abstrair inspirando-nos em modelos mate-máticos (relações de ordem, relações de equivalência) e traduções concretas materiais e contextuais dessas formas abstratas (esquema genealógico ou sacrificial). Lévi-Strauss não cessará de lembrar que o estruturalismo não é um formalismo, uma vez que visa contornar a "lógica das qualidades sensíveis" e, sobretudo, uma vez que o pensa-mento "no estado selvagem" esquematiza sem conceitos com ajuda dos materiais sensíveis de que ele dispõe. Portanto, o esquema é a inseparabilidade de uma forma e da matéria que ele informa.

Por sua vez, o analista é levado a formalizar a natureza das relações contornadas por ele, nessa ou naquela sequência mítica ou prática ritual. Considerar como dependendo de um mesmo tipo de relação o encontro singular e eventual entre uma mulher grávida e esse ou aquele animal habitado por um espírito, e aquela sequência mítica citando um deus de olhar forte fulminando um ser humano não tem nada de evidente. O que dizer de uma relação de identificação entre uma pessoa e um deus ancestral que passa pela mediação de um animal que é proibido de comer ou que é sacrificado em determinadas circunstâncias rituais, à imagem do ritual da retalhação e da partilha do golfinho encalhado na praia em Tikopia (1962a, pp. 43-44).

A célebre oposição entre metáfora e metonímia, apropriada à linguística (Jakobson) é um outro instrumento intelectual muito fecundo, mas cujo uso extensivo acabou por perturbar o alcance heurístico. Sabe-se que essas figuras privilegiadas do discurso funcionam a partir de não sensos, escândalos de sentido, cujo sentido não pode ser plenamente restituído, a não ser que se complete a cadeia falada (metonímia) ou que se reconstituam as duas cadeias que se telescopam (metáfora). A metonímia (beber um copo) pratica de fato uma contração da cadeia falada: beber água (ou vinho) contida num copo. A metáfora (beber a "taça") é uma figura mais sutil porque ela supõe, para ser apreendida, a mobilização de duas cadeias faladas, o significante de uma substituindo o significante da outra: beber a taça/ da água do mar.

A generalização dessa oposição entre metonímia e metáfora, da qual a psicanálise lacaniana fará também grande uso na análise dos processos inconscientes, refere-se a duas ordens ou eixos da linguagem dos quais um deles se constrói sobre relações de contiguidade (contração, concatenação) no seio de uma mesma cadeia; e o outro sobre relações de similaridade analógica entre duas cadeias independentes e descontínuas. Mas a oposição significante entre essas duas ordens (sintagmáticas e paradigmáticas) pode acabar por reduzir-se à da continuidade e da descontinuidade. Também aqui, falar de relação "metonímica" para qualificar a crença numa relação de filiação genealógica como também numa relação de engendramento, de encarnação ou de incorporação, ou ainda para assimilar uma relação espacial de contato ou de proximidade física e uma relação temporal fundada no evento é mais que problemático. Escorregando constantemente, nesse esboço das relações entre totemismo e religião, da oposição entre metáfora e metonímia à da sincronia e da diacronia, ou da estrutura e do evento, Lévi-Strauss não facilita as coisas, e a confusão está no seu auge quando ele não hesita em qualificar a relação "religiosa" entre os humanos e os deuses (*atua*) de "real" (1962a, p. 45) reservando a dimensão "simbólica" às relações totêmicas, como se metonímia e metáfora não fossem duas figuras da simbolização.

Marca distintiva e conduta diferencial

Metonímia e metáfora são ferramentas que permitem fazer a diferença nas modalidades da relação entre os humanos e os tótens (deuses ou espécies). O melhor exemplo é a supressão da ambiguidade que pode circundar a própria noção de "semelhança" visto que essa pode ser concebida como uma relação metonímica inscrita nos termos (a semelhança está fundada num laço "real" biológico, genealógico, ou nos traços substanciais "diretamente" percebidos) ou funcionar ao contrário "metaforicamente", como uma marca ou uma "máscara", sem a mínima crença num laço de identificação.

Essa questão encontra-se no centro das análises que introduzem o nível das práticas rituais: interditos, prescrições, rituais. Poderíamos pensar que as proibições ou prescrições alimentares referentes às espécies animais ou vegetais formam um tipo de reduplicação de uma marcação previamente instituída, ao nível das denominações totêmicas, e que é pelo nome que se entra na ordem simbólica. O esquema está globalmente fundado, uma vez que o sistema das denominações e o sistema das prescrições obedecem no totemismo à mesma lei de homologia dos desvios. Mas Lévi-Strauss (1962a, p. 16) aprofundou a noção de "conduta diferencial" colocando novamente em questão a regra de homologia como a compreendia Boas:

> Em cada sociedade, as marcas diferenciais devem ser formalmente do mesmo tipo, diferindo ao mesmo tempo uma da outra pelo conteúdo. Se não, um grupo se definiria pelo nome, um outro pelo ritual e um terceiro pelo brasão.

Lévi-Strauss (1962b, p. 136) afirma que numa mesma sociedade pode-se encontrar um sistema de marcas diferenciais que utiliza simultaneamente registros diferentes (nomes, imagens, interditos, condutas) desde que a distinção entre "espécie marcada" e espécie "não marcada" seja significada:

> *Proibir algumas espécies é apenas um meio entre outros de afirmá-las significativas, e a regra prática aparece assim como um operador a serviço do sentido, numa lógica que, sendo qualitativa, pode trabalhar com a ajuda de condutas como também de imagens.*

O sistema descrito por Firth em Tikopia é uma belíssima ilustração dessa noção de "conduta diferencial". Nesse sistema, os clãs têm uma relação diferenciada com espécies vegetais comestíveis e se admite que são elas mesmas que "representam" os deuses tótens (ver quadro abaixo).

Totemismo e religião em Tikopia[12]

Todo mundo cultiva e come inhame, mas supõe-se que o inhame escuta e obedece especificamente ao clã Sa tafika que controla ritualmente sua reprodução. Há, porém, um problema particular com a noz de coco porque ela se multiplica fora de qualquer ciclo sazonal e sem cuidado agrícola particular. É, sem dúvida, por isso que o clã Sa tafua não cumpre ritual a esse respeito, mas ao contrário, é obrigado a seguir prescrições específicas na maneira de consumir o coco: para beber a água do coco, os indivíduos devem furar a casca sem quebrar o coco; e para comer a polpa devem utilizar uma pedra especial. A cada um sua diferença.

Quando os deuses entram no circuito: o sistema sacrificial

Pode-se perguntar o que vêm fazer os deuses nessa questão, uma vez que, afinal de contas, o sistema totêmico pode cumprir

---

[12] LÉVI-STRAUSS, C. *Le Totémisme Aujourd'hui*, pp. 37-45.

sua função simbólica e diferencial tendo como únicos "operadores de sentido" a marcação das espécies. Como sempre, a análise estrutural começa efetivamente por distinguir os sistemas de relações em oposição, totêmicos e religiosos, para mostrar melhor em seguida como esses sistemas se cruzam ou interferem, coabitando ou excluindo-se, o que é uma outra maneira de ilustrar a primazia dos sistemas de relações sobre os termos deuses tótens ou deuses ancestrais.

Sistema totêmico: relações diferenciais dos grupos nos tótens

Deuses-tótens	Kafika	Taumako	Fangarere	Tafua
Relações metafóricas de representação	"Corpo" parte posterior	"Corpo" parte anterior	"Cabeça"	"Rabo"
Vegetais comestíveis	Sazonal	Sazonal	Sazonal	Não sazonal
Coisas comidas	Inhame	Taioba	Fruta-pão	Noz de coco
Condutas diferenciais	Controle ritual	Controle ritual	Controle ritual	Modo de consumo
Clãs patrilineares	Sa kafika	Sa taumako	Sa fangarere	Sa tafua

Sistema religioso: relações com os deuses ancestrais clânicos

Deuses ancestrais atua	Taumako	Tafua	Tafua
Relações de contiguidade excepcionais	Encarnação	Encarnação	Encarnação
Partes da espécie ou de um indivíduo atípico	Um pombo	Um golfinho	Uma enguia ou um morcego
Proibições particulares (tapu)	Interdito alimentar	Interdito alimentar	Interdito alimentar
Grupos concernentes	Sa taumako Os primogênitos do clã	Sa tafua Linhagem korokoro	Sa tafua Clã

O exemplo ojibwa esboça uma primeira ilustração do cruzamento possível dos dois sistemas dos espíritos e dos tótens, sugerindo que os gênios da água têm essa particularidade de funcionar ao mesmo tempo no totemismo e na religião. Mas é Tikopia que fornece uma demonstração exemplar com o caso ilustrativo da "refeição totêmica" do golfinho encalhado na praia. A lógica religiosa pretende que os deuses clânicos, paralelamente às relações metafóricas que eles mantêm com as espécies vegetais comestíveis, se encarnem de modo intermitente em certos animais ou peixes e façam com esse ou aquele subgrupo particular uma aliança singular que proíbe a esse último matá-los ou comê-los. Assim, a linhagem Korokoro do clã Sa tafua mantém esse laço de afinidade com o golfinho que é a encarnação preferida de seu ancestral (*atua*). Quando ele encalha na praia, são os membros dessa linhagem que, depois de ter oferecido o alimento ritual que se oferece a um "morto", vão cortá-lo em pedaços e repartir a "carne" entre os clãs.

O gênio do totemismo emerge então e recupera a situação perdida nas crenças e práticas religiosas, uma vez que as regras de partilha da "refeição totêmica" se moldam nos esquemas que organizam a repartição dos deuses entre as espécies vegetais: os Fangarere têm direito à "cabeça", os Tafua à cauda" e os Kafika e os Taumako repartem entre si respectivamente a parte "posterior" e a parte "anterior" do corpo do deus. Assim o golfinho não é apenas "bom para comer", mas também, pela retalhação à qual ele se presta, "bom para pensar" e para marcar as diferenças sociais e simbólicas.

Se os deuses podem funcionar no totemismo ou na religião, pode-se pensar, como Lévi-Strauss dá a entender em certos momentos, que os dois sistemas constituem variantes num sistema mais geral das relações entre o ser humano e a natureza, sem que se possa introduzir qualquer consideração hierárquica ou evolucionista entre os dois (1962a, p. 41). Mas em outros momentos, é claro que Lévi-Strauss sugere de preferência que esses sistemas são não só independentes, mas se excluem um do outro (à diferença da religião e da magia que não existem jamais de modo completamente separado: 1962b, p. 293). Sendo assim, os deuses ancestrais comem de alguma forma os tótens, pegando imediatamente todas as cartas do jogo como no sistema maori de Nova Zelândia (1962a, p. 47). Certamente a instauração da ordem "totêmica" é apresentada nos mitos de origem como uma ruptura com a unidade original, com a continuidade inaugural, esse regime de indistinção que encarna o *mana* e, portanto, como uma "totalidade empobrecida"; mas ao inverso, uma vez estabelecida a ordem das diferenças sociais e simbólicas, o resíduo religioso aparece como o lugar da desordem e da margem, dominado por deuses individualistas que não respeitam a regra do jogo, espíritos ambivalentes ao mesmo tempo benevolentes e malevolentes que encarnam o perigo do retorno do reprimido.

Mas ainda não é tudo, porque o estatuto que é conferido aos esquemas mobilizados pelos dois sistemas de relações não é manifestamente "equivalente" no que diz respeito ao seu poder de simbolização e sua capacidade de significar. Nada ilustra melhor essa constatação do que a análise comparativa do sistema totêmico e do sistema sacrificial que nos é proposta por Lévi-Strauss em *O pensamento selvagem*. A tese global é a seguinte: Sabe-se que o sistema totêmico instaura relações descontínuas de diferenciação entre espécies "equivalentes" (do ponto de vista da reversibilidade de suas relações), mas não substituíveis umas às outras (do ponto de vista de seu valor de posição). Se um único grupo decidisse mudar de espécie de referência, todo o jogo de cartas desmoronaria. Ao contrário, o sistema sacrificial aposta numa relação contínua e graduada entre os deuses, as espécies e os humanos, que autoriza perfeitamente a substituição, mas essa respeita uma ordem determinada. Para retomar o célebre exemplo apropriado por Lévi-Strauss à monografia de Evans-Pritchard sobre *Os nuer*: na ausência de boi, pode-se sacrificar uma cabra, ou uma galinha, ou um pombinho, ou um ovo, ou... um pepino, até chegar a esse paradoxo resumido que admite que um pepino vale realmente um boi, na qualidade de vítima sacrificial (Lévi-Strauss, 1962b, p. 296). A substituição metonímica autorizada pela ordem sacrificial tem, no entanto, suas regras fundadas num princípio de hierarquia e de graduação dos seres e não se pode dizer, como o faz Lévi-Strauss, que "na falta da coisa prescrita, qualquer outra, não importa qual, pode substituí-la, contanto que persista a intenção que, só ela, importa". Como ele o precisa mais adiante, a graduação dos seres é orientada e irreversível: exclui-se que um boi possa valer um pepino.

Mas, uma vez suposto que o sacrifício funciona na continuidade e o totemismo na descontinuidade, o mais interessante é a maneira da qual se serve Lévi-Strauss para desmontar a dialética inversa da continuidade e da descontinuidade que é o motor da lógica sacrificial e da refeição totêmica. Apropriando-se das análises de Hubert e Mauss, Lévi-Strauss afirma que o sacrifíciio "religioso" se apoia num duplo movimento que visa, num primeiro tempo, consagrar uma relação de continuidade entre os deuses e os humanos por intermédio da sacralização da vítima sacrificada e do sacrificador, para melhor proceder, num segundo tempo, à ruptura desse laço que representa a condenação à morte do animal. Todo o artifício do processo e a eficácia que dele se espera consistem em fazer surgir uma descontinuidade violenta que possa reclamar em compensação a reativação de um laço benéfico, e em criar brutalmente um vazio esperando que ele seja "preenchido" pelos deuses: "o sacrifício cria um déficit de contiguidade e ele induz (ou acha que induz) [...] o surgimento de uma continuidade compensadora" (1962b, p. 298). As refeições totêmicas onde os grupos que controlam as espécies e se proíbem habitualmente de consumi-las para fazer que os outros se aproveitem melhor delas, se autorizam excepcionalmente, em circunstâncias cerimoniais, uma transgressão, funcionam ao inverso da lógica sacrificial. Se o sacrifício visa provocar uma descontinuidade para restabelecer uma continuidade benfazeja, a confusão momentânea da refeição totêmica não intervém, a não ser para reafirmar o sistema das diferenças que fundamenta a ordem totêmica.

Mas essa relação de simetria inversa entre religião e totemismo que sugere de novo um sistema de variantes não é a última palavra de Lévi-Strauss. Já se pressentia que os esquemas mobilizados pela religião eram de alguma forma mais pobres, porque supostamente menos sujeitos a um constrangimento estrutural. A ordem genealógica, submissa ao evento, não tem o mesmo valor simbólico que a homologia dos desvios. É isso, sem dúvida, que incita Lévi-Strauss, em *O totemismo hoje*, a situar as relações dos deuses e dos animais, tais como são pensadas em Tikopia (por conseguinte, do ponto de vista indígena), na ordem do "real", em oposição às relações simbólicas que eles mantêm com as espécies vegetais (1962a, p. 45).

De modo surpreendente, em *O pensamento selvagem* é o totemismo que apresenta, ao contrário, a superioridade de estar inscrito na realidade objetiva, pelo menos ao nível de seus termos, visto que as espécies e os grupos têm a vantagem de existir objetivamente, enquanto o sistema sacrificial e religioso mobiliza seres que não existem e se apoia em "uma concepção objetivamente falsa da série natural". É preciso compreender que o totemismo se baseia numa relação fictícia, porque metafórica (os selvagens não tomam as metáforas por realidades) entre seres reais, enquanto a religião vive na ilusão de um laço real com um ser fictício. É porque a religião pretende funcionar no real e não no simbólico que seu pensamento talvez possa ser considerado falso. Portanto, o discurso do sacrifício, e sem dúvida da religião em geral, é literalmente "desprovido de bom senso" (1962b, p. 302).

Essa concessão repentina de Lévi-Strauss ao "bom senso" pode surpreender-nos, visto termos compreendido que não havia, justamente para ele, "bom senso". Mais profundamente, porém, a ideia de que nele o pensamento religioso é "falso" se refere às ilusões e aos impasses de um pensamento da continuidade. Lévi-Strauss reencontra e persegue a continuidade, primeiro no plano do conhecimento científico, no privilégio da inteligibilidade outorgada à história e sua "pretensa continuidade".[13] Mas no domínio religioso, essa ilusão da continuidade é encarnada pelo rito ou pelo outro do mito. Na célebre Finale em *O homem nu* (Lévi-Strauss, 1971), o caráter indefinidamente dividido e ao mesmo tempo profundamente repetitivo da ordem ritual não deixa de evocar o que Lévi-Strauss chama, por outro lado, de "indigência do pensamento religioso" (1962b, p. 127): "Essa tentativa desvairada, sempre votada ao fracasso, para restabelecer a continuidade de uma vivência desmantelada sob o efeito do esquematismo que lhe substituiu a especulação mítica constitui a essência

---

[13] Ver o debate com Sartre em *La Pensée Sauvage*, 1962b, p. 339.

do ritual" (Lévi-Strauss, 1971, p. 603). Se a religião é o outro do totemismo como o ritual é o outro do mito, pode-se certamente dizer que eles participam tanto um como o outro dessa ilusão do retorno à continuidade inaugural rompida pelo mito. Eles traduzem, segundo as palavras de Lévi-Strauss, "um abastardamento do pensamento consentido às escravidões da vida" (*ibid.*, p. 603). Não é certo que a religião seja finalmente "boa para pensar".

Os símbolos dão a pensar

A teoria durkheimiana do emblematismo representa uma contribuição ambígua à teoria do simbolismo. Sabe-se que Durkheim, em seu grande relato da gênese do totemismo, relança a questão da escolha dessa ou daquela espécie como emblema totêmico em fim de percurso, combinando a tese inicial de um "instinto gráfico" que privilegia marcas distintivas não figurativas, em última análise arbitrárias, e o argumento oportunista de uma escolha fundada na pregnância no meio ambiente das espécies em questão mais ou menos ligada à sua utilidade objetiva (alimentar ou outra).

É voltando a essa questão da escolha concreta desse ou daquele simbolismo animal ou vegetal no capítulo 4 do livro *Totemismo hoje*, "Em direção ao intelecto" que a análise estrutural toma suas marcas nesse debate sobre o totemismo e mostra até que ponto as escolhas de forma estão ligadas à pertinência da matéria. Com efeito, é claro para Lévi-Strauss que as explicações pelo "arbitrário do signo" são tão contrárias a todos os dados empíricos, como as explicações utilitárias. Como mostra o exemplo dos Talensi estudados por Meyer Fortes: "Os animais totêmicos dos Talensi não formam uma classe nem no sentido zoológico, no utilitário, nem no sentido mágico" (1962a, p.109). De toda maneira, o que interessa ao etnólogo, segundo Lévi-Strauss, não é a universalidade da função, mas o detalhe zoológico ou morfológico pertinente, a lógica das qualidades sensíveis. E é igualmente evidente que "as espécies naturais não fornecem quaisquer denominações a unidades sociais que poderiam também designar-se de um outro modo" (*ibid.*, p. 113). Pensa-se aqui nos remanejamentos tão esclarecedores do artigo de Benveniste sobre "a natureza do signo linguístico" e a questão do arbitrário do signo: se a relação entre o signo "boi" (*böf* ou *oks)* e o animal em questão é sem dúvida alguma "arbitrário", em contrapartida a escolha do significante é necessária, ou "motivada", pelo próprio fato da interdependência sistemática entre a ordem dos significantes e a ordem dos significados (Benveniste, 1966, pp. 50-51).

Lévi-Strauss encontra nos trabalhos de Firth e de Fortes materiais que permitem esboçar a ideia de que as espécies animais fornecem, pela percepção de seus traços diferenciais, meios de conceitualização das diferenças sociais, em poucas palavras, que os animais são "bons para pensar" mais do que para comer. Essa noção de percepção "intelectual" de uma semelhança ou, como dirá Evans-Pritchard a propósito da relação do boi e do pepino, de "semelhança conceitual", é ilustrada pelo laço "simbólico" entre os animais carnívoros, os "que têm presas" e a agressividade dos espíritos ancestrais nos Talensi, ou ainda pela comparação operada entre a mobilidade, a locomoção ou outro caráter saliente e as condutas atribuídas aos espíritos sobrenaturais. O problema é que as formulações que podemos encontrar na teoria indígena dessas semelhanças "salientes" continuam sendo muito globais, muito substanciais, presas na relação imaginária que o ponto de vista indígena pode projetar entre termos tomados isoladamente.

Mas, o que se trata de pensar não são semelhanças que se parecem, numa espécie de "relação em espelho", mas uma semelhança entre diferenças: "a semelhança suposta pelas representações ditas totêmicas é entre dois sistemas de diferenças" (Lévi-Strauss, 1962a, p. 116). Foi Evans-Pritchard que teve a intuição (como foi antecipado no capítulo que diz respeito a ele) dessa "homologia interna" que vai bem além das analogias externas ou das afinidades substanciais e se apoia nos "encadeamentos lógicos que unem relações mentais". É bom lembrar que a questão é bem concreta: por que os gêmeos nos nuer trazem sempre nomes de aves "terrestres"? A equação de equivalência é formulada a seu modo por Lévi-Strauss:

> Os gêmeos são aves não porque eles se confundem com elas ou porque se assemelham a elas, mas porque os gêmeos são em relação aos outros humanos como pessoas "do alto" em relação a pessoas "daqui de baixo" e, em relação às aves, como "aves daqui de baixo" em relação às "aves do alto".

Retomemos o encadeamento nos termos de Lévi-Strauss, mesmo que já tenha sido evocado:

1) No mundo dos nuer, existem duas categorias de seres: pessoas e não pessoas. As aves pertencem à categoria das "não pessoas e os gêmeos à categoria das "pessoas".

2) No mundo das pessoas, porém, esses seres singulares que são os gêmeos são pessoas "do alto", "filhos de Deus", que se distinguem das pessoas comuns, as pessoas "daqui de baixo", por esse laço de filiação metafórico com os deuses.

3) Mas no mundo das aves, que não são pessoas, há também aves do alto e aves daqui de baixo (terrestres), e nessa ordem da natureza, os gêmeos podem ser considerados "como" aves "daqui de baixo".

O laço simbólico entre os gêmeos celestes e as aves terrestres está, pois, na homologia do valor de posição de uns e de outros em cada um dos sistemas em oposição, heterogêneos em si mesmos. A equivalência do valor de posição que faz todo o valor simbólico da referência às aves não tem nada de substancial ou de intuitivo: os gêmeos e as aves não se assemelham mais do que uma xícara de chá e um gole de água do mar (como na metáfora: "beber a taça"). Mais ainda porque a relação simbólica faz intervir uma relação de inversão dos lugares (pessoas do alto/aves daqui de baixo) na tradução de um sistema num outro. Pierre Bourdieu, como muitos outros, saberá lembrar-se dessa lição estrutural em sua análise do simbolismo da casa cabila, uma vez que, também lá, a transposição do limiar que marca a passagem de um mundo exterior masculino a um mundo interior feminino trabalha num redobramento da oposição aplicada no interior do universo doméstico com uma inversão dos valores (Bourdieu, 1980).

As aparentes contradições do pensamento nuer que, supostamente, afirma ao mesmo tempo que os gêmeos são pessoas e não são pessoas, uma vez que eles "são" aves, ou ainda que eles "são" ao mesmo tempo "do alto" e "daqui de baixo", não dependem de alguma lógica da participação que faria com que, para eles, uma coisa pudesse ser e não ser, mas de uma lógica complexa do pensamento em estado selvagem que se encontra no pensamento comum de nossas sociedades.

A ampliação da perspectiva de abordagem da escolha das espécies totêmicas se faz com os dados apropriados de Radcliffe Brown (o Radcliffe Brown II, 1968) que, aliás, não tinha em mente, em sua conferência de 1951, ao contrário do que dá a entender Lévi-Strauss, a questão particular do totemismo regulada para ele desde 1920 (Rosa, 2003, p. 319). Ao contrário, é justamente ele que, por meio do outro célebre exemplo dos falcões e das gralhas, deduz o princípio geral da união dos termos opostos que preside, segundo Lévi-Strauss, a escolha das espécies: os falcões e as gralhas são percebidos na Austrália como aves carnívoras "comedoras de carne", mas essa unidade de gênero se subdivide em duas espécies opostas e complementares, os predadores caçadores e os voadores comedores de carne em decomposição. Essa ideia de que as espécies animais ou vegetais fornecem operadores intelectuais que permitem aos humanos pensar sua unidade e sua diferença, na oposição e na complementaridade, já estava no centro da "intuição bergsoniana" e das teorias da Escola durkheimiana sobre os fundamentos de uma sociologia do conhecimento, mas Lévi-Strauss faz dela a chave de uma teoria erudita do simbolismo e do pensamento em estado selvagem (1962b, p. 180).

Como já foi dito, nessa análise do esquematismo totêmico a forma é inseparável da matéria, visto que a escolha desse ou daquele animal ou planta está ligada aos traços significantes que o pensamento indígena assinala nas espécies próprias ou boas para serem pensadas. Como lembra Lévi-Strauss em *O pensamento selvagem*: "A verdade é que o princípio de uma classificação jamais pode ser postulado: só a pesquisa etnográfica, isto é, a experiência, pode desvendá-lo *a posteriori*" (1962b, p. 79). Na impossibilidade de poder interrogar diretamente os indígenas, é preciso, porém, notar que os relatos míticos fornecem uma grande parte da informação sobre as "motivações" da escolha das espécies.

Conclusão: o "religioso" ou o que resta

Além da oposição restrita entre totemismo e religião, a noção de sistema simbólico e a teoria da "função simbólica", elaboradas por Lévi-Strauss, encontraram vastas aplicações na análise dos fatos religiosos em geral: crenças, mitos e rituais. Mas "a função simbólica continua cega ao que se pôde achar que era a especificidade do religioso" (Izard e Smith, 1979, p. 12). Ela contribui para fragmentar o estudo do religioso reenviando-o à "ordem do contingente e do local, quando o simbólico, ao contrário, é marcado pelo selo do necessário e do universal" (*ibid.*, p. 13). À imagem da análise exemplar do *mana*, pode-se dizer que, para a análise estrutural, o religioso é o que resta quando o antropólogo construiu seus verdadeiros objetos: o mito, o ritual ou o parentesco. Ou o religioso – aqui as relações entre os vivos e os mortos – é resolúvel na estrutura, ou ele é estruturalmente relegado à margem.

CAPÍTULO IV
ROGER BASTIDE[1*] E O SAGRADO SELVAGEM: DO MISTICISMO AO GÊNIO DO SINCRETISMO

Entre Bastide e Lévi-Strauss

Em 1938, Roger Bastide chega a São Paulo (a convite do professor Dumas) para ocupar a cátedra de Sociologia em substituição a Claude Lévi-Strauss que estava justamente partindo em expedição rumo aos nambiquara. Esse cruzamento em um mesmo lugar que seria absolutamente decisivo para a obra de cada um, ilustra ao mesmo tempo a distância máxima de sua trajetória e de seu objeto

---

[1*] BASTIDE, Roger. *Les Religions Africaines du Brésil* (1962). Paris: PUF, 1995.

de investimento científico. Nem os meios de origem nem os dez anos de diferença etária que os separavam levavam *a priori* a esse cruzamento de suas vidas. Contudo é preciso lembrar o percurso escolar e universitário que levou ambos a titular de Filosofia. Vem depois a primeira experiência de magistério como professor de liceu, com a partida para a província (Mont-de-Marsan, Valence), com o mesmo gosto de ambos para a arte e a literatura, e as mesmas tentações para a carreira política. Mas há sobretudo aquela opção pela aventura brasileira e a "conversão" – altamente significativa para as gerações vindouras – desses jovens filósofos para a sociologia e a antropologia. Lévi-Strauss lembra que Soustelle foi o primeiro, nos anos 1930, a dar exemplo de um titular de filosofia passando para a etnologia e para o trabalho de campo nos Trópicos (Lévi-Strauss, 1988, pp. 27-28)

Esse cruzamento de destinos se renovará diversas vezes em seguida, uma vez que eles integrarão a École Pratique des Hautes Études quase na mesma data (1950 e 1951, vem acompanhado no plano pessoal de uma "boa distância".[2] Mas a divergência imediata e o afastamento manifesto dos centros de interesse científico são verdadeiramente impressionantes: de um lado, em Lévi-Strauss um procedimento quase arqueológico – Bastide fala de etnografia "proustiana" para caracterizar essa busca do "tempo perdido" da humanidade – 1956, p. 152), a preocupação de encontrar no coração da floresta amazônica os traços de sociedades indígenas ainda preservadas, com as decepções desses primeiros "índios" que são falsos selvagens (os Caingangue) e até a prova última de incomunicabilidade com o outro verdadeiramente outro, os selvagens puros (os Mundé) ameaçados de desaparecer;[3] de outro lado, uma paixão pelos sincretismos, o interesse pela sociologia das formas mais híbridas e mais barrocas da cultura contemporânea e urbana afro-brasileira. É significativo que Lévi-Strauss após seu regresso da expedição em 1939,

---

[2] Entrevista com Lévi-Strauss, apesar de Bastide declarar que ele era "muito amigo" de Lévi-Strauss (*Bastidiana*), 1994).

[3] Marcel Mauss relata em sua correspondência a propósito do projeto brasileiro de Lévi-Strauss e de sua esposa "um grande trabalho teórico sobre os efeitos do contato das civilizações europeias e americanas na América do Sul, das origens até os nossos dias" (Fournier, 1994, p. 606.) O mal-entendido será imediatamente desfeito.

não retornará mais ao Brasil – salvo pontualmente em resposta a um convite circunstancial: um retorno que o deixará totalmente deprimido ao ver a degradação da situação das populações indígenas; um desencanto profundo que já era a conclusão dominante no seu retorno da expedição aos Nambiquara.

Em seu relato no livro *Tristes trópicos*, Bastide evoca o verdadeiro desgosto sentido por Lévi-Strauss diante dos estudos consagrados à "aculturação" índia na América do Norte. De modo mais geral, Lévi-Strauss sempre colocou em dúvida a pretensão de elevar a miséria da aculturação e seus subprodutos à categoria de objeto etnológico (Lévi-Strauss, 1940). Mas é justamente esse desafio que os trabalhos de Bastide vão esforçar-se por realçar, partindo da ideia de que a aculturação, longe de ser o sintoma de uma estrutura agonizante, gera sempre um sincretismo, em outras palavras, uma criação de sentido. Poder-se-ia acrescentar ainda a falta de interesse e até o evidente mal-estar de Lévi-Strauss em relação às realidades africanas e sobretudo em relação ao misticismo e ao sincretismo dos cultos afro-brasileiros – aos quais ele jamais teve vontade de assistir. Os entusiasmos de um Bastide pelos cultos de possessão ou os relatos de infância em Cévennes de um Bastide evocando o prazer de dissecar os insetos numa espécie de jogo sacrificial o deixam sobretudo perplexo.

Pensamento da classificação e pensamento do caminhamento

A maneira pela qual os itinerários biográficos de Bastide e de Lévi-Strauss se cruzaram leva naturalmente a interrogar-se sobre os pontos de encontro ou os pontos que puderam existir entre o pensamento e a obra de cada um desses dois homens, além da distância dos objetos e dos interesses. A dissimetria da relação é surpreendente. Lévi-Strauss reconhece o gênio próprio de Bastide (impressionista e sincrético à imagem de seu objeto), e sua benevolência diante dos outros, mas ele praticamente jamais o leu. Bastide, ao contrário, leu muito Lévi-Strauss (é o autor que ele mais cita); ele sente prazer em ler suas obras e faz sistematicamente exposições críticas a respeito, de grande honestidade intelectual:

"Ninguém mais do que nós tem o sentimento da riqueza de ideias, dessa abundância de sugestões, desse emaranhado inextricável que esses livros apresentam" (Bastide, 1994, p. 129).

Ao mesmo tempo, ele prossegue constantemente com esse pensamento e essa obra um diálogo através de pessoas interpostas: Proust/Lévi-Strauss, Lévi-Bruhl/Durkheim, Leenhardt/Lévi-Strauss, Freud/Lévi-Strauss, Bergson/Kant etc. Uma maneira entre outras de evitar a explicação frontal e de dar livre curso a seu gosto pela mediação. A genealogia das oposições e as diversas identificações por filiação, às quais ele se entrega para melhor abordar os termos do debate, dependem de uma leitura quase etnológica das filosofias em oposição. Mas é também um velho hábito de titular de filosofia:

> *Mas vê-se imediatamente que é a retomada – sob uma forma nova – do velho debate entre Durkheim (teoria das classificações) e Lévy-Bruhl (teoria das participações) que renasce entre Lévi-Strauss (teoria dos sistemas formais) e Leenhardt (teoria das continuidades)* (Bastide, 1963, p. 324).

No fundo, o que está em jogo nesse diálogo (como entre Ricoeur e Lévi-Strauss) é o confronto entre duas formas de inteligência ou de pensamento, duas maneiras de compreender (Bastide fala até de "família espiritual" no relato do livro *Tristes trópicos*, 1956): pensamento heraclitiano e pensamento eleático; pensamento do caminhamento e pensamento sociomorfo; pensamento classificatório e pensamento dialético; ou ainda, como em sua homenagem a Lévi-Strauss, princípio de ruptura e "curto-circuito do pensamento".

O pensamento bastidiano é naturalmente intuitivo, em afinidade com seu objeto, mas as preocupações propriamente intelectualistas, as questões de lógica, formal e transcendental, também ocupam um grande lugar nos escritos de Bastide. É sem dúvida a maneira de pensar "o pensamento selvagem" (ou o pensamento "místico" segundo Lévy-Bruhl) que está no ponto de partida da discussão, mas o deslize do pensamento indígena para o pensamento científico ou filosófico, e inversamente, se faz espontaneamente em Bastide. Afinal de contas, não é o próprio Lévi-Strauss que admite que os desenvolvimentos eruditos em *Mythologiques*

(1964, p. 21) podem ser lidos como um prolongamento reflexivo do pensamento mítico índio? Em última análise, o debate tem por objeto a essência do pensamento, tanto do nosso como dos outros, e ele é fundamentalmente filosófico.

A apresentação dualista dos modos de pensamento e a hierarquia de valor que se prende aos polos retidos poderiam dar a entender que Bastide faz claramente sua escolha (mais ou menos como Lévi-Strauss atribui nitidamente mais valor simbólico e heurístico a alguns esquemas do que a outros). Mas Bastide é muito "duplo", se assim se pode dizer, para ser homem de um só lado, aquele que convidaria a escolher seu campo estigmatizando o outro em sua diferença. Incontestavelmente, o autor que se engaja na reabilitação do "pensamento confuso e obscuro" (o artigo mais crítico sobre Lévi-Strauss) sugere uma incompatibilidade radical, uma divergência irredutível das famílias de pensamento e recusa até as facilidades do compromisso ou as ilusões da complementaridade. Mas ater-se à ruptura entre as formas de pensamento seria justamente dar razão aos que fazem dela o próprio princípio de toda inteligibilidade: nenhuma clareza nas ideias sem nítida e franca separação.

Segundo Bastide, a artimanha está na alternativa, na qual a lógica estrutural busca encerrar-nos, particularmente em sua abordagem do pensamento mítico e religioso: seja reconhecer uma relação de oposição complementar entre o mesmo e o outro, garantia de um laço mínimo fundado na estima recíproca e na boa distância (à imagem que nos dá Lévi-Strauss de suas relações com Bastide); seja perder-se nas relações em espelho do jogo das correspondências e da lógica da participação. O percurso de Bastide visa de sua parte assumir plenamente os "curtos-circuitos do pensamento", as telescopagens e as ambivalências que dele resultam, única via segundo ele da abertura de uma categoria de pensamento sobre o outro. E esse espírito ou esse gênio da abertura, ele o coloca sob o signo de Legba ou de Exu, o Deus dos limiares e das encruzilhadas, o "lançador de pontes", mas também o *trickster*, o gênio maligno, e no Brasil o Príncipe do Mal:

> *Ao estudar o que chamamos de Deus intermediário, pareceu-nos que esse Deus era o produto, sob a forma de uma imagem, da reação do ser humano diante da atividade de sua inteligência, uma simbolização de alguns aspectos de sua razão constituinte* (Bastide, 1962, p. 77).

A figura de Exu estás no centro da homenagem prestada a Lévi-Strauss sobre os "curto-circuitos do pensamento"; ela acompanha toda a reflexão sobre o encontro dos deuses africanos e dos santos cristãos, e em seu último texto sobre "O sagrado selvagem", essa figura dupla da mensagem divina e do chefe dos demônios encarna o Deus selvagem por excelência, aquele que curto-circuita os sistemas religiosos. Exu não provoca *a priori* transe e não é chamado a possuir os iniciados, a não ser por divindade interposta, e quando Bastide vai fazer a escolha de iniciar-se, diz-se, é Xangô que se manifestará, mas ninguém duvida que o Deus que possuiu Bastide em toda sua vida foi precisamente Exu. Essa iniciação "para ver", que jamais foi comparável à de um Pierre Verger, ele fala dela de modo significativo como de uma "conversão", uma conversão menos religiosa ou espiritual que intelectual:

> *Quando digo conversão, na minha experiência, não quero dizer que me converti ao politeísmo. Quero dizer que tentei mudar minha mentalidade de modo a compreender uma outra maneira de pensar* (Rabenoro, 1999, p. 151).

Para esse homem culto, protestante e fiel ao "espírito protestante", a compreensão da religião afro-americana passava pela experiência de um verdadeiro "curto-circuito do pensamento".

Do misticismo ao sincretismo

Se o "pensamento caminhamento", do qual se reclama Bastide, pode parecer impressionista, topa-tudo e flutuante, mesmo assim é difícil negar a surpreendente continuidade de suas preocupações além das descontinuidades e da ampliação de seus centros de interesse (ver especialmente suas aberturas a respeito da psiquiatria cultural). De sua primeira obra sobre *Os problemas da vida mística* (1931) até seu último escrito sobre "o sagrado selvagem" em 1973, pode-se dizer que todo seu pensamento sobre o religioso se ordena em torno da experiência primordial do misticismo. Esse fascínio em relação à experiência mística o levará a entusiasmar-se (no sentido próprio do termo: possuído pelos deuses) pelos cultos afro-brasileiros e por seu sincretismo. Como mostra o importante artigo sobre "O sincretismo místico na América Latina" e muitas outras contribuições, a ligação entre misticismo e sincretismo não é na verdade só conjuntural, mas depende, segundo a linguagem positivista da época, de uma "lei da evolução religiosa" evocada desde sua segunda obra, *Elementos de sociologia religiosa* (1935).

O misticismo certamente não é uma característica exclusiva da experiência religiosa, e Bastide se interessará paralelamente a esse livro pelo misticismo não religioso, leigo, o que ele chama "um misticismo sem deuses".[4] Mas ninguém duvida que "o misticismo [...] está à origem da religião" (p. 12), tanto na base como no apogeu da religião. O misticismo é a experiência religiosa por excelência que, em sua forma original, é uma experiência imediata do divino, sem intermediário, uma religião vivida, feita de sentimentos e de emoções, um despojamento de si ao mesmo tempo que uma fusão com o outro. Como o dirá Bastide em seus *Elementos de sociologia religiosa* (1935), no começo existem as emoções e os sentimentos individuais originários de uma experiência espiritual que se traduzem em formas de expressão, sistemas de representações e quadros sociais que os canalizam. Indo quase diretamente da psicologia à sociologia, sem passar por uma antropologia ausente, com exceção de algumas referências etnográficas ou missionárias, a religião aparece como a "concretização do sentimento" religioso (p. 41), ao mesmo título que a magia pode ser lida como a objetivação da eficácia do desejo (p. 23).

O pano de fundo dessa abordagem do misticismo tem acentos bergsonianos (intuição negativa e elã da alma), mas o método afixado pretende ser resolutamente "positivo", mesmo que essa

---

[4] *Grande Revue*, 1931, retomado em *Le Sacré Sauvage et Autres Essais*. Paris: Payot, 1975.

abordagem se aproprie mais da psicologia do que da sociologia: trata-se de descrever "estados místicos", ao mesmo tempo na diversidade de suas espécies e em sua progressão, e de explicar esses fenômenos buscando as estruturas e as leis da experiência mística, leis que, no contexto dos trabalhos da época, aparecem antes como de ordem psicológica. À maneira de um Durkheim, precisando a situação dos fatos do totemismo, a descrição bastidiana do misticismo se dedica a uma triagem (um verdadeiro discernimento) entre as formas superiores e inferiores, essenciais e secundárias, originais e imitativas, espirituais e materiais, com o objetivo de preparar o terreno da explicação. Trata-se de separar o gênio religioso da desordem mórbida, o elã da alma e a iluminação da inteligência dos delírios sensoriais e dos automatismos do corpo, o progresso moral e as penas espirituais da regressão afetiva. Vamos deixar aos psicólogos e aos psiquiatras os "pequenos místicos da imitação", todas essas "bizarrices do êxtase" que são os transes, as visões, as glossolalias, as catalepsias, os estigmas e as levitações: "Todos esses elementos estranhos sobrecarregam como um peso morto o impulso da alma para o inefável e o invisível" (p. 62).

Segundo Bastide, os fatos religiosos primitivos do totemismo australiano têm levado Durkheim a assimilar o religioso ao coletivo e os estados místicos à efervescência coletiva, a ponto de recusar a própria ideia de religiosidade individual. Para Bastide, o método comparativo se acomoda ao privilégio concedido a momentos e individualidades fortes, como os grandes místicos cristãos. O misticismo está sem dúvida na origem da religião, mas sua essência se revela em sua forma mais acabada na mais pura ascese e síntese da contemplação e da ação.

Para esse jovem professor de Filosofia do liceu de Valence, que ainda está bem distante de sua partida para o Brasil (1938), o misticismo "puro" é antes de tudo a filosofia plotiniana do êxtase, como via do conhecimento supremo e sobretudo o ascetismo de uma ascensão que leva os grandes místicos cristãos católicos, são João da Cruz e santa Teresa d'Ávila, à noite dos sentidos e à união espiritual com Deus. Em outras palavras, o misticismo é a dilatação da inteligência adquirida por uma vontade de ferro e um firme esforço moral de aniquilação do eu: "O misticismo não é um hedonismo. Ver nele um gozo espiritual, uma sensualidade superior, é desconhecê-lo" (p. 106).

Fixando-se aos que vão sempre "mais longe" (como a santa d'Ávila), abraçando seu ponto de vista, Bastide não cessa de hierarquizar alegremente o ascetismo moral em relação aos processos artificiais da oração, a contemplação em relação ao êxtase passivo e pontual, e de buscar a síntese superior da contemplação e da ação. Os grandes místicos não são "santos que dormem" (p. 113) ou se refugiam no isolamento: Teresa ora e trabalha ao mesmo tempo.

Aliás, essa forma acabada do misticismo cristão está perfeitamente refletida, como ilustram os escritos de Teresa, a informante e experta em misticismo mais citada por Bastide. Esse estudo "positivo" do misticismo aplica um preceito retomado de H. Delacroix que admite que "as descrições de nossos místicos têm o valor de boas observações e que devemos aceitar, até provem o contrário, suas palavras e suas visões imaginárias" (citado na p. 96). A questão dessa busca de uma experiência pura do misticismo tem exatamente por objeto a questão de saber se os grandes místicos (são João da Cruz ou santa Teresa) são pessoas doentes ou não. A conclusão é clara: "o misticismo é uma luta contra a neurose, uma depuração crescente do que se mistura de fenômenos nervosos aos primeiros esforços da ascese" (p. 151), e isso com toda lucidez da parte daqueles que vivem essa tensão e esse perigo do abismo. A explicação sociológica que insiste na interiorização das imitações, das sugestões e dos constrangimentos sociais das diversas tradições eclesiásticas está, para Bastide, bem abaixo do alcance da explicação psicológica. Toda experiência mística se inscreve numa tradição, mas o que faz de um grande místico uma individualidade forte, é o movimento de negação e de superação pelo qual ele faz viver e reinventa essa tradição.

Essa busca da experiência pura do misticismo está aparentemente nos antípodas da revelação brasileira do sincretismo místico. Mas, como ilustra a maneira pela qual Bastide aborda os desafios do sincretismo brasileiro, existe no movimento através do qual ele procura compreender o que resiste à explicação, nessa intuição "negativa" no sentido bergsoniano, alguma coisa da própria realidade com a qual ele se defronta, uma espécie de misticismo epistemológico. A experiência mística está sempre além do que dela se pode dizer.

Por contraste, é preciso dizer, continuamos mesmo assim confundidos pelas poucas páginas dedicadas (em 1931) às "formas elementares" do misticismo, na ocorrência a exaltação "primitiva" da alma negra e o desencadear orgiástico dos possessos, e sobretudo pelos termos e as fontes que servem para descrevê-los (a falta de atenção voluntária, "bem conhecida" dos missionários?). Daí a assimilá-los em última análise, pura e simplesmente às crises dos neuropatas da Salpêtrière, basta um passo. Pode-se avaliar melhor o interesse do desvio antropológico que levou Bastide a consagrar sua obra futura em insistir na regra e no controle que presidem o encontro extático entre os deuses e os humanos, especialmente no seio dos cultos de possessão, e a estigmatizar tanto a mitologia durkheimiana da efervescência primitiva incontrolada, como a assimilação do transe à histeria. Voltando ao capítulo de *O sonho, o transe e a loucura*, consagrado às "formas elementares do misticismo", em 1931, Bastide reconhece que naquela época ele não as conhecia "diretamente pela pesquisa de campo" e chega a sugerir que sua partida para o Brasil tinha por objetivo a abordagem comparativa dessas formas através do estudo das "crises de possessão afro-americanas" (Bastide, 1972, p. 56). Mas pode-se chegar mais longe e falar a esse respeito de uma espécie de retorno do reprimido. Num pequeno artigo complementar à obra de 1931, escrito no mesmo ano,[5] Bastide retorna à contribuição decisiva do protestantismo na tradição mística (ele não teve lugar para falar disso no livro). Mas como observaram alguns comentaristas de sua obra, o protestantismo cevenol dos "pais" de Bastide caracteriza-se pela forte presença, nos períodos de crise, do profetismo místico de seus pregadores, dos "profetas protestantes" inspirados por Deus, cuja linguagem corporal passava pelo transe, pelas convulsões e tremores (Rabenoro, 1999, p. 144; Vidal, 1983). Esse misticismo protestante, "bíblico, profético e utilitário", sem dúvida não é da mesma natureza que o misticismo sensual dos possessos do candomblé da Bahia, mas ele participa também de uma mística do corpo, no centro da religião "encarnada", à qual Bastide permaneceu ligado, e faz a ponte com a liturgia dos corpos regulada

---

[5] Mysticisme et Protestantisme, retomado em *Bastidiana*, n. 25-26, pp. 11-14.

das possessões brasileiras. Em *O sagrado selvagem*, meio século depois, ele faz claramente a ligação entre o transe domesticado do candomblé e o retorno à inspiração divina, às línguas extáticas do "pentecostalismo" protestante que restituem o direito de cidade aos carismas da Igreja "primitiva" (1975, p. 226).

O sincretismo ou a "descontinuidade contínua" das formas

Em *Elementos de sociologia religiosa* é que aparece a noção de sincretismo que exercerá um papel central em sua obra. Duas ideias de passagem:

1) é o "sincretismo social" oriundo do comércio e da miscigenação étnica, racial ou social que suscita muitas vezes um sincretismo religioso que é apenas seu reflexo (1997, p. 131);

2) mas a mistura das religiões, como observam Hubert e Mauss, se opera sobretudo por meio dos "cultos especiais" do tipo cultos de mistério, cultos de possessão dos "negros da Bahia" ou confraria de iniciados e assembleias de convertidos, que constituem pontes entre os sistemas e geram "tipos religiosos inéditos" como o exemplo citado do caodaísmo, uma síntese asiática de três religiões.

A questão do sincretismo tanto faz referência a "tipos religiosos inéditos" como a uma lei da evolução religiosa, também evocada por Hubert. A lei do sincretismo afirma que "as religiões se desenvolvem por um progressivo esforço de síntese que corresponde à unificação crescente dos agrupamentos dos quais elas constituem o vínculo espiritual" (*ibid.,* p. 197). Mesmo que essa síntese progressiva seja pensada como submissa a uma "espiritualização moral", na verdade é em termos de processos que o sincretismo é apreendido.

Se aceitamos tomar uma decisão entre esses primeiros escritos anteriores à experiência brasileira e o último texto sobre o "sagrado selvagem" (como nos convida Henri Desroche), podemos medir o caminho percorrido com o cuidado de ligar a problemática do misticismo sempre presente com a do sincretismo. A tese central sempre continua sendo a de uma tensão entre a experiência religiosa espontânea (o entusiasmo sagrado) e suas formas coletivas instituídas e domesticadas, em poucas palavras, de uma dialética do instituinte e do instituído (Mai 68 e Castoriadis seguiram esse caminho). Mas cinquenta anos depois, é claro que o sagrado selvagem dos "selvagens" já está muito mais domesticado, muito mais controlado (com graus entre os espíritos índios e os espíritos africanos, entre o candomblé e a macumba), e que o sagrado domesticado dos civilizados é constantemente suscetível de "reenselvajar-se". A lei das dinâmicas religiosas (como ilustram os profetismos ou os despertares protestantes) é a lei da "recaída" do elã místico no sociológico: "a religião se desenvolve a partir dessa recaída como instituição de gestão da experiência do sagrado" (1975, p. 225) ou ainda: "Toda Igreja tem sem dúvida suas místicas, mas ela desconfia delas" (*id.*).

É nessa tensão dialética entre o instituinte e o instituído que intervém o sincretismo como "descontinuidade contínua", como compromisso entre memória coletiva das formas antigas e imaginação criadora, e como arte de gerir os contraditórios ao nível das pessoas. Doravante a ideia adquirida é que o instituinte opera sempre a partir dos elementos de uma experiência pré-instituída, já dados ou recuperados:

> Aqui como no mundo kantiano, é impossível ao indivíduo atingir o númeno (diríamos o sagrado em estado puro, em sua transcendência absoluta); ele se amolda, desde que o apreendemos, seja através do corpo, seja através do espírito, nas formas arquetípicas que nos são constitutivas. Portanto, não pode haver instituinte para o ser humano senão já – e desde o começo – instituído (1975, p. 235).

É a constatação que fará a ligação com a noção de pré-constrangimento do paradigma da bricolagem como via da "reelaboração das formas".

A obra desse homem de origem protestante, fascinado pelo "sagrado selvagem", tem decididamente uma dimensão, se assim se pode dizer, "profética" (uma das dimensões entre outras, segundo ele, do misticismo) em relação às formas da religiosidade contemporânea. Vamos assinalar efetivamente o laço que ele introduziu desde 1931 e retoma cinquenta anos depois entre os recursos que oferecem, em matéria de gestão da mudança na continuidade, tanto o retorno às formas arcaicas de expressão dos cultos de possessão transplantados fora da África, como os despertares protestantes que reatam com os "carismas explosivos" da Igreja primitiva, dom das línguas e profecia. Pode-se ler desde as primeiras páginas de *Problemas da vida mística* que "o cristianismo nasceu da efusão do Espírito de Pentecostes" (1931, p. 12), uma efusão que renasce regularmente por ocasião dos despertares protestantes e que não é sem ressonância com o desenvolvimento dos pentecostalismos de hoje, evocados em *O sagrado selvagem*. O que diriam os sociólogos das religiões atuais se fossem confrontados com essa ideia formulada como conclusão desde os anos 1930: será que o misticismo aparece como um verdadeiro desafio lançado à sociologia, uma vez que ele é geralmente concebido como a "forma mais elevada do individualismo religioso" (1931, p. 197)?

Os paradoxos de um sincretismo das formas

A obra de Bastide, toda ela consagrada ao estudo dos cultos afro-brasileiros, está aí para testemunhar um caminhamento exemplar que não acaba de percorrer um a um os diversos modelos de inteligibilidade disponíveis sem poder realmente fixar-se num só. Conservar, apesar de tudo, o termo sincretismo, se não for possível substituí-lo por um outro mais erudito, é uma maneira de constatar legalmente essa irredutibilidade dos processos em questão. Será que os termos da sociologia ou da antropologia (hábito, totemismo, fetichismo, paganismo) não têm na maioria esse caráter estenográfico que lhes permite ocultar uma pluralidade aberta de esquemas operadores de inteligibilidade?

O verdadeiro problema do questionamento das lógicas de interpretação das culturas não se situa tanto ao nível do que Bastide chamava "sincretismo material" – digamos o modo de agenciamento dos materiais ou a dosagem dos elementos substanciais das culturas em oposição, um sincretismo "elementar" no qual se acomodam muito bem os juízos de valor opostos que acompanham o uso do termo – como ao nível do que o mesmo Bastide chamava "aculturação formal" –, em outras palavras, a eventualidade de um sincretismo das formas (1970a, p. 137). O conceito de "forma" retomado aqui da *Gestalttheorie*, não deve ser compreendido em seu sentido morfológico habitual, como forma de expressão das significações culturais, mas na definição própria à tradição neokantiana: formas de classificação, categorias do entendimento e sobretudo formas simbólicas segundo a terminologia de Ernst Cassirer, ou seja, princípio constituinte de um universo de sentido.

Mas, apenas evocada, essa possibilidade de um "sincretismo formal" se revela um verdadeiro desafio de pensamento. Ela é quase impensável no que diz respeito aos paradigmas de tipo estruturalista, para os quais o sentido nasce da diferença. O trabalho sincrético se choca aqui com o princípio de descontinuidade que comanda a própria definição dos sistemas simbólicos e de sua transformação. Essa não é possível, na forma canônica constituída pela inversão dos valores, a não ser pelo jogo dos desvios diferenciais; e ela só é pensável por meio das invariantes estruturais que tornam inteligível a lógica das variantes. O enfraquecimento das oposições distintivas leva diretamente à morte da estrutura, e a mistura indiferenciada das formas que ameaça a humanidade, retira, segundo Lévi-Strauss, toda fecundidade à famosa "coalizão das culturas" (1973, p. 418). A propósito das monografias sobre a aculturação, Lévi-Strauss admite de fato que "essa conciliação entre atitudes contraditórias que se busca em racionalizações de um sincretismo elementar" (Lévi-Strauss, 1940, pp. 335-336)[6] tem uma dimensão realmente patética. Mas sua existência sociológica não basta, a seus olhos, para manter o interesse de uma etnologia dedicada ao estudo das culturas e da cultura, concebida como sistema, e não à maneira pela qual uma cultura se desfaz e se decompõe em atitudes elementares. Se os estudos sobre a aculturação apresentam um interesse teórico, em última análise, é porque elas nos informam sobre a "patologia" das culturas e não sobre sua "genética":

---

[6] Esses propósitos são evidentemente datados e circunstanciados, mas eles traduzem uma posição fundamental sobre a questão da equivalência dos objetos (a sociedade mais bem preservada comparada ao "grupo decadente") que se encontra nos discursos posteriores de defesa da integridade etnológica.

como aliás se diz, a doença teria apenas um rosto, sejam quais forem as culturas de origem. Numa palavra, o sincretismo não assume o contraditório, a não ser porque ele regride ao elementar.

Para os paradigmas de tipo continuísta, o problema de um sincretismo das formas é de fato um falso problema ou um artefato do pensamento diferencialista. A partir do momento em que se postula, por exemplo, que todas as religiões haurem numa mesma matriz categorias de pensamento e símbolos, a problemática do trabalho sincrético, concebido como diálogo, confronto ou compromisso dialético entre as formas, aparece como o último avatar de um pensamento descontinuísta que não pode pensar a mistura, a mestiçagem ou a mixagem, senão a partir de sistemas de sentido colocados de saída como distintos (cristianismo *versus* paganismo). Propondo o sincretismo como um dado primeiro do qual se deve partir, uma espécie de caixa preta, não se dispensa ter de pensar o trabalho de esquemas simbólicos ou de categorias de pensamento sempre arbitrários para concentrar-se nas estratégias de diferenciação ou de estigmatização dos outros (pagão, cristão etc.) e suas questões políticas.

Todos os modelos de inteligibilidade dos processos sincréticos se baseiam na verdade numa dialética da continuidade e da descontinuidade que nenhum dos paradigmas pode ignorar. Desdenhando a diversidade das situações históricas e culturais, Bastide percorre pelo menos quatro tipos de paradigmas em sua abordagem das lógicas do trabalho sincrético. De modo significativo, todos esses paradigmas têm a tendência de dissolver seu objeto no próprio movimento pelo qual eles se esforçam por pensá-lo. Daí uma instabilidade profunda de cada um desses paradigmas e uma oscilação sem dúvida inevitável que levam, diante de uma produção sincrética qualquer, a vacilar de um ao outro.

O molde da reinterpretação

O primeiro paradigma da sincretização, aquele que vem primeiro à mente quando a pessoa se esforça para pensar o sincretismo, é o da reinterpretação associada à metáfora bem conhecida do molde. Esse conceito tem pelo menos o mérito de romper com uma concepção "elementar" do sincretismo lembrando que os "elementos" de uma cultura não são simples, mas duplos, à maneira dos elementos da língua que associam uma forma e um sentido. Toda a tradição antropológica, e mais particularmente Herskovits e Bastide, insiste no fato de que não há sincretismo sem reinterpretação, isto é, sem apropriação dos conteúdos culturais exógenos por meio das categorias de pensamento da cultura nativa. O conceito de reinterpretação se presta a múltiplas leituras, semiológica ou hermenêutica, explorando quer os desacordos e as combinações entre significante e significado (a alteração), quer os deslocamentos do valor de desvio dos significantes (reavaliação), quer os recursos do duplo sentido (retomada interpretante). As leituras instrumentais ou estratégicas em termos de "reemprego" dos meios disponíveis (matérias, ferramentas) para fins novos são moeda corrente. Mas a pertinência da reinterpretação para uma leitura das mudanças culturais e especialmente dos sincretismos, certamente depende de uma espécie de ambiguidade estrutural.

Na versão semiológica desse processo que conseguiu impor-se no quadro da antropologia bastidiana das interpretações de culturas, a reinterpretação tem efetivamente uma dupla face: ela designa tanto o investimento de um significante tomado de empréstimo a uma cultura exógena por significações próprias à cultura nativa; como o processo inverso, a retomada de significantes próprios a uma tradição a serviço de significações novas. Para evocar o exemplo clássico do encontro entre os deuses-gênios africanos e os santos católicos, no terreno afro-brasileiro, pode-se compreender, ou que a figura de Santo Antônio se vê investida dos atributos e das funções do deus-gênio africano, ou que o Legba daomeano é reinterpretado a partir das categorias do culto dos santos, o que não tem absolutamente o mesmo sentido. Essa ambiguidade é, no entanto, essencial para as estratégias políticas ou religiosas: ela dissimula sob um mesmo vocábulo todas as formas de artifício semântico que manejam sutilmente a continuidade e a descontinuidade em matéria de mudança cultural. Se o primeiro procedimento pode mascarar, por trás da novidade ostentatória da figura emprestada, uma fidelidade profunda às tradicionais categorias de pensamento, o segundo dissimula, por trás da continuidade das figuras, um deslize de sentido inteiramente significativo.

A questão crucial que se coloca nas situações de interação cultural, levando em conta os riscos procedentes das más interpretações e os mal-entendidos que estão em jogo na assimilação do outro a si mesmo ou de si mesmo aos outros e, por conseguinte, a questão crucial da eventualidade de colocar em perigo categorias de pensamento ou de uma refundição do molde. Para compreender isso, é preciso integrar o fato de que, via de regra, a emergência dos sincretismos (cultos ou religiões sincréticos) não precede, como se poderia logicamente supor, a fase de "conversão em massa" às religiões missionárias, mas ao contrário lhe sucede; o que faz com que se assista a uma espécie de contradança ou troca recíproca entre o movimento de redescoberta dos fragmentos esparsos de uma tradição perdida, e o movimento da apropriação sempre fragmentária das categorias da religião missionária. Essa situação de entredois cultural, onde se encontram os fundadores de culto e seus fiéis, obriga a pensar o trabalho sincrético como um entrecruzamento simultâneo dos significantes de uns com os significados dos outros (Legba é habitado por Santo Antônio e Santo Antônio é revisitado por Legba), que semeia a discórdia nas categorias semânticas próprias a cada uma das tradições religiosas em oposição.

Apesar disso, o que faz a força do modelo da reinterpretação, além do pequeno jogo do significante e do significado, é que ele pressupõe uma matriz cultural suficientemente flexível para digerir todo aporte estrangeiro e encontrar nela mesma o que faz sentido para os outros, quer se trate do sentido do mal, do sentido do sagrado ou do sentido de si mesmo. A plasticidade das culturas pagãs não acabou de encantar os antropólogos, sua tolerância e sua superabundância comprovam apesar de tudo uma profunda fidelidade a si mesmo. O etnólogo missionário Sundkler, confrontado com o sincretismo das Igrejas sionistas da África do Sul, retomará espontaneamente a fórmula *"New Wine in Old Wineskins"* ("Vinho novo em odres velhos"). Estigmatizando os usos do conceito de reinterpretação, o autor da célebre obra sobre *As religiões africanas no Brasil* (o título suscitou muitos debates) sublinha até que ponto ele tende a consagrar a ideia de uma "dupla indissolubilidade das mentalidades, além das aparências" (Bastide, 1970, p. 139). Bastide instigou a impertinência até sugerir que esse pressuposto – talvez inerente ao modo de proceder etnológico – poderia ser apenas uma ideologia de branco invertida, transformando o discurso colonial sobre a incapacidade dos negros para pensar como um branco num elogio da resistência cultural deles. O sucesso da fórmula do "sincretismo de máscara" que permite ao antropólogo encontrar além do mal-estar que manifestações culturais híbridas podem suscitar, uma cultura autêntica que tenha feito a opção estratégica da clandestinidade, pode suscitar as mesmas interrogações. Devemos, afinal, excluir que a máscara dos santos católicos (considerando a máscara como a metáfora complementar e inversa do molde) pode triunfar do rosto dos deuses africanos, ou será que podemos dizer que a máscara pode com o tempo remodelar o rosto?

O demônio da analogia

O segundo paradigma depende desse demônio da analogia que zomba das fronteiras entre sistemas culturais, e pratica alegremente a semelhança global e a abstração incerta. O engodo da redescoberta do outro em si mesmo ou de si mesmo no outro se nutre das relações imaginárias entre as crenças (reencarnação e ressurreição), as figuras (deuses-ancestrais e santos) ou as formas rituais (rito iniciático e rito batismal). As relações em espelho, para escorregar para uma outra metáfora corrente, estão no princípio do que se batizou às vezes de lógica das correspondências, podendo a noção pseudoerudita de "correspondência" ser compreendida nos termos mais elaborados de equivalência funcional ou de homologia estrutural, mas também nos termos de uma mística da participação.

O terreno afro-brasileiro mostra que a analogia imediata e parcial entre tal santo católico e tal deus do panteão africano se baseia primeiramente na seleção aproximativa desse ou daquele traço significante, considerado por ele mesmo. Se Legba pode ser identificado com São Pedro no Rio Grande do Sul, com Santo Antônio no Rio ou ainda com Lúcifer na Bahia, é que as múltiplas facetas da figura africana fazem dele uma matriz simbólica profundamente disponível: São Pedro faz eco ao Legba porteiro e guardião das entradas; Santo Antônio, no meio das chamas, ilustra o controle do fogo do Deus solar; enfim, Lúcifer por seu aspecto cornudo e sobretudo sua malícia, evoca os caprichos e as exigências de Legba em matéria de sacrifício. A identificação das figuras, fundada na semelhança de atributos substanciais, se estabelece com base numa espécie de miopia estrutural em relação ao culto católico dos santos, mas acontece que a linguagem das "correspondências" sugere uma espécie de equivalência funcional dos deuses e dos santos, apoiando-se numa homologia postulada entre os dois sistemas religiosos. Assim os escravos africanos teriam encontrado nos santos esse estatuto de "intermediários" entre os humanos e o Deus longínquo que os deuses, gênios ou espíritos ancestrais, por sua vez, sempre teriam assumido. O Deus-ancestral africano assim promovido pelo desvio de sua identificação ao santo católico, à categoria de força de intercessão ou de mensageiro da vontade divina, é finalmente integrado no "culto dos intermediários", supostamente universal.

Na verdade trata-se de um belo exemplo de produto sincrético erudito caucionado em parte por Bastide. O Deus cósmico e longínquo dos panteões africanos em geral é tão indiferente à sorte cotidiana dos humanos que a ideia de travar uma relação cultual com ele, de dirigir-lhe preces, é algo impensável. Quanto aos deuses-ancestrais, se alguns (como Legba) assumem um papel de intérprete e de mensageiro entre os humanos e os outros deuses, esses não são em nenhum caso "intermediários" da divindade suprema; o poder de divinação deles e sua eficácia terapêutica vêm de uma força autônoma, relativamente indiferenciada, cujos efeitos são ambivalentes. Por outro lado, o que dizer da distância cultural que separa a relação de intimidade e de identificação pessoal que o fiel católico mantém com um "santo homem" falecido, que se tornou "amigo de Deus", humilde servo da vontade divina e depositário de sua graça, e a relação funcional, fundada na possessão e no sacrifício, que os iniciados engajam com figuras geralmente não humanas? É tomando toda a medida dos desvios entre os sistemas de relações que se travam inicialmente entre os humanos e os deuses no seio de cada cultura religiosa que se pode explicar reavaliações do valor de posição dos termos nas situações de entredois cultural.

Dessa maneira, o caráter cego do conceito de reinterpretação é acentuado pelo demônio da analogia, visto que é próprio de sua força praticar a indistinção dos pontos de vista ou dissimular o ponto de vista que comanda a colocação em correspondência dos sistemas em oposição. As reconstruções que nos são propostas pela "teoria das correspondências" retomada por Bastide são exemplos típicos do que Marshall Sahlins chama de lógica da "má interpretação construtiva", onde se entrecruzam a interiorização das categorias de pensamento do outro e a redescoberta de sua própria cultura (Sahlins, 1979): reinterpreta-se sub-repticiamente a própria tradição a partir das categorias do outro para arranjar uma espécie de encontro providencial entre duas culturas originais. Daí o abandono da linguagem política da resistência cultural e das categorias do conflito, caras a Balandier, em benefício do elogio do "casamento das culturas", para o qual Bastide colaborou muito.

Os discursos religiosos tradicionalistas têm a arte de confundir as pistas e de fazer emergir, por meio da retomada interpretante, as significações novas do superávit de sentido contido nas reservas simbólicas da tradição: um sentido que se anunciava estava aí e só esperava o pretexto de um encontro para aceder a si mesmo. O discurso dos Christs negros do Congo (Bastide, 1972, Prefácio a Martial Sinda) faz constantemente apelo aos procedimentos da virada do fundo contra a forma, do espírito contra a letra, opondo dessa vez o sentido "verdadeiro" da mensagem bíblica (mensagem de amor, de justiça e de igualdade) à leitura que a palavra dos brancos lhes impunha. Somando os benefícios da fidelidade à tradição viva africana e o efeito de anúncio de um despertar da consciência cristã, o discurso profético ou teológico africano se deu bem com o golpe de gênio de impor a ideia de que os valores autênticos da sabedoria africana são a chave de uma espécie de presciência do sentido original da mensagem cristã. Ninguém pode negar que esses "mal-entendidos produtivos" (*working misunderstanding*), para retomar os termos de Sahlins, desempenharam um papel decisivo nas leituras africanas da mensagem cristã.

O princípio de ruptura

No pensamento de Bastide, a lógica das correspondências não implica identificação: os negros do Brasil participam de duas culturas ao mesmo tempo opostas e justapostas. Eles vão ora à missa e ora ao candomblé, e não veem por que se deveria decidir que a entidade que vem habitá-los por ocasião das sessões de possessão, seja ela um Deus ancestral ou um santo, "participe" dos dois estatutos, ela é uma e dupla. A lógica da participação, em sua versão bastidiana, associa a correspondência à compartimentação das esferas da existência ou dos universos lógicos. O terceiro paradigma bastidiano do trabalho sincrético faz assim apelo ao "princípio de ruptura" que permite a alternância ou a coabitação, num mesmo indivíduo ou no seio de uma mesma cultura, de lógicas ou de categorias de pensamento em si mesmas incompatíveis e irredutíveis. A metáfora da ruptura e a lógica paradoxal evocada por ela constituem sem dúvida a expressão mais radical da recusa de ligar o sincretismo a uma preocupação da integração ou a uma política da síntese. A sobrevivência simbólica das populações dominadas passa aqui pelo jogo do duplo entendimento ou das estratégias da acumulação mágico-religiosa. Essa forma de indocilidade pagã que ignora a alternativa da resistência ou da conversão ao outro, converge surpreendentemente para a recusa pós-moderna da necessidade de uma superação das oposições ou mesmo da positividade da contradição.

Contudo, a incerteza ainda está perfeitamente presente nessas figuras do desdobramento (dos deuses, da pessoa, do mal) que autorizam tanto a coabitação tranquila dos contrários, a lógica puramente adicional da acumulação, como a oscilação sem fim entre os pontos de vista ou a ambivalência das atitudes. Efetivamente, como não reconhecer nessa matriz cultural – que adiciona os deuses como ela compõe sem problema as múltiplas dimensões da pessoa, nesse bom uso da ambivalência que se acomoda à coexistência dos contrários – uma profunda continuidade estrutural em relação às lógicas simbólicas do "paganismo"? A expansão dos cultos de possessão, de caráter sincrético ou não, no seio das sociedades do terceiro-mundo, está muitas vezes ligada aos recursos terapêuticos oferecidos pela encenação do desdobramento da personalidade. Será que essas "zonas de ambivalência", à margem do mundo da vida cotidiana, não permitem gerir os conflitos de identidade que fazem os indivíduos sofrer na sociedade global "rompendo os contrários", segundo a feliz expressão de Bastide (1972)? O princípio de ruptura acaba nesse caso por depender de uma lógica diferente, mística ou africana, e o gênio do sincretismo se confunde então com as virtudes de tolerância das culturas pagãs.

A dialética do desdobramento pode, todavia, levar a formações de compromisso relativamente estáveis que se baseiam num verdadeiro encaixe dos esquemas em oposição e numa organização dos níveis de integração. Segundo uma lógica chamada por Louis Dumont de "englobamento do contrário" (1966, p. 397), o desdobramento das categorias indígenas do divino ou do mal permite salvar a ambivalência cara às religiões tradicionais, assimilando ao mesmo tempo o dualismo hierárquico da religião missionária. Em sua análise do sincretismo polinésio, A. Babadzan (1982) mostra como a integração do dualismo do Bem e do Mal a uma visão do mundo, fundada inicialmente na oposição do *po* (o domínio invisível dos ancestrais e das divindades) e do *ao* (o domínio visível dos humanos), provoca uma refundição do conteúdo de todas as categorias. O *ao* compreende daí em diante o tempo inaugurado pela conversão ao cristianismo e o mundo que provém da nova aliança entre Deus e os cristãos vivos; o *po* corresponde ao tempo e ao mundo do passado ancestral, o das divindades pagãs e dos mortos. A polarização do mundo em termos de Bem e de Mal e a reversão de valor que afeta cada uma das categorias não impedem a ambivalência original do *po* de reconstituir-se a um nível hierárquico inferior: o mundo do *po* continua sujeito à dupla influência dos *tupapa'u*, os mortos errantes, nem bons nem maus, que aguardam a libertação, e dos *varua'ino*, os espíritos maus, indiscutivelmente agressivos. Nessa vasta recomposição do mundo, o valor de posição de cada categoria de seres (e inclusive Deus) se encontra profundamente modificada, e a questão de saber se essa nova tradição é de essência cristã ou polinésia é literalmente indecidível.

A bricolagem

Se a dinâmica do processo de sincretização conseguiu de fato contornar o princípio da descontinuidade das formas, caro ao estruturalismo, foi explorando o fato de que toda matéria simbólica, todo elemento substancial sendo o objeto de um empréstimo ou de uma retomada, já é informado. Portanto, o paradigma mais elaborado do sincretismo se baseia no que Bastide (1970, d, p. 147) chama dialética da matéria e da forma:

> *A aculturação material pode certamente agir analiticamente, rompendo os complexos culturais para neles operar escolhas, aceitar elementos e rejeitar outros; cada um desses elementos guarda sua coloração e sua força dinâmica do complexo cultural; o valor ocidental tomado de empréstimo (ou a categoria indígena retomada) tenderá a reconstituir no interior da psique a organização mental que ela exprime.*

Bastide encontra aqui os recursos do paradigma ou da metáfora da bricolagem mítica inventada por Lévi-Strauss. O sucesso dessa metáfora da bricolagem pôde fazer esquecer a ideia central da qual ela era portadora: a matéria simbólica recuperada pelo bricolageiro é marcada por seu uso anterior; ela é pré-coagida, quer dizer que ela conserva em parte a lembrança de seu valor (no sentido saussuriano do termo) e impõe à configuração, na qual ela se integra, efeitos de sistema que podem desembocar numa recomposição inédita. Além da simples continuidade estrutural ou das vias duvidosas de uma hibridação das formas simbólicas que trai, muitas vezes, segundo Lévi-Strauss, o enfraquecimento de uma estrutura agonizante, há, pois, lugar para transformações intermediárias, nem "fortes", nem "fracas". Lançando a ideia de que "o próprio do pensamento mítico, como da bricolagem no plano prático, é elaborar conjuntos estruturados não diretamente com outros conjuntos estruturados, mas utilizando resíduos e dejetos de acontecimentos" (Lévi-Strauss, 1962b, p. 32), Lévi-Strauss retorna ao princípio, já muitas vezes enunciado, segundo o qual a gênese de uma estrutura não pode ser concebida a não ser a partir de uma outra estrutura, e reconhece por isso mesmo uma espécie de poder que opera na matéria simbólica.

Bastide nos forneceu uma ilustração exemplar dessa dinâmica da bricolagem em sua análise das metamorfoses brasileiras de exu, uma espécie de *trickster* africano assimilado, em alguns lugares cultuais, à Satã. Cada figura divina constitui de fato um feixe de traços diferenciais suscetível em atrair outras figuras em sua dinâmica. No começo, Satã se encontra preso nas malhas da figura africana: a sedução de sua malignidade, que faz eco aos caprichos e à esperteza da potência protetora de exu, prevalece sobre o princípio de sua malvadez radical. A miopia estrutural em relação ao sistema de crenças do catolicismo lusófono, que torna possível esse empréstimo fragmentário, é de fato totalmente relativa uma vez que, num sentido, ela revivifica a ambivalência da figura diabólica do cristianismo popular. Note-se de passagem que as culturas africanas não têm o monopólio da plasticidade e que cada religião encontra na outra, na falta de uma correspondência, um eco de suas próprias ambiguidades. Mas ao ligar sua identidade ao Príncipe do Mal, exu assumia o risco de colocar em perigo categorias de pensamento das quais ele era portador. Progressivamente, o dualismo do Bem e do Mal trabalha no corpo a ambivalência do *trickster* que não salva seu ser senão apostando em suas múltiplas facetas. Ser uno e múltiplo, ele se torna o chefe rebelde de um mundo de espíritos, ao mesmo tempo bons e maus; ser do interior e do exterior, ele está do lado dos espíritos guardiões, protetores benevolentes dos lugares e dos corpos, e do lado dos espíritos prejudiciais que vêm do outro lado. A influência das oposições hierarquizadas (superior/inferior, espiritual/material, luminoso/tenebroso) que estruturam o novo mundo dos espíritos, na macumba ou na nova religião da umbanda, leva sem dúvida à decomposição da figura africana, mas talvez também à sua recomposição. É difícil dizer se a máscara de Satã triunfa definitivamente do rosto de exu e se "a bricolagem que está em vias de fazer-se" para retomar uma expressão de Bastide, desemboca numa síntese acabada.

A noção capital de pré-constrangimento ou de pré-marcação remete, como o viu bem Bastide, a uma problemática da memória coletiva e mais exatamente da memória "em migalhas" que decide sobre as condições da retomada dos restos e dos fragmentos provenientes da tradição nativa (Bastide, 1970a). Não há memória dos "elementos" como tais, independente das marcas que eles deixam nos corpos e nos espíritos dos sujeitos desarraigados. A bricolagem supõe também que os empréstimos às tradições importadas não se operem numa total miopia estrutural em relação às configurações de sentido. Daí o papel essencial dos personagens do entredois, como esses profetas bricolageiros da África, muitas vezes ex-catequistas ou ex-seminaristas. Pode-se compreender que a presença ou a ausência dessas duas condições decida sobre a sorte desse paradigma. A atividade de bricolagem pode, portanto, restringir-se a uma simples colagem de restos e de fragmentos, numa palavra, voltar a essa lógica de reunião que se baseia num sincretismo "elementar", sintoma da morte da estrutura ou de um desespero do sentido.

Nenhum dos paradigmas evocados se atém à ideia primeira da mistura ou da fusão indiferenciada dos elementos. Poderíamos sem dúvida dar um lugar nesse sentido à metáfora sedutora da mestiçagem das culturas que coabita muitas vezes sem problemas com a da montagem ou da bricolagem. A metáfora da mestiçagem não contribuiu, porém, na elaboração de um paradigma erudito. Talvez porque o encantamento que ela suscita evacua mais depressa todas as tensões, os mal-entendidos e as ambivalências que são inerentes à própria situação das populações mestiçadas. No gênero, pode-se preferir a metáfora mais recente a conotações mais sábias de hibridade que têm pelo menos o interesse de evocar um produto sintético que conserva a lembrança da heterogeneidade das espécies ou das naturezas que entram em sua composição e da incongruidade de seu cruzamento. Mas a escolha das palavras também é uma questão de luta simbólica: cada um dos termos que pertencem doravante ao campo semântico do sincretismo (bricolagem, mestiçagem, hibridade, ou ainda crioulidade) é o objeto de elaborações eruditas sucessivas visando ultrapassar suas conotações imediatas e a desenvolver, como fizemos, o espectro dos paradigmas que se afrontam sob as palavras. Não é de surpreender que, nessa luta pelas palavras e nessa disputa sobre as metáforas, o sincretismo, mais uma vez, sirva de repulsor.

Cada um dos modelos retidos por Bastide é de uma certa forma uma figura da reinterpretação que é por natureza profundamente instável e disponível para todas as manipulações, ou todas as bricolagens. À maneira das formas ambíguas da *Gestalttheorie* que podem ser objeto de duas leituras diferentes, segundo o quadro de referência ou o ângulo adotado, os esquemas mobilizados pelo trabalho sincrético dão sempre a impressão de prestar-se, eles mesmos, a uma espécie de "duplo entendimento". Um procedimento retórico como o do desdobramento de uma figura divina ou de uma categoria de pensamento do mal pode sempre ser lida ou como triunfo do dualismo hierárquico do pensamento cristão, ou como uma astúcia última da cultura pagã. Como o ilustra a possibilidade de revisitar uma mesma produção sincrética, no caso o culto dos santos afro-brasileiros, pelo recurso a paradigmas distintos, mas não incompatíveis, é preciso admitir que a complexidade do trabalho sincrético incentiva o recurso a um pluralismo dos esquemas de inteligibilidade que administra oscilações controladas entre paradigmas ou permite a retificação de um pelo outro. O analista de tal formação sincrética, como o era Bastide, deve evitar as armadilhas ao pensamento da superação dialética e da síntese acabada, mas também o fetichismo da ambivalência ou as facilidades de uma lógica dual, novas versões do exotismo. Longe de ser destinado à recusa da síntese, o trabalho sincrético pode facilitar transições ou conduzir a formações de compromisso relativamente estáveis que se baseiam num verdadeiro entrelaçamento dos esquemas em oposição.

As translógicas de Roger Bastide

Para esse protestante natural de Cévennes, "convertido" (e mesmo iniciado) às forças da ambivalência da possessão, a antropologia religiosa foi um convite a uma espécie de relativismo cognitivo ou de ecumenismo epistemológico que transcende as disciplinas. É também o paradigma de um percurso compreensivo da experiência vivida dos sujeitos, no próprio espírito do percurso fenomenológico, nos antípodas da tentação reducionista e objetivista das explicações sociológicas. A referência a essa ponte, a esse papel de engrenador da antropologia cultural, sempre esteve no centro do caminhamento de Bastide. Nas homenagens que lhe rendeu seu grande amigo Henri Desroche, a referência à antropologia se esclarece de uma outra maneira:

> *Ele mesmo havia descoberto sua súbita paixão iniciatória ao candomblé; e de* antropólogo explicitamente cultural *ele se tornou alguém como um* antropólogo implicitamente cultural. *Porque, segundo ele, esses cultos de transe ou de possessão, se realmente devêssemos explicá-los (alusão ao procedimento durkheimiano), seria necessário também compreendê-los e até, em última análise, saber vivê-los ou viver deles. Daí sua antropologia "aplicada", sem dúvida, mas também, em filigrana dessa,* uma antropologia implicada.[7]

Essa sensibilidade antropológica é precisamente o que também Henri Desroche buscava em sua relação iniciática e utópica com o religioso messiânico, e pode-se falar também a seu propósito de *antropologia cultural implícita, se não implicada*, dos imaginários coletivos ou das "criatividades indígenas" (Desroche, 1997, p 49). Mas o trânsito das práxis da efervescência religiosa e do transe visionário não implica nenhuma confusão ou fusão da natureza e das formas da experiência do sagrado em estado selvagem, o da possessão incorporada dos deuses e o do imaginário profético das expectativas e dos ressaltos da esperança. Representando o antropólogo que sabe fazer a diferença além das invariantes, Bastide opõe o homem (que ele encarna) da memória coletiva dos mitos e das técnicas do corpo que canalizam a descida dos deuses, ao homem da imaginação criadora e de seus elãs vitais, o da "corda xamânica" que se eleva ao céu para melhor encontrar uma vida interior. Para Bastide (falando de Desroche), "o transe só lhe interessa realmente quando a descida dos deuses arcaicos se torna insurreição dos Deuses" (1973, p. 130). Sem esse vínculo entre a inspiração e a ação, a visão e o impulso, a utopia e a esperança, essa irrupção de alguma surrealidade como disposição para agir e para empreender, a antropologia implicada do religioso perdia todo seu sentido, tanto para um como para o outro.

---

[7] Carta ao presidente do Centro Thomas More por ocasião de seu vigésimo aniversário, 14 de setembro de 1990, em Desroche, 1997, p. 42.

CAPÍTULO V
CLIFFORD GEERTZ[1*]
DESCREVER E INTERPRETAR A EXPERIÊNCIA RELIGIOSA

O autor é conhecido principalmente por seus escritos epistemológicos sobre a antropologia interpretativa, mas seu livro sobre como os antropólogos escrevem e produzem textos,[2] só fez reforçar mais, não sem mal-entendido, sua associação ao *linguistic turn*. Também não

---

[1*] GEERTZ, Clifford. *Observer l'Islam, Changements Religieux au Maroc et en Indonésie*. Paris: La Découverte, 1992. Trad. de *Islam Observed*. New Haven: Yale University Press, 1968.

[2] GEERTZ, Clifford. *Works and Lives: The Anthropologist as Author*. Standford: Standford University Press, 1988.

podemos esquecer que se trata de um etnógrafo dedicado às pesquisas de campo na Indonésia e no Marrocos. Jamais foi desmentido seu interesse pela religião. Ele é ao mesmo tempo inseparável da compreensão das sociedades e das culturas (marroquinas e indonésias), e ninguém duvida que os sistemas de crenças e de práticas que chamamos religiões ocupam um lugar central em sua reflexão antropológica. O paradigma semiótico ou simbólico do religioso antropológico é particularmente encarnado pelo "geertzismo", mas sua obra comprova na verdade um pluralismo paradigmático, assim como uma preocupação constante de diálogo com a sociologia, história, linguística e literatura, e com a filosofia. Sua antropologia de "miniaturista" que procede por pequenos toques pretende estar a serviço de uma sociologia e de uma história comparada das religiões.

O comparativismo de sua abordagem dá lugar à questão weberiana dos tipos de religiões que se dividem entre as religiões tradicionais de Java e do Marrocos e as religiões modernas, "racionalizadas" ou ideologizadas; e entre as tradições escriturísticas das religiões do Livro e as cerimônias rituais que combinam o teatro e o transe. Geertz é, enfim, um dos raros antropólogos a levantar o problema da mudança religiosa, não somente em termos de transformação dos sistemas simbólicos, mas também em termos de evolução da religiosidade e da sensibilidade à questão religiosa: "A quantidade de pessoas animadas do desejo de crer, ou que acham que deveriam crer, diminui com o tempo – mas não tão depressa como a quantidade de pessoas capazes de crer, no sentido propriamente religioso" (1992, p. 33). Pode-se até dizer que esse antropólogo weberiano partilha uma sensibilidade quanto à questão da "fé religiosa" e dos "gêneros de fé" que transcende as religiões e, se podemos dizer, as religiões da fé.

Um antropólogo autor

Clifford Geertz nasceu nos Estados Unidos em 1926. Fez seus estudos universitários no Antioch College (B.A.), depois na Harvard University (PhD) onde começou sua carreira em 1956-1957 como *instructor* em antropologia. O departamento das relações sociais dessa universidade era então dominado pela figura do sociólogo Talcott Parsons, cuja obra teórica representa ao mesmo tempo um momento de síntese e uma possível abertura a novos paradigmas, como o de sistema cultural. Depois de algumas passagens pelo Centre for Advanced Study of the Behavioral Sciences de Palo Alto e pela Universidade de Berkeley, Geertz foi aceito em 1960 pela Universidade de Chicago como professor de antropologia, antes de ser nomeado, na virada dos anos 1970, para o prestigioso Institute for Advanced Study de Princeton onde sua notoriedade não cessará de crescer.

Quando ele publica em 1973 a célebre coletânea de ensaios, *The Interpretation of Cultures,* Geertz tem a seguir uma carreira profissional e uma experiência do trabalho de campo que se estende por quase vinte anos. Ela antecipa a etnografia multissítios que abrange de fato um duplo ou até triplo campo: a Indonésia (três anos em Java e um ano em Bali) entre 1952 e 1958, e o Marrocos de 1964 a 1969, com retornos pontuais em 1971 e 1972. A antropologia sempre foi para ele sinônimo de pesquisa etnográfica e ele não se cansa de lembrar a seus colegas "metaetnógrafos" que a antropologia é uma disciplina terra a terra (1996, p. 133). Para ele, jamais foi questão de substituir a experiência do "outro" pela exploração dos escritos dos outros etnógrafos, como aconteceu com James Clifford.

Antes desse famoso "ensaio" de 1973 – um germe que ele acabará por adotar, uma vez que será seguido de um outro ensaio, mais nitidamente epistemológico, dez anos depois, *Local Knowledge, Further Essays in Interpretive Anthropology* (1983) –, Geertz publicou muitas obras e artigos de caráter monográfico abrangendo todos os domínios da vida social e cultural das populações javanesas, balinesas ou marroquinas: a religião, a arte, o parentesco, a vida política, a agricultura, a organização rural e a história social da cidade. Sobre a religião, seu primeiro campo de pesquisa e objeto de sua tese darão lugar à obra *The Religion of Java* (1960), que se inclui no gênero do estudo monográfico e da antropologia religiosa mais clássica.

Durante muito tempo a única obra que permitiu aos leitores de língua francesa avaliar a dimensão dos escritos monográficos e comparativos de Clifford Geertz foi *Bali, interpretação de uma cultura*

(1973), apesar de só retomar alguns artigos dessa obra, e alguns outros publicados anteriormente, particularmente sobre a aldeia balinesa. O capítulo introdutório mais importante, especialmente redigido para esse ensaio, não consta nele: "Thick Description: Toward an Interpretive Theory of Culture". Descartado também se encontra o capítulo 5 sobre "Ethos, World View, and the Analysis of Sacred Symbols", publicado pela primeira vez em 1958, que retoma em parte as teses da contribuição de referência sobre "Religion as Cultural System". Por outro lado, encontra-se aí a tradução do célebre artigo "Jogo infernal. Notas sobre a briga de galos em Bali" e " 'Conversão interna' no Bali contemporâneo", o único artigo que trata do confronto da religião tradicional balinesa com a mudança religiosa. Mais tarde, a tradução, em 1992, de *Islam Observed* (1968) oferece uma retrospectiva sobre a mudança religiosa observada nesses dois terrenos que faz diretamente eco a esses ensaios teóricos.

Geertz não é um autor de antropologia das religiões, ainda que a religião esteja no centro de suas preocupações na abordagem da cultura balinesa e das sociedades muçulmanas. É por sua contribuição ao ensaio publicado em 1966 por Michael Banton, *Anthropological Approaches to the Study of Religion*[3] que Geertz marca seu lugar e sua postura teórica nesse campo de estudo.

A imaginação científica e a criatividade conceitual comprovada por ele em seu esforço para compreender como vivem os camponeses balineses ou os pastores marroquinos tiveram sem dúvida mais influência sobre os trabalhos dos especialistas, historiadores ou sociólogos de outras culturas do que as reflexões epistemológicas sobre o discurso antropológico que fizeram, por outro lado, seu sucesso no mundo intelectual.[4] Não há nenhuma dúvida de que a partir do ensaio de 1973, Geertz afirma-se não somente como um "escritor" com um estilo e um incontestável prazer de escrever, mas também como um "autor", "um fundador de discursividade", para retomar uma distinção atribuída a Barthes e a Foucault (1966, pp. 24-25). Além da escolha do ensaio,

---

[3] Trad. fr. *Essais d'Anthropologie Religieuse*. Paris: Gallimard, 1972.

[4] Antoine de Baecque (em *Le Monde* de 17 de janeiro de 1997) evoca a fecundidade das ferramentas conceituais como a noção de "disposição cerimonial" do poder ou a ideia de "ficção mestra" para os historiadores do poder monárquico e do Antigo Regime francês.

um gênero que, segundo ele, convém à dimensão fragmentária e inacabada dos desvios teóricos que o antropólogo pode esboçar, a escrita que ele pratica se adapta perfeitamente ao estilo de pensamento imposto pela corrente crítica e hermenêutica dos anos 1970, da qual ele é, em antropologia, uma das figuras mais importantes. Pode-se falar de uma escrita de excepcional "densidade" atuando em diversos níveis de ressonância, cheia de subentendidos, de jogo de palavras, de eufemismos, tudo em nuances ou em oposições que quebram a linearidade do discurso, justapõem sem estado de espírito uma afirmação e eventualmente seu contrário (o uso dos hífens, travessões e parênteses é um verdadeiro quebra-cabeça para os tradutores).

A antropologia "interpretativa", a análise "cultural", a cultura como "reunião de textos", a escrita etnográfica como "ficção": outras tantas fórmulas que fixaram para toda uma geração de antropólogos os termos do discurso das pesquisas e das controvérsias que virão. Mas se a antropologia interpretativa tem o feitio de um programa, ela não poderia, no espírito de seu autor, definir-se nos termos de um "programa forte" (a palavra de ordem é sobretudo a de um pensamento deliberadamente "mole" ou de uma empresa artesanal, assumida como tal). O "geertzismo"[5] é realmente um través de pensamento, mas associado à recusa visceral da linha reta, à complacência pelos desvios, pelas "rotas secundárias", pelas "ruas laterais", para fazer alusão a uma metáfora de Wittgenstein pela qual o autor é particularmente afeiçoado. O ceticismo e a ironia a respeito dos restos dos "grandes relatos" teóricos, das etiquetas deformadas que atravancam os debates de hoje (culturalismo, semiotismo, mentalismo etc.) ou a recusa das alternativas dogmáticas (subjetivo/objetivo, descrição/interpretação, discurso/ação) são evidentes para um pensador que mostra uma grande humildade, que busca arredondar os ângulos e sonha não se fixar. Suas alergias – e o pensamento cristalino de um Lévi-Strauss, seu formalismo abstrato, é o exemplo mais constante disso – são mais fortes que suas simpatias – colocado certamente

---

[5] A expressão é de Giovanni Levi "I Pericoli Del Geertzismo" ("Os perigos do geertzismo"), *Quaderni Storici*. 1985, 58/a. 20, n. 1. O "geertzismo" designa aqui não o pensamento de Geertz – que Giiovanni Levi toma o cuidado de ressituar com muita inteligência e respeito "filosófico" – mas a versão um tanto congelada e mecânica que dele retiveram alguns historiadores: "Geertz é Geertz: o perigo é o geertzismo".

Kenneth Burke à parte, o filósofo e teórico da literatura ao qual ele não cessa de render homenagem de uma maneira quase ritual. O efeito de citação de críticas literárias ou de filosofias faz parte do gênero discursivo da nova antropologia. Uma tal inversão da aliança leva as ciências ditas "humanas" a reatar com as humanidades e a "roubar-lhes" seus recursos de linguagem como também seu estilo de inteligibilidade.[6] No prefácio *Observer l'Islam* (1992), Geertz nos faz compreender que os bons autores, como os "bons poetas", segundo T. S. Eliot, não pedem emprestado, mas "roubam", em outras palavras, "se apropriam sem vergonha" das palavras e dos conceitos dos outros, segundo um processo de absorção e de elaboração inconsciente que esvazia de seu sentido toda questão sobre a propriedade.

A tradição hermenêutica, da qual a antropologia interpretativa se vale explicitamente, está bem presente na obra de Geertz (particularmente Gadamer e Ricoeur). Trata-se ao mesmo tempo de premunir-se contra todos os fantasmas que assediam essa tradição (hermetismo, criptologia, anticientismo e antirracionalismo), e jamais se trata – sob pretexto de que se faz um pedaço do caminho com esses grandes autores, de que se tomam emprestadas pontualmente suas "grandes frases" – de encerrar-se na sofisticação conceitual ou na sistematicidade do discurso filosófico. Até mesmo o reconhecimento de dívida para com Weber no terreno da antropologia das religiões – uma filiação weberiana regularmente divulgada e mais ou menos rara entre os antropólogos – se traduz pelo empréstimo sem complexo e sem escrúpulo exegético de conceitos (*ethos*, racionalização) um pouco gastos.

A descrição interpretativa

Observando o islã não é um título sem segundas intenções. Ele traduz claramente a preocupação de associar estreitamente a interpretação da religião com a descrição da experiência religiosa. O título do primeiro capítulo em *The Interpretation of Cultures*, "Thick Description: Toward an Interpretive Theory of Culture" tem aparência de manifesto metodológico e será recebido como

---

[6] Ver a este respeito Geertz, 1986, cap. 1: Genres Flous: la Refiguration de la Pensée Sociale.

tal pela comunidade dos antropólogos americanos. Esse texto acarreta um grande número de questões epistemológicas eruditas que se referem à natureza da descrição das ações sociais e simbólicas, à compreensão do ponto de vista indígena", à produção de textos etnográficos, aos recursos do paradigma textualista para a análise cultural do discurso social, à teoria das formas simbólicas de uma cultura, mas também às condições da generalização antropológica e à dialética do local e do global, todo um repertório de questões sobre as quais Geertz não cessará de voltar nesses outros ensaios com uma marcante constância. A análise paradigmática da "briga de galos em Bali" – o último capítulo da obra, retomado de um artigo precedente[7] – certamente fez mais pelas análises e debates que suscitou para popularizar os temas da nova "semântica social" e da análise da cultura como "reunião de textos". É significativo que "Deep Play: Notes on the Balinese Cockfight" tenha sido traduzido em francês sob o título "Jeu d'Enfer. Notes sur le Combat de Coqs Balinais" (Jogo infernal. Notas sobre a briga de galos balinesa), na revista *Le Débat*, em 1980, antes mesmo de ser retomado na obra *Bali, Interprétation d'une Culture*, em 1983, enquanto que o capítulo teórico sobre a descrição jamais foi traduzido.[8]

A constância do questionamento sobre a natureza da descrição etnográfica nos escritos de Geertz é inegável. A conclusão do ensaio traduzido para o francês sob o título *Ici et Là-bas*, retorna ao problema, mas é para interrogar-se sobre o lugar que ocupa na retórica antropológica o imperativo de uma descrição primeira e incondicionada das coisas "tais como elas são", em sua fatualidade bruta e imediata. Portanto, para o autor do conceito ou do preceito da *thick description* é evidente que os fatos culturais são fatos de significação e que a descrição etnográfica só pode ser uma interpretação.

A linguagem híbrida da "descrição interpretativa" depende realmente do desvio de sentido ou do mal-entendido produtivo em relação à leitura primeira do filósofo que a inspira: Ryle.[9] Para tentar

---

[7] Deep Play: Notes on the Balinese Cockfight apareceu primeiro em 1972 na revista *Daedalus*, n. 101, pp. 1-37.

[8] Marie-Jeanne Borel, em sua epistemologia construtivista da descrição em *Le Discours Anthropologique*. Paris: Méridiens Klincksieck, 1990, cita a *thick description* (p. 177), mas é apenas para referi-la à análise exemplar das "estruturas de significação" da briga de galos em Bali.

[9] Ver a esse respeito a excelente classificação que nos trouxe o número 6 da revista *Enquête* (1998) pelo artigo de Vincent Descombes.

compreender o que significa o preceito metodológico da *thick description*, impõe-se o retorno ao texto. Geertz se apoia no famoso exemplo "filosófico" do piscar de olho: o piscar de olho pode ser percebido, num primeiro nível, como um simples tique do olho, depois, num segundo nível, como um simulacro, ou num terceiro nível como uma paródia etc. Quando esses níveis se acumulam ou se superpõem na leitura de um ato ou de um evento, o que geralmente acontece, eles formam o mesmo número de camadas ou estratos de significação possíveis.

A metáfora dos níveis introduz ao que Geertz chama o empilhamento das "estruturas de significação" que se referem mais ou menos a contextos. A primeira ideia é a de uma "espessura" da realidade cuja descrição etnográfica supostamente responde ao desafio. Descrição "espessa" ou descrição "densa", os dois qualificativos não são exclusivos um do outro, mas a imagem simples das camadas de significações se confunde rapidamente para dar lugar a outras metáforas, como a do emaranhado dos "nós de significação", do entrelaçamento dos esquemas de interpretação que nos fazem escorregar para um outro modelo, o da "confusão das línguas", segundo a expressão de G. Ryle. O princípio do reconhecimento dos níveis de descrição caro a G. Ryle é rapidamente submerso pela evidência da "plurivocidade específica" das ações humanas. Mas o desafio dessa multiplicidade de perspectivas possíveis e essa circularidade das leituras de um mesmo ato ou de um mesmo evento não levam Geertz a abandonar a ideia de uma hierarquia das significações. A *Thick Description* de G. Ryle serve na verdade, para Geertz, de introdução ao paradigma hermenêutico do "conflito das interpretações", a *depth interpretation* de Ricoeur, "a arte do deciframento visando desdobrar a pluralidade das camadas de significação".[10]

O relato de Cohen e de sua razia de carneiros vem ilustrar o desafio histórico, mais do que etnográfico, da pluralidade das leituras em oposição, dos contextos de referência e dos quadros interpretativos

---

[10] RICOEUR, Paul. The Model of the Text: Meaningful Action Considered as a Text. *Social Research*, 1971, 38, pp. 529-562, retomado em francês em *Du Texte à l'Action. Essais d'Herméneutique II*, 1986, pp. 183-211. Geertz refere-se explicitamente a esse texto que inspira todo seu desenvolvimento, não somente para o paradigma da cultura como "quase-texto", mas também para a metodologia da *depth interpretation* que ele evita, porém, citar explicitamente, sem dúvida porque o próprio Ricoeur integra, sem problema, a análise estrutural no arco hermenêutico.

(judeu, berbere, francês) do evento. O perspectivismo e a "confusão das línguas" são supostamente superados pela descrição "densa" de níveis de interpretação hierarquizados: no primeiro nível, aquele no qual se afrontam, numa "língua comum", os berberes insubmissos e o chefe da tribo aliado ao comerciante judeu, a "densidade" do que está em jogo remete ao *duplo sentido* possível de uma razia de carneiros que pode ser lida no primeiro grau como um roubo, ou no segundo grau como um simulacro, uma provocação. O mal-entendido ilustrado na sequência pela leitura feita pelo colonizador francês do que é, para as comunidades locais, uma compensação conforme a um pacto de troca, em termos de cumplicidade e de tráfico com o inimigo, introduz um segundo nível onde a "densidade" é sinônimo de um *conflito de normas*, de um desacordo sobre o código ou o quadro interpretativo. A inscrição do evento tem, pois, aqui um ar familiar com a instrução de um dossiê histórico e assemelha de preferência os métodos da compreensão antropológica aos processos do raciocínio jurídico.

Não é evidente compreender a que corresponde a "simples descrição" que seria o corolário da descrição "densa". Em suas análises sobre o senso comum como sistema cultural,[11] Geertz refere-se também à *thinness*, à "finura", para designar as qualidades de simplicidade, de literalidade ou de evidência que fazem com que as coisas sejam evidentes para o senso comum, isto é, que "cada coisa seja o que ela é sem mais". Mas essa qualidade do real do senso comum é aqui uma riqueza, até mesmo uma sabedoria (o bom senso) que o etnógrafo é condenado a desconhecer, se ele persistir em suas questões idiotas sobre o sentido das coisas e o sentido do sentido. Como veremos, a religião também funciona, no que diz respeito ao essencial, no senso comum e muito pouco no raciocínio metafísico. Podemos encontrar a mesma riqueza nesses conceitos "próximos da experiência" que utilizam o ponto de vista indígena e que C. Geertz distingue dos conceitos "distantes da experiência" do discurso erudito, precisando bem que a diferença não é normativa e que os segundos não são em si superiores aos primeiros (*ibid.*, p. 73).[12] Diante dessa simplicidade do

---

[11] GEERTZ, 1986, p. 113: "minceur" (finura) é o termo retido por Denise Paulme para sua tradução.

[12] Geertz toma essa distinção de empréstimo ao psicanalista Heinz Kohut e a simples diferença de grau que separa esses conceitos, segundo ele visa precisamente relativizar a famosa "ruptura epistemológica".

real ou dessa proximidade da experiência que é sinônimo de densidade, a *thin description* reenviaria de preferência a termos ocos, chatos, pobres, moles; é o nível mais baixo, o grau zero da descrição, não o grau que assimilaria um piscar de olho a um tique nervoso, mas visaria fazer a diferença entre o piscar de olho e o tique, constatando apenas uma contração de pálpebra. Essa ausência de valor informativo ou discriminante define, portanto, uma noção-limite, residual. É difícil perceber como uma "má" descrição, uma descrição sem pertinência, pôde corresponder, para a tradição etnográfica empirista, a um preceito metodológico qualquer.

A descrição "fina" é de fato assediada pelo fantasma do observável behaviorista, mas Geertz sabe muito bem que não se pode assimilar a observação experimental do comportamento ao ponto de vista de uma câmera ou de uma máquina fotográfica, o que é mais cego sem cinegrafista e sem fotógrafo, em outras palavras, sem protocolos de observação. O perigo seria incentivar, por contraste, o contrassenso de uma descrição "densa" que buscaria romper com o que se dá a ver para se esconder nas profundezas introspectivas da subjetividade. A densidade de que nos fala Geertz não deve principalmente ser confundida com a interioridade do sentido das ações culturais; ele nem mesmo julga útil insistir nisso. A afirmação é irremediável: "a cultura é pública porque a significação o é". E para evitar qualquer mal-entendido sobre a *depth description* segundo P. Ricoeur, assinalamos que esse último retomará exatamente a fórmula de C. Geertz, explicitando-a a seu modo: "o simbolismo não está no espírito, não é uma operação psicológica destinada a guiar a ação, mas uma significação incorporada à ação e *decifrável nela* pelos outros atores do jogo social".[13] A descrição "densa" recusa, portanto, encerrar-se na alternativa do observável behaviorista e do sentido íntimo, assim como em qualquer outra alternativa de descrição: objetiva/subjetiva ou ainda *etic/emic*. A diferença entre a "densidade" e a "finura" da descrição de uma rede de significância é uma diferença de grau e não de ponto de vista. A descrição "densa" tem justamente vocação para transcender

---

[13] RICOEUR, 1983, p. 92 (*grifo nosso*). Não deve causar surpresa que Ricoeur, a quem Geertz pede emprestado "sem vergonha" – o que quer dizer, segundo seus próprios termos, esquecendo suas dívidas – refere-se à *thick description* como uma fonte de confirmação de suas próprias análises sobre o simbolismo dos gestos e das condutas como relação de duplo sentido (literal/figurado).

as fronteiras da subjetividade indígena (tanto a nossa como a dos outros) e da objetividade erudita por intermédio das "estruturas de significação" que permitem apreender aquilo a partir do qual as pessoas percebem as coisas como eles (os indígenas) as percebem, o que faz com que as pessoas façam o que eles fazem, e isso sem se tomar necessariamente por um "indígena".[14]

O círculo hermenêutico no qual se inscreve a descrição "densa" recusa igualmente encerrar-se na alternativa suprema das ciências da observação: descrever *ou* interpretar? É isso que quer significar claramente o fato de falar de "descrição interpretativa" ou de definir a descrição "densa", seguindo P. Ricoeur, em termos de "inscrição", contração significativa da interpretação e da descrição que se realiza pelo simples fato de escrever, de tomar nota de uma observação ou de transcrever o relato de um acontecimento, em outras palavras, de produzir textos. "Os antropólogos, observa Geertz em *Ici et Là-bas* (1996, p. 17), acreditam firmemente que os problemas metodológicos centrais da descrição etnográfica se referem ao processo de conhecimento" e passam assim sob silêncio a magia dessa operação de colocar por escrito uma experiência biográfica que ultrapassa lado a lado a simples postura de observação. Lembrando que descrever é escrever e convidando a interrogar a descrição etnográfica e a compreensão antropológica, não mais somente nos termos da relação observador/observado, mas também enquanto produção de enunciados escritos, Geertz abriu, com outros, todo um campo de preocupações e de pesquisas que está longe de estar esgotado. Essa atenção outorgada ao papel da escrita etnográfica e mais globalmente à "textualização" da vida cultural não faz, porém, desaparecer, como por encanto, o problema epistemológico da descrição. Digamos que ele se desloca.

O modelo do texto

Uma vez admitido o preliminar da escrita, o problema da descritibilidade das ações humanas se reformula em termos de legibilidade, e a aposta será que o par ler/escrever traz mais inteligibilidade do que o par descrição/explicação que domina as ciências da

---

[14] GEERTZ. Du Point de Vue de l'Indigène, 1986, p. 75.

observação. Ora, segundo Paul Ricoeur (1983), se podemos "ler" as ações humanas – e elas são humanas porque são "sensatas", pois "dizem" alguma coisa –, é que elas têm uma "forma", que as ações têm uma "textura", que elas se articulam mesmo como um "discurso", e isso antes mesmo de autonomizar-se por sua "inscrição" num texto escrito, num documento etnográfico ou num dossiê histórico, por exemplo.

Todo o problema criado pela popularização do tema da "textualização" da cultura vem do fato de que se tem a tendência de confundir (ou de rebaixar uma à outra) duas ordens de consideração que estão ligadas, mas são distintas: de um lado, o que é da ordem da constatação, o fato de que o etnógrafo "escreve", que o essencial de sua atividade consiste em fixar pela escrita as ações, as palavras, os objetos, os acontecimentos, e que a importância desse fato pôde ser desconhecida; e, de outro lado, a construção ou a utilização de um paradigma da "textualidade" das ações que se tenta explicar, o que torna possível sua inscrição e funda a compreensão antropológica de tipo hermenêutico. É preciso dizer que o conceito de "discurso social" que domina as análises de Geertz (1973, pp. 13-14), e que supostamente faria a ligação entre o que "dizem" as pessoas no íntimo de seus gestos ou de suas palavras, numa situação e num determinado lugar, e as "formas culturais" ou os "sistemas simbólicos" que informam o "dizer", as ações sociais e a vida de uma cultura, não é particularmente explícito e se presta à confusão.

É bom lembrar aqui as quatro dimensões da legibilidade da ação extraídas por Ricoeur de uma comparação com as características do texto (enquanto ele se opõe à palavra ou ao discurso) considerado aqui como um paradigma e não apenas como uma simples metáfora. Em primeiro lugar, a significação da ação tem vocação para desligar-se do acontecimento da ação como o "dito" transcende o acontecimento do dizer. Em seguida, a ação se torna verdadeiramente social, porque sua significação se autonomiza em relação à intenção do agente, da mesma maneira que o sentido de um texto cessa de estar subordinado ao que quer dizer seu autor. Em terceiro lugar, uma ação se torna importante a ponto de constituir um acontecimento marcante emancipando-se do contexto e da situação presente, como o texto abre para um mundo que transcende o aqui e agora. Enfim, assim como o escrito permite escapar à situação de interlocução e de dirigir-se a todo leitor eventual, o sentido das ações humanas continua aberto a todas as reinterpretações possíveis, a dos contemporâneos como a das gerações futuras.

Se as imagens do jogo ou do teatro aplicadas à vida social são mais fáceis de acesso do que a imagem do texto, como sublinha o próprio Geertz,[15] ainda devemos dar ao leitor os meios de compreender o paradigma subentendido na analogia. A construção paradigmática que Ricoeur nos propõe tem suas virtudes, mas não é evidente que o caráter fragmentário, deliberadamente alusivo e aproximativo das referências filosóficas e o descuido das citações no texto de Geertz seja uma ajuda à compreensão da "densidade" de seu discurso. Para os leitores dos anos 1970 que leram esse texto sem o *background* intelectual que permite compreender a maneira pela qual se articulam as noções de "forma simbólica" de Cassirer, de "estrutura de significação" ou de "esquema de interpretação" de inspiração estruturalista, de "quadro de inteligibilidade" caro a Goffman, às vezes os "jogos de linguagem" de Wittgenstein, e sobretudo o paradigma da ação como "quase-texto", eram fáceis os mal-entendidos e os contrassensos.

Por conseguinte, duas suspeitas importantes pesam sobre a antropologia interpretativa. A primeira, inspirada na noção de inscrição, dá a entender que o "geertzismo" encerraria a antropologia no estudo de uma cultura "textualizada", colocada em "corpus", congelada em seus traços e seus manuscritos, objetivada em documentos e em arquivos, uma cultura descontextualizada, cortada da cultura em ato e das condições de sua produção. Vimos aí o efeito de anúncio do fim de uma época em que o etnógrafo de campo submerso pelo peso das tradições orais e das exegeses indígenas, pelo estorvo dos objetos de museu e pela superacumulação dos etnotextos, era convidado a reconverter--se em filólogo, exegeta, crítico literário, homem de gabinete ou rato de biblioteca, contribuindo ele mesmo para empilhar textos sobre textos, a acumular fatos que já são sempre explicações.

---

[15] GEERTZ, C. Genres Flous: la Refiguration de la Pensée Sociale, 1986, p. 41.

A segunda crítica, incentivada pelas ambiguidades de uma antropologia do "discurso social" viu aí uma etnologia do verbo indígena postulando que o fato etnográfico começa com o discurso dos atores e seus comentários sobre o que eles fazem, únicas chaves de acesso ao sentido de seus atos (dize-me o que fazes e saberei que se trata de um piscar de olho), termina com os metacomentários de uma cultura sobre ela mesma cujo segredo só o antropólogo detém.

Mas Geertz não cessou de sublinhar a fixação da antropologia no aqui e agora da experiência etnográfica, e na questão da compreensão do que pensam e sentem as pessoas no próprio centro das situações e dos acontecimentos vividos e que o etnólogo partilha às vezes com elas, como a briga de galos em Bali. Pode-se até mesmo observar que a referência ao "discurso" cuja compreensão, no pensamento de Ricoeur, pressupõe a presença do sujeito de enunciação e uma situação imediata de comunicação, é tão importante no pensamento de Geertz como o paradigma do texto objetivado e autônomo. Também é claro, para Geertz, que o "discurso social" de uma cultura se diz não somente por palavras, discursos e comentários, mas primeiro por atos, dramas e acontecimentos históricos que explicam seu sentido, que são "comentários" (a *accountability* de Garfinkel não está longe).

Como nos mostra o relato da briga de galos em Bali, o "discurso" social passa por emoções: "o que diz a briga de galos é dito no vocabulário do sentimento: o frêmito (*frisson*) do risco, o abatimento que decorre da perda, o prazer do triunfo" (Geertz, 1983, p. 210). O *leitmotiv* fortemente antiestruturalista é o seguinte: é nas ações e nas emoções que as formas culturais se articulam. O exemplo da briga de galos em Bali era concebido sobretudo para ilustrar uma antropologia do acontecimento vivido no próprio local pelo antropólogo e sua mulher, para colocar em cena sua presença e sua implicação no jogo das interações como via de acesso ao sentido do "drama" social. E todos os comentaristas escolheram claramente esse exemplo, como sendo o próprio paradigma da descrição "densa" de um ritual social que se eleva, por patamares, do contexto de descrição mais concreto às estruturas de significação mais elevadas desse "comentário metassocial" da cultura balinesa. Mas é também nesse exemplo paradigmático que todos os herdeiros da antropologia interpretativa encontrarão a própria ilustração do escorregar de um princípio de autoridade etnográfica fundado na experiência (estive lá), para o da objetividade de um *corpus* de textos: extinção do etnógrafo em favor do autor antropólogo, metaintérprete do relato do acontecimento e leitor da cultura dos balineses "por cima de seus ombros"; eliminação das situações de interlocução e de diálogo engajadas com pessoas singulares, informantes e atores; produção da ficção totalizadora de um drama único inscrito num contexto imutável e de um quadro homogêneo do ator principal: "o homem balinês".[16]

O paradigma hermenêutico tende de fato suprimir o desvio que existe entre a compreensão histórica do sentido dos acontecimentos que marcaram o fluxo da história e a interpretação, em situação de contemporaneidade, das enunciações e do jogo das interações sociais que define a antropologia.[17] Mesmo um dos mestres de obra da micro-história – à qual poderia assemelhar-se a antropologia "microscópica" de Geertz – como Giovanni Levi, interroga-se sobre essa recuperação das modalidades da compreensão histórica e antropológica sob o chapéu da hermenêutica.[18]

O mais surpreendente nesse debate interno no campo da antropologia interpretativa é a ocultação completa da história desse infeliz Cohen e de sua razia de carneiros que ilustra talvez ainda melhor, pelo menos em um "detalhe" significativo, as ambiguidades do textualismo descontextualizado de Geertz.

A obliteração do detalhe assinalado entre parênteses como determinante para a compreensão das coisas e o fato de que esse drama data de 1912 e que ele dá lugar a um relato recolhido em 1968 são reveladores. Nada se saberá jamais, nem do informante e do contexto presente de enunciação, nem das implicações atuais da memória

---

[16] Entre outros: CLIFFORD, James. De l'Autorité en Ethnographie. *L"Ethnographie*, n. 2, 1983, pp. 87-118; CRAPANZANO, Vincent. Hermes' Dilemma: The Masking of Subversion in Ethnographic Description em: CLIFFORD, J. e MARCUS, G.E. *Writing Culture. The Poetics and Politics of Ethnography*. University of California Press, 1986, pp. 68-76.

[17] Para Ricoeur, está claro que "se a significação de um acontecimento é o sentido que lhe é dado pelas interpretações ulteriores, a interpretação dos contemporâneos não tem nenhum privilégio particular nesse processo", 1986, p. 197.

[18] LEVI, Giovanni. "I Pericoli del Geertzismo" ("Os perigos do geertzismo"), Quaderni Storici, 58/a. XX, n. 1, abril, 1985.

desse acontecimento, numa palavra, de tudo que pode fazer desse relato um fato etnográfico e não um documento de arquivos. Não se pode ilustrar melhor esse privilégio outorgado ao "dito" sobre o dizer como acontecimento, ao conteúdo de sentido do enunciado em relação à situação da enunciação, e essa postura fictícia do jogo com os possíveis com os quais o antropólogo concorda para devolver vida a um contexto histórico congelado pelo relato, em vez de fazer a experiência contemporânea de uma contextualidade aberta.

Uma antropologia weberiana: a religião como *ethos* cultural?

Para a maioria dos antropólogos da "virada interpretativa", a linguagem da descrição e da observação, mesmo modulada pela exigência da *thickness,* ainda dependia de concessões ao empirismo positivista da "ciência normal", uma espécie de *refurbished positivism,*[19] um positivismo restaurado ao estilo do dia. Mas ao ler *Observando o islã*, é preciso estar bem atento ao fato de que a matéria-prima não depende do gênero das "observações" propriamente ditas. Trata-se de representações culturais formalizadas nas dramaturgias rituais e de grandes relatos de conversão pelos quais uma sociedade traduz a maneira de interpretar sua experiência social da religião.

Testemunhando a dimensão central da religião em suas preocupações, Geertz não cessou de girar em torno do problema de sua definição denegrindo necessariamente o exercício e recusando todas as definições anteriores. O problema se coloca antes de tudo em termos práticos. Trata-se não tanto em definir a religião em si, mas de encontrá-la: "Trata-se simplesmente de descobrir que tipos de crenças e de práticas sustentam que gênero de fé, e em que condições" (1992, p. 16). A primeira experiência a esse respeito foi para o jovem antropólogo debutante circunscrever o que podia ser exatamente "a religião de Java".

---

[19] São nesses termos que Pierre Bourdieu, surpreendendo-se de não ter lembrado à ciência normal americana que os fatos são fatos e que esse anúncio poderia ter uma tal influência, fala ele mesmo da *thick description* de Geertz no prefácio da obra de RABINOW, P. *Un Ethnologue au Maroc. Réflexions sur une Enquête de Terrain*. Paris: Hachette, 1988. Mas ele acrescenta humildemente que é preciso sempre "precaver-se de ter compreendido muito depressa".

Mas a definição da religião constitui também uma ferramenta indispensável para uma abordagem comparada das religiões, como a do islã na Indonésia e no Marrocos, onde a questão é comparar o que é comparável em contextos sociais, políticos e históricos diferentes. Também entra em questão nesse imperativo de definição marcar um deslocamento de "paradigma" que reoriente utilmente o pensamento para novos eixos de pesquisa (Geertz, 1972, p. 23). Nesse plano, Geertz faz a mesma constatação em 1960 que Lévi-Strauss já pôde fazer dez anos antes. Este último também lastimava que desde a época dos fundadores Durkheim e Mauss, a antropologia religiosa não se tivesse praticamente renovado, dando lugar ao impasse científico que representava para ele a fenomenologia religiosa. Geertz apela para a renovação dos recursos analíticos da antropologia, operando tanto na tradição sociológica, na crítica literária, ou na filosofia contemporânea, como também nas ferramentas e modelos das ciências "mais rigorosas". Mas ele ignora clara e ostensivamente a revolução epistemológica que pôde representar nos anos 1960 o estruturalismo e a transferência de inteligibilidade dos modelos apropriados da linguística. Lévi-Strauss nem mesmo consta na bibliografia do artigo sobre a religião como sistema cultural. Será preciso esperar os anos 1980 para que as bricolagens do pensamento selvagem, e mais tarde o antropólogo como autor, sejam evocados.

Mas como não existe milagre, e uma vez que no pós-modernismo tudo já foi inventado, resta somente bricolar ou combinar os paradigmas herdados num ecletismo inteligente e um pouco sutil. As heranças dos conceitos de sistemas de símbolos e de "forma simbólica" (Langer, Cassirer), de visões do mundo (*Weltanschauung*) e de *ethos*, de disposições e de estilos de vida (Weber), ou ainda de senso comum (Schutz), participam da bricolagem desse paradigma da religião como "sistema cultural", tomado de empréstimo no início a Parsons. George E. Marcus e Michael M.J. Fischer sublinham a ironia dessa contribuição do funcionalismo triunfante no renascimento da antropologia "cultural": "Parsons deu lugar em sua complicada e macroscópica teoria da sociedade para o sistema cultural que ele próprio ignorou em larga escala, deixando-o para ser elaborado pelos antropólogos" (1986, p. 26).

Também não falta ironia na contribuição de Geertz para a renovação da antropologia cultural, uma vez que sob um verniz culturalista, seu trabalho teórico faz explodir o paradigma da cultura importando nele inúmeros produtos que lhe eram estranhos.

Os textos mais significativos do trabalho de reflexão e de sistematização de Geertz sobre a religião, nos anos 1960, testemunham uma grande fidelidade à sua "linha de pensamento":

1) o capítulo 5 da obra *The Interpretation of Cultures*, "Ethos, World View, and the Analysis of Sacred Symbols" é a retomada de um artigo de 1958[20] e sem dúvida o texto mais antigo;

2) a contribuição à obra coletiva *Anthropological Approaches to the Study of Religion*, de 1966, "Religion as a Cultural System", o texto mais construído e o mais sistemático;

3) o último capítulo de *Observer l'islam*, "Combat Pour le Réel" é praticamente contemporâneo dos dois primeiros, e pretende ser a contraparte empírica e o inverso indutivo da construção do quadro teórico apresentado por outro ponto de vista.

A obra que dá todo seu sentido à elaboração teórica da religião como "sistema cultural" é precisamente *Observer l'Islam*, o que representa um grande salto ou um descentramento em relação às ancoragens etnológicas clássicas, africanas ou indianas, da antropologia cultural que continua a ornamentar os textos teóricos (a bruxaria nos azande, os cantos dos índios navajo).

A precisão é importante porque, nesse trabalho comparativo, a antropologia assume o risco de sair das análises "miniaturistas" à maneira da briga de galos em Bali e amplia o foco em relação à observação localizada dos rituais da vida rural ou dos bairros urbanos, para ousar falar da religião do Marrocos ou da Indonésia, em outras palavras, da religião dos Estados-nações. Essa antropologia religiosa comparada, histórica e sociológica, é uma introdução entre outras às questões da globalização escriturária de uma religião como o islã com seu inverso, a indigenização, e os paradoxos de um "universalismo vernacular" (1992, p. 13). A pertinência

---

[20] *The Antioch Review,* n. 5, 1958.

e a perseverança de um estilo religioso coletivo e nacional, javanês ou marroquino, não impedem, de forma alguma, ao contrário, em tomar toda precaução nesse contexto da individualização das experiências religiosas e de colocar o problema das condições de sua observação etnográfica e de sua interpretação.

O novo paradigma da religião encontra seu fundamento ou seu pivô no modelo semiótico da "significação" cuja centralidade é evocada por S. Langer (1962, p. 55) na paisagem intelectual das ciências humanas dos anos 1960. Contudo, Geertz cruza, no domínio da religião, essa perspectiva simbólica e semântica com a problemática weberiana da significação vivida e visada no centro da ação. Mas também é central o aporte da noção de senso comum de Schutz, principalmente porque a fenomenologia da construção da realidade social desse último se inscreve numa síntese do "senso subjetivamente visado" de Weber e das atitudes naturais do "mundo da vida" da tradição fenomenológica de Husserl.

A definição "dedutiva" comentada por Geertz de modo bem didático, ponto por ponto (à maneira, se assim podemos dizer, de proceder de Durkheim em sua própria definição) é, pois, a seguinte:

A religião é:

1) um sistema de símbolos;
2) que age de maneira a suscitar nos humanos motivações e disposições de grande poder, profundas e duráveis;
3) formulando concepções de ordem geral sobre a existência;
4) e dando a essas concepções uma tal aparência de realidade;
5) que essas motivações e disposições parecem apoiar-se de fato no real (1972, p. 23).

Nesse quadro composto de paradigmas, todo o problema é apreender o sentido das articulações significantes e das circularidades constrangedoras que ajudam a compreender o "combate pelo real" que está no cerne da religião. O resumo que nos oferece o último capítulo em *Observer l'Islam* merece ser citado devido à sua clareza pedagógica:

> *Criou-se o hábito, na antropologia, de qualificar de visão do mundo o conjunto das ideias de um povo sobre a natureza profunda da realidade. Geralmente se designa como* ethos *seu estilo de vida, a maneira como eles fazem as coisas e querem que elas sejam feitas. O papel dos símbolos religiosos é, portanto, fazer a ligação entre* ethos *e visão do mundo, de tal modo que eles se confirmem mutuamente. Esses símbolos permitem crer numa visão do mundo e justificar um* ethos *simplesmente invocando cada uma dessas duas esferas para sustentar a outra. Uma visão do mundo parece plausível porque o* ethos *que nela se inspira é percebido como servindo de regra; e o* ethos *se justifica pelo fato de que a visão do mundo sobre a qual ele repousa é considerada como verdadeira. Considerada fora da perspectiva religiosa, essa maneira de pendurar um painel num prego fixo em sua moldura aparece como uma "manipulação de mágico"; vista do interior, é um simples fato* (Geertz, 1992, p. 112).

Aqui a circularidade e a interação são essenciais. Os símbolos "exprimem" uma visão do mundo e da realidade, mas eles também a "encarnam": "eles exprimem o clima do mundo dando-lhe ao mesmo tempo forma" (p. 28). Os símbolos "sagrados" não dependem, para Geertz, de uma leitura simbolista, criptológica ou ritualista, não são núcleos de significação substancial ou arquetípica, coisas simbolizadas (a cruz, a bandeira, o churinga), mas vetores de conformidade, ficções reais partilhadas que dão forma à experiência cotidiana dos humanos, encorajando sua rotinização e a produção da realidade "tal como ela é". No texto de 1958, retomado aqui:

> *Os símbolos sagrados servem para sintetizar o* ethos *de um povo – a tonalidade, as características de sua vida, seu estilo e suas modalidades estéticas e morais, sua visão do mundo, a imagem que ele se faz da realidade e suas ideias sobre a ordem das coisas* (Geertz, 1972, p. 22).

De certa maneira, o título do capítulo 5 em *The Interpretation of Cultures,* "*Ethos,* visão do mundo e a análise dos símbolos sagrados", era mais fiel a essa definição e evitava as leituras culturalistas que habitualmente são mantidas.

Na continuidade da herança de Langer e sobretudo do neo-kantiano Cassirer, as formas simbólicas têm aqui uma dupla dimensão, são ao mesmo tempo expressivas (elas se moldam numa realidade pré-dada na experiência) e constitutivas, no sentido kantiano e transcendental (elas dão forma e informam a realidade, articulam e estruturam a experiência social). Ricoeur fala de simbolismo constituinte e de simbolismo representado, ou de símbolo simbolizando e de símbolo simbolizado. O conceito de formas simbólicas faz, enfim, a ligação entre as formas e as categorias da ação, compreendidas na continuidade do *ethos* weberiano como disposições para agir, mas também de modo mais durável como estilos de vida. O *ethos,* segundo a lição weberiana, não poderia ser confundido com as doutrinas morais e as éticas religiosas que estão ligadas a concepções da vida e do destino individual, "racionalizadas" pelas religiões. A noção de modelo de significações e de valores, "modelos de" e "modelos para" faz a ligação entre a tipificação ou a estilização do ideal tipo weberiano e a idealização no sentido moral; ela prevalece sobre as noções de sistema e de estrutura, em última análise pouco mobilizadas. Estamos longe do sistema das coisas religiosas à maneira de Durkheim, como também dos sistemas simbólicos à maneira de Lévi-Strauss. O lugar dos valores que preocupava também Bastide encontra aí sua vantagem.

Em *Observer l'islam* predomina a abordagem weberiana dos tipos e estilos religiosos, ilustrando perfeitamente a ligação entre visões de mundo e *ethos* por intermédio dos símbolos. De um lado, uma sociedade javanesa marcada por sua fixação numa visão do mundo rural que cultiva um *ethos* da "aplicação", da colocação em prática; de outro lado, uma sociedade marroquina herdeira de uma organização tribal que valoriza "a audácia" dos chefes guerreiros. O interesse comparativo dessas duas sociedades está, entre outros, no fato de que nos dois casos o islã não sofreu a violência de um Estado islâmico, nem as pressões de um reformismo radicalista. As formas de compromisso que inauguraram a entrada na modernidade clássica (séculos XVI-XVII) já tinham por virtude gerenciar a continuidade na mudança: na Indonésia, a tradição indiana não desaparece com o surgimento de uma contratradição islâmica, e um "javanismo indianizado" se mantém sob a capa de conversão a um "verniz islâmico" (1992, p. 62), é o segredo de uma matriz cultural polimorfa, sincrética e maleável; no Marrocos, o islã dos xerifes arrimado no princípio genealógico se apresentava como uma potência unitária de ortodoxia, mas a força do sufismo, de seus santos marabutos, de seus lugares de resistência e de suas confrarias, impôs um outro compromisso, a canonização dos "homens fetiches" (*ibid.*, p. 63). Nesses dois mundos, os símbolos sagrados, vetores da mediação entre visões de mundo e atitudes religiosas, são figuras metafóricas de heróis legendários: em Java, o relato desconcertante da conversão de Kalijaga, o príncipe "camaleão espiritual" (*ibid.*, p. 50), forneceu o cenário modelo de uma mudança de disposição totalmente interior que leva, pelas técnicas de meditação e de renúncia do iogue, a uma fé muçulmana recobrada; no Marrocos, a conversão de Al-Yousi, o homem tribal, o santo rebelde, ilustra de modo altamente simbólico, e ao mesmo tempo de modo altamente físico (a lavagem das roupas sujas), a subordinação do poder espiritual incontrolado da *baraka* à ascendência profética.

Os dois modelos de vida são em primeiro lugar modelos de conversão que introduzem a um estilo de vida, e ambos se encarnam em formas simbólicas, estéticas, morais e políticas: o "centro exemplar" de equilíbrio e de estabilidade da corte real representada ainda pelas formas do Estado-teatro indonésio; o túmulo do santo marabuto, ponto final de uma vida de viagem doravante fixa em Deus. Mas resguardada toda fidelidade weberiana, o que mais ressalta desta tipologia comparada dos estilos religiosos é o sistema de desvio das disposições geradas e cultivadas por eles:

> *Do lado indonésio, é a interioridade, a imperturbabilidade, a paciência, o equilíbrio, a sensibilidade, o esteticismo, o elitismo e uma extinção quase obsessiva de si mesmo; do lado marroquino, é o ativismo, o fervor, a impetuosidade, a segurança, a obstinação, o moralismo, o populismo e uma afirmação de si mesmo quase obsessiva, uma exaltação radical da individualidade (ibid., p. 69).*

Essa construção ideal-típica das atitudes morais toma aparências de tratado das virtudes.

A religião como "sistema cultural" nos afasta em todo caso da antropologia culturalista da corrente "cultura e personalidade", dos *"patterns"* e dos mostruários de civilização de Benedict Anderson e de Margaret Mead para inscrever-se claramente numa leitura comparativa de inspiração weberiana, como a que é ilustrada pelas abordagens comparadas do *ethos* do confucionismo chinês e do puritanismo protestante (Weber, 1996, pp. 379-409); ou também os desenvolvimentos weberianos sobre a religiosidade asiática que formam a conclusão do texto sobre o hinduísmo e o budismo (*ibid.*, pp. 461-481). A ignorância e o não senso das questões tipicamente ocidentais da noção de personalidade, e de uma forma estética de existência pessoal concebida como estilo estão no centro de todas as análises weberianas da religiosidade asiática que têm um eco direto nas descrições geertzianas da noção de pessoa no mundo balinês:

> No mundo bem esclarecido da vida cotidiana, a parte puramente pessoal da definição de um indivíduo em termos culturais, o que no contexto da comunidade, por menor que ela seja, é plena e completamente dele e só dele, foi passada sob silêncio.[21]

Religião e senso comum

A problemática do senso comum continua sendo o alicerce antropológico dessa análise weberiana das sensibilidades religiosas e das atitudes "naturais". A articulação é amplamente facilitada pelo conceito de "cotidianização" (*Veralltäglichung*), a inscrição do *ethos* religioso no mundo da vida comum das pessoas (*Lebenswelt*), um conceito impropriamente traduzido, no contexto americano, segundo Jean Pierre Grossein, pelo termo "rotinização" (do carisma ou outro) (Weber, 1996, p. 123). A tonalidade que a noção de "senso comum" traz à obra de Geertz como quadro da experiência comum do mundo foi herdada da fenomenologia social de Schutz. Geertz

---

[21] Ver Geertz (1983), sobre a definição da pessoa em Bali, pp. 118-140.

opõe essa construção social do real ao bom senso prático e empírico do saber popular retido por Malinowski em sua discussão da magia: "o senso comum se compõe de um conjunto de postulados, alguns conscientes, mas a maioria simplesmente considerada evidente, sobre o que constitui a natureza genuína das coisas – sobre o que é normal ou não, o que é razoável ou não, o que é real ou não" (1992, p. 108). Nos anos 1980, a noção de senso comum acabou por tomar todo o lugar da noção de sistema cultural, como o confirma o artigo sobre "O senso comum como sistema cultural" (1986).

No texto sobre "A religião como sistema cultural" duas problemáticas significativas são apontadas por Geertz como fontes de renovação possível da antropologia das religiões.

Em primeiro lugar, a prioridade outorgada à compreensão dos sistemas religiosos e dos tipos de religiões como modos de resposta à questão do sentido do mal. Aqui estamos longe das leituras funcionalistas da religião, e é evidente a influência weberiana das questões que dizem respeito ao sentido da vida e de sua justificação.

> *A frustração, o sofrimento e o sentimento de não poder resolver o paradoxo ético são, caso se tornem suficientemente intensos e duráveis, um desafio radical à ideia de que a vida é incompreensível, e que se pode, pela reflexão, orientar-se a esse respeito, de modo eficaz; e é esse desafio que toda religião, por "primitiva" que seja, deve tentar enfrentar, se ela quiser sobreviver* (Geertz, 1972, p. 33).

Geertz se limita a sublinhar a necessidade de ultrapassar a oposição entre religiões primitivas, materialistas e pragmáticas, que seriam estranhas ao desencanto do mundo e à questão do sentido metafísico e ético da existência, e religiões que seriam as únicas a se colocar problemas de consciência e a viver a angústia dos paradoxos éticos. O questionamento das religiões "tradicionais" é sem dúvida fragmentário e descontínuo, mas não é estranho às questões teológicas e éticas formuladas pelas religiões "racionalizadas" (1983, p. 218). Mas o peso da questão antropológica do inexplicável e antes de tudo do inominável no centro da experiência do sofrimento e da doença enriquece a abordagem do sentido conferindo-lhe uma tripla dimensão: cognitiva, afetiva e moral. Entre o déficit de sentido do inexplicável, o não senso e a absurdidade de uma dor inominável e a injustiça da "estrutura moral da realidade" (que a chuva cai sobre o justo), o deslizamento e a confusão da experiência são inevitáveis. Além dos dilemas éticos e teológicos das grandes sociodiceias do mal, a questão primordial não é tanto, para a maioria das religiões, suprimir o sofrimento, mas suportá-lo, dar um sentido a esse sofrimento, respondendo ao déficit de sentido que torna a dor ou a desgraça intoleráveis.

Não podemos deixar de evocar aqui toda a problemática da eficácia simbólica desenvolvida por Lévi-Strauss a partir das curas xamânicas dos índios cuna, sobretudo quando os exemplos etnográficos retomados por Geertz se nutrem também dos cantos de cura dos índios navajo e ilustram os mesmos procedimentos de identificação, de transferência e de manipulações rituais entre os atores humanos (o doente e o curandeiro) e divinos (o povo sagrado):

> Todo o processo de cura pode ser comparado, diz Reichard, a uma osmose espiritual na qual a doença que se encontra no ser humano e o poder da divindade atravessam a membrana ritual nos dois sentidos, a segunda neutralizando a primeira (Geertz, 1972, pp. 39-40).

Aqui não se pode deixar de pensar no princípio de indução da eficácia simbólica.

Os relatos religiosos de caráter cosmogônico, assim como os dramas encenados pelos rituais, não trazem, para dizer a verdade, solução metafísica, nem mesmo lição moral; são, como Geertz o ilustra com o mito do recuo da divindade nos indica, "simples descrições" (1972, p. 42) que configuram as ambiguidades, os enigmas e os paradoxos inerentes à experiência humana.

A segunda problemática avançada também não é neste ponto estranha à tradição antropológica, visto que se trata da relação entre o sobrenatural no qual alguns creem e o suposto senso comum partilhado. Geertz considera que essa questão da crença foi negligenciada pelos antropólogos não somente ao nível do estatuto das crenças coletivas, nas quais não se "crê" porque elas fazem parte do senso comum, mas ao nível da coabitação ou da oscilação do crer na vida cotidiana dos indivíduos que creem (1972, pp. 56-57). A questão do crer ou do não crer ou do crer sem crer nisso –

numa palavra, do posicionamento do sujeito em sua relação com as crenças – é relegado com muita facilidade pelos antropólogos para o lado da psicologia.

Mas essa questão, cara a todos os antropólogos, está no centro da abordagem do ritual. O aparelho ritual e cerimonial das religiões coloca de fato em cena, regularmente, o que Geertz chama "representações culturais" (1972, p. 49), momentos coletivos de intensidade dramática que mobilizam as técnicas da emoção e do transe, e que fazem existir plenamente o "realmente real" da fé ou o sobrenatural divino ou diabólico. "Num ritual o mundo tal como é vivido e o mundo tal como é imaginado, unidos por intermédio de um mesmo conjunto de formas simbólicas, chegam a confundir-se" (*ibid.*, p. 49). Geertz fala a este propósito de "fusão simbólica" e gosta de citar o belo exemplo da descrição da "representação" ritual e teatral de Rangda e Barong em Bali. A intensidade dramática dessa encenação de dois demônios toma um relevo ainda maior, uma vez que a religião balinesa se apresenta, por outro lado, sobretudo como ligada a um formalismo cerimonial todo em exterioridade. Nesses momentos plenos, em que tudo pode soçobrar a qualquer momento no pânico puro ou na destruição selvagem, não há mais lugar *a priori* para a distanciação estética ou para o desprendimento, mesmo quando os participantes não estão todos em transe, não ocupam o mesmo lugar ritual, ou não se inscrevem nas mesmas identificações aos heróis (Geertz 1983, p. 228). A questão do etnólogo, um tanto perturbado pelo espetáculo, sobre a autenticidade da crença na realidade dos seres que ali estão, só pode estar deslocada nesse contexto; falta-lhe entendimento e sentido do encantamento. Mas a questão do retorno à vida comum e do desprendimento em relação a esses momentos de intenso engajamento coloca-se em todas as religiões e para todo indivíduo.

> *Esse movimento de idas e vindas entre a perspectiva religiosa e a perspectiva do senso comum representa, um dos fatos empíricos mais evidentes da cena social; mas, repetimos, um dos mais negligenciados pelos antropólogos, que, no entanto, todos constataram muitas vezes* (Geertz, 1972, p. 58).

Antropólogos como Bastide com o princípio de ruptura, ou como Evans-Pritchard a propósito da bruxaria não deixaram, contudo, de levar em conta, na filiação das preocupações de Lévy-Bruhl sobre o pensamento místico, essa oscilação, essa coabitação ou essa compartimentação entre formas de pensamento, entre um sentido comum empírico, racional e pragmático, e um sentido do sobrenatural que se apresenta também, segundo os contextos e as situações, como evidente e realmente real. A teoria dos "mundos múltiplos" de Schutz é uma versão renovada dessa problemática da coabitação e da separação das esferas da existência.

Na tradição antropológica, Evans-Pritchard foi o primeiro a sustentar no terreno da bruxaria essa questão das modalidades e dos contextos da "crença" na bruxaria em sua relação com o senso comum. A bruxaria, para os zande, como repete Geertz, não depende do extraordinário, nem mesmo do invisível; ela se insere no tecido de presunções do senso comum, vindo somente "terraplenar" suas anomalias e suas contradições:

> Longe de transcender esse pensamento (do senso comum), ela o reforça acrescentando-lhe uma ideia que responde a todas as necessidades, que age para tranquilizar os zande, assegurar-lhes que a despeito de aparências momentâneas que vão em sentido contrário, seu fundo de senso comum é confiável e adequado (Geertz, 1986, p. 100).

Poderíamos pensar que o desvio entre a perspectiva do senso comum e a do "realmente real" das religiões da fé se acentua especialmente com uma modernidade religiosa que altera a distribuição das cartas, a ponto de encorajar desta vez a ruptura do engajamento religioso com as evidências do entendimento comum. Mas na vida comum dos crentes do islã ou na fé maquinal dos cristãos, a observação não muda: "a crença religiosa não age sobre o senso comum tomando seu lugar, mas incorporando-se nele" (1992, p. 126). Quando a fé religiosa rompe com o senso comum, ela assume o risco do suicídio ou de um desvio para o fanatismo.

Mas Geertz não pode ignorar que a evolução religiosa, inclusive na Indonésia e no Marrocos, evolui no sentido de um desligamento e até de um fosso entre o senso comum e a fé religiosa.

De certa maneira, o que Weber designa como "a questão do sentido" assinala o "desencanto" de um mundo que não é mais evidente e que precisa de justificação, o abalo de uma adequação perfeita, de uma conformidade entre as evidências do senso comum, os milagres do sobrenatural e as certezas da fé. Cabe a Geertz todo o mérito de colocar como aposta de observação e de interpretação antropológica a questão do "fim do círculo mágico da religião e do puro realismo da vida cotidiana" (1992, p. 53), que ele ainda pôde observar no terreno da religião balinesa. A emergência do espírito religioso daqueles que partilham da crença, daqueles que creem que é preciso crer para ser salvo, é o inverso daquela do espírito da dúvida, da perplexidade ou da crítica, e de modo mais geral da indiferença.

O jogo das idas e vindas ou das telescopagens entre as perspectivas da religião crente ortodoxa ou radical, do iluminismo místico, da relação ritualizada com os símbolos sagrados, da estética litúrgica, da religião-teatro, ou as racionalizações científicas das visões do mundo, confundem as pistas e encorajam a flutuação e a "reconstrução do senso comum" (1992, p. 125). O que Geertz chama ideologização da religião, a passagem de uma religiosidade de senso comum ao espírito religioso engajado, não vale somente no domínio do islã, como se dá a entender hoje, mas diz respeito ao conjunto dos recursos ao religioso e inclusive às religiões chamadas tradicionais. É o que mostra muito bem a apresentação das questões que cercam a "racionalização" da religião balinesa e o que Geertz designa como uma "conversão interna" (1983, pp. 216-238), numa palavra, a emergência moderna do "balismo", como doutrina e religião oficial da Indonésia, sustentado pelos jovens letrados da aristocracia.

Conclusão: mudança e engajamento

O exotismo de seus primeiros campos de predileção não impede absolutamente Geertz de colocar, desde o começo, a questão da mudança e das imposições da modernização no centro de suas preocupações antropológicas. Numa nota sobre "a conversão interna" no Bali contemporâneo, ele confessa:

> *Nossa visão das religiões africanas ou asiáticas como tais é curiosamente estática. Nós esperamos vê-las prosperar ou declinar; nós não esperamos que elas mudem* (1982, p. 216).

Sem dúvida, a tese mais retomada, particularmente por ocasião dos campos revisitados, é a da continuidade profunda dos tipos de sociedades e de religiões no centro das mudanças, uma continuidade cujo segredo está na plasticidade de seu *habitus* religioso, sua capacidade de adaptação e de acomodação:

> *A persistência de uma parte considerável do caráter cultural de um povo, do sentido e da pressão das vidas de seus membros, através de enormes mudanças, mesmo mudanças históricas descontínuas [...] é um dos mais profundos mistérios das ciências humanas* (1983, p. 9).

Não se trata de sustentar, segundo a fórmula preferida dos antropólogos, que "quanto mais isso muda, mais continua sendo a mesma coisa" ou "o mesmo outrora como hoje". Mas também é verdade que as sociedades, como diz Geertz, têm horror às soluções de continuidade, mas ao mesmo tempo, à força de adaptar-se e de acomodar-se, acabaram por mudar, em outras palavras, muitas vezes as mudanças só aparecem com o recuo histórico.

Geertz é um dos raros antropólogos a exprimir-se sobre o tema da fé religiosa e a interrogar-se sobre as variedades do engajamento religioso:

> *Se o estudo antropológico do engajamento religioso está pouco desenvolvido, o estudo antropológico do não engajamento religioso é inexistente. A antropologia religiosa atingirá sua maturidade quando um outro, Malinowski, mais sutil, escrever um livro chamado* Crença e incredulidade *(ou mesmo* Fé e hipocrisia*) numa sociedade selvagem* (Geertz, 1972, p. 44).

Nas sociedades modernas da Indonésia ou do Marrocos, Geertz não observa tanto, diz ele, a extinção das religiões da esfera pública e política, do Estado-teatro ou das cortes reais, mas antes um processo de "secularização" da vida comum que toma múltiplas formas contraditórias. Como assinalaram os sociólogos, a secularização não é o fim do religioso, mas se trata de uma vasta reconfiguração das formas do crer, do engajamento ao desprendimento, do radicalismo ao formalismo. O intelectualismo sincretista da Indonésia, que faz um amálgama de todos os estilos religiosos, tem por contraparte o formalismo do islã marroquino, o que faz Geertz não hesitar em falar aqui de "esquizofrenia espiritual".

No uso que Geertz faz dela, a categoria de "fé religiosa" transcende claramente os sistemas religiosos e não poderia estar confinada às religiões da fé e do credo. A pergunta mais crucial continua sempre a mesma: "Como se explica que os crentes possam crer?". Ou, acrescenta ele, correndo ainda o risco de ser tomado por advogado de uma realidade subrenatural: "De onde vem a fé?" (1992, p. 114). Mas o conjunto dos paradigmas que as ciências sociais podem mobilizar para esclarecer a religião (sistema cultural, forma simbólica, *ethos*, senso comum) jamais dão acesso, a não ser aos "vetores" da fé religiosa:

> *Dificilmente se pode esperar progredir na análise da mudança religiosa – isto é, do que implica para a fé a modificação de seus vetores – antes de ter tirado a limpo quais são esses vetores em cada caso particular, e como, se realmente é esse o caso, esses vetores estimulam a fé* (ibid., p. 16).

CAPÍTULO VI
MARC AUGÉ[1*]
PLASTICIDADE PAGÃ E RITUAL PROFÉTICO

Um antropólogo, pesquisador de campo e escritor

Marc Auge é conhecido por sua obra antropológica, seus escritos epistemológicos e seus campos de pesquisa africanistas (Costa do Marfim, Togo, Benin). Mas também se fez conhecido do grande público como escritor, particularmente a partir de *La Traversée du Luxembourg*, seu "etnorromance". Após a produção de monografias importantes e eruditas (1969; 1975), sínteses epistemológicas renovadas sobre a disciplina antropológica (*Symbole,*

[1*] AUGÉ, Marc. Génie du Paganisme. Paris: Gallimard 1982.

Fonction, Histoire, 1979), ele se permite um gênero que vai do relato autobiográfico, próximo da etnoanálise, às crônicas jornalísticas da etnoficção (*Fictions Fin de Siècle*, 2000). Na filiação de Georges Balandier, o olhar antropológico sobre os imaginários e os ritos das sociedades modernas (ou supermodernas) continua a alimentar muitos ensaios à maneira de *Un Ethnologue dans le Métro* (1986, revisitado em 2008). Abrindo caminho, aparecem novos conceitos como o de *Non-lieux* (1992) ou novos objetos de reflexão, particularmente sobre a imagem, o sonho e a ficção (*La Guerre des Rêves*, 1997).

Não é fácil, sem cair no contrassenso ou no mal-entendido, desvendar um "sistema" ou uma teoria do simbólico, do ritual ou do religioso, nutrido do "sentido dos outros" e dos retornos aos "mundos contemporâneos".[2] A obra conheceu, como muitas outras, seu momento teórico em torno da noção de ideo-lógico nos anos 1960 e 1970, no centro dos grandes debates do marxismo althusseriano confrontado com o desafio da antropologia estrutural (ver sobre esse tema Terray, 1978). Mas Marc Augé não é um autor de sistema, sua escrita literária, cheia de ironia, e sobretudo a plasticidade de um pensamento independente, todo em nuances e sutilidades, o mantêm à distância de toda escola de pensamento. Seu interesse particular pelo ritual e pelo religioso, e sobretudo pelas lógicas simbólicas, jamais esteve separado das lógicas sociais e da questão dos poderes e do político. Falando, porém, do poder e dos poderes, ele evita a relação frontal com a questão do político, e pelo lugar que ele atribui logo à primeira vista à questão do sentido e do simbólico, ele se presta a todas as suspeitas de "*flirt* estruturalista" ou de "desvio weberiano" da vanguarda do mundo da antropologia que pretende ser crítica" e "política" (Copans, 1983).

Seu pensamento progride revisitando temas recorrentes (o sentido dos outros, as mediações do ritual, as construções do indivíduo, os poderes de vida e de morte). Suas ideias-força se apoiam nas referências clássicas e se nutrem de sua experiência

---

[2] Podemos referir-nos ao número especial da revista *L'Homme*, 2008, n. 185-186, e especialmente à introdução de J.-P. Colleyn e J.-P. Dozon. Marc Augé praticou muito nesses últimos escritos as releituras biográficas retrospectivas de seu percurso intelectual. Citamos entre outros o artigo de 1987a: Qui est l'Autre? Un Itinéraire Anthropologique.

etnográfica; elas fazem seu caminho administrando deslocamentos indistintos. Em todo caso, não há nenhuma dúvida de que esta obra se constrói no diálogo constante com os outros antropólogos "contemporâneos", inclusive com a antropologia histórica (Jean-Pierre Vernant, Marcel Granet, Jacques Le Goff, Jean-Claude Schmitt) e é claro com os grandes autores que eles gostam de citar e que sempre dão a pensar (Durkheim, Mauss, Lévi-Strauss). O esquema trinitário dessa antropologia que sempre afirmou sua vocação "tripolar" (símbolo, função, história) esforçando-se para pensar junto, e não somente no terreno etnográfico, pluralidade, alteridade e identidade (1994, p. 84) testemunha uma preocupação contínua de composição e de complementaridade das abordagens que faz lembrar as lições do paganismo.

Os objetos e os terrenos que estão no centro desse trabalho antropológico não são especificamente religiosos, e Marc Augé jamais escreveu de fato sobre a religião como tal, salvo justamente nas contribuições para uma Enciclopédia italiana *(Enciclopédia Einaudi)* que forneceram a matéria de seis dos nove capítulos do *Gênio do paganismo*.[3] Seu primeiro local de estudo, nos anos 1960, como pesquisador, se situava às margens da laguna na costa aladiana *(Le Rivage Alladian*, 1969) e seu objeto principal era a bruxaria camponesa que forma a textura das relações sociais, fornece a linguagem dos poderes, a chave das categorias da pessoa e a grade de leitura dos acontecimentos. *Théorie des Pouvoirs et Idéologie* (1975a) – sua tese de doutorado – tem como dados etnográficos principais esse terreno costa-marfinense. Foi, segundo suas palavras, seguindo os camponeses, bruxos ou enfeitiçados presumidos, que iam consultar o profeta Atcho em Bingerville, que ele se interessou pela questão dos profetismos africanos (1975). Sua entrada no pequeno mundo dos profetas curandeiros do sul da Costa do Marfim prosseguiu mais tarde (quase vinte anos depois) com o trabalho engajado com o profeta Odjo (1990). O terreno do Togo e do Benin lhe havia aberto nesse entremeio o acesso a novos objetos: os cultos de possessão, os ritos de inversão e o fetichismo do universo do vodu. Duas obras, *Pouvoirs de Vie,*

---

[3] Assinalamos também no mesmo gênero sua apresentação da tradução francesa da coletânea de textos de antropologia religiosa de J. Middleton, Dieux et Rituels ou Rituels sans Dieux? (Augé, 1974).

Pouvoirs de Mort (1977) e sobretudo um de seus mais belos livros, *Le Dieu Objet* (1988), no espírito do *Génie du Paganisme*, deram toda sua dimensão a esse novo campo de pesquisa. Mais tarde, graças à grande aventura da antropologia visual, empreendida com a equipe de Jean-Paul Colleyn, novos pontos serão esboçados com a América Latina, seus cultos de possessão, sua guerra dos sonhos e das visões e os xamanismos ameríndios (*La Guerre des Rêves. Exercice d'Ethnofiction* 1997).

É notável que esse percurso etnológico se situe sempre à margem do campo religioso e político africano de hoje e interrogue o religioso dos outros em nichos ou em fronteiras: os pequenos profetas curandeiros "em seu país" não estão realmente no centro da evolução do campo religioso costa-marfinense e os cultos vodu se inscrevem hoje em lógicas transnacionais de patrimonialização cultural que se desdobram entre a África, o Brasil e os Estados Unidos. Não é imaginável que Marc Augé escreva um *paper* sobre a basílica de Yamussukro ou sobre uma grande assembleia evangélica em honra de um pastor pentecostalista coreano (Yonggi Cho) no estádio Houphouët-Boigny em presença do Presidente Gbagbo. O que dizer então do islã das mesquitas de Bouake ou de Abidjã! A mesma observação se impõe em relação aos terrenos europeus: um etnólogo no metrô, sim, mas um etnólogo nas jornadas mundiais da juventude (católica) ou em peregrinação a Santiago de Compostela? As observações sobre o religioso em sua casa são alimentadas pelas lembranças de infância e continuam no essencial íntimas e familiares.

Ideo-lógico de linhagem e lógica pagã

O paganismo, ou o suporte antropológico (de três pés) que a "lógica pagã" representa para o autor do *Gênio do paganismo* (Augé, 1982), foi pensado no começo como o ideo-lógico das sociedades de linhagem, e a questão de sua circunscrição e de sua extensão se impõe (Terray, 1978, p. 136). Ele se apresenta hoje no conjunto da obra como a matriz simbólica e ritual de toda vida social e cada um de seus escritos retorna regularmente a ele.[4] Sua colocação à prova, no quadro dos profetismos e sincretismos africanos, oferece outras tantas situações-limite de confronto com seu contrário, o cristianismo missionário. Pode-se até aventar a hipótese de que foram os profetismos que acabaram por impor a ideia de que o ideo-lógico das sociedades de linhagem pode ser lido e ser nomeado em termos de uma lógica pagã que se construiria na interação com o cristianismo. A precisão é importante porque o "gênio do paganismo" não se compreende verdadeiramente, na Costa do Marfim dos anos 1980, a não ser sobre o fundo de um retorno a uma lógica societal global que se desfez em grande escala, reduzindo-se ao estado de restos e de fragmentos, apesar de persistir à margem na astúcia e no compromisso em relação à modernidade cristã dominante. A "grade profética" alimentada pelos pequenos profetas curandeiros funciona em parte como conservatório da lógica de linhagem transmutada em lógica pagã (1990, pp. 18-19).

Colocar o "ideo-lógico de linhagem" no centro da exigência de compreensão estrutural das situações costa-marfinenses dos anos 1960 e 1970 dependia de uma preocupação de atualidade no sentido da "sociologia atual" de Georges Balandier (1955). A atualidade "é precisamente a totalidade das determinações e das expressões de um campo social a um dado momento" (Augé, 1979, p. 175). Essa exigência de totalidade e de sistematicidade, G. Balandier a encontrou, num dado momento, na "situação colonial" e os reveladores dessa mudança de escala em relação à etnia dos etnólogos eram justamente esses objetos "novos", polêmicos e fora-de-jogo representados nos anos 1940-1950 pelos sincretismos e profetismos.

Os termos da problemática do ideo-lógico estão no cruzamento de várias heranças intelectuais que marcaram o itinerário dessa gloriosa geração de professores titulares. Em primeiro lugar vem essa revisão do estatuto da ideologia operada por Althusser que tende a fazer da relação imaginária dos humanos com sua condição de existência uma dimensão constitutiva e

---

[4] Para uma retomada relativamente recente do "conceito de paganismo", suscitada pela questão do sonho e da possessão (Augé, 1997, pp. 62-65).

inaugural da vida em sociedade, e não a simples expressão dos interesses práticos e visões do mundo das classes dominantes. É preciso lembrar que a ideologia para Althusser não tem história, à diferença das ideologias, e que a religião, especialmente a cristã e seu Deus pessoal, ocupam um lugar paradigmático na transformação dos indivíduos em sujeito (Althusser 1970). Essa veia de pensamento não é estranha ao aporte da noção de instituição imaginária da sociedade, de Castoriadis (1975), que também marcou o pensamento de Augé. Esse imaginário constituinte que sublinha o arbitrário originário das significações da vida de uma sociedade não deixa de ter relação, mesmo em tensão crítica, com a primazia da função simbólica sobre os constrangimentos do social alegados por Lévi-Strauss.[5]

A antropologia estrutural, as noções de sistema simbólico e sobretudo a redefinição da cultura como conjunto de "sistemas simbólicos" (língua, parentesco, arte, mito, rito) evocados por Lévi-Strauss na Introdução à obra *Sociologia e Antropologia*, de Mauss, levam a repensar o famoso paradigma das instâncias (infraestrutura e superestrutura) e a articulação dos níveis escalonados ou sobrepostos da vida social. Um dos efeitos da revolução estrutural dos anos 1960 é a relativização da "determinação em última instância" pelo econômico ou outros. O parentesco (como sugere Maurice Godelier) e por que não a religião (nos diz Augé) funcionam ao mesmo tempo como superestrutura e como infraestrutura. Mais globalmente, toda estrutura funciona como organização e como representação, é o *leitmotiv* dos primeiros escritos de Augé sobre o ideo-lógico (1975 a, p. 18) A tradução em termos de "lógica pagã" pretende que as relações de força sejam também relações de sentido e inversamente.

A herança dos conceitos linguísticos de eixo paradigmático e sintagmático, caros ao estruturalismo, pesa fortemente sobre a releitura da articulação entre os tipos de organização e as lógicas de representação que preside à formulação do conceito de ideo-lógico:

---

[5] O próprio Marc Augé assinala a convergência de datas entre a terceira edição aumentada da introdução a Mauss, de Lévi-Strauss (1966), a publicação de Pour Marx, de Althusser (1965), e a de L'Institution Imaginaire de la Société, de Castoriadis que reúne textos publicados entre 1964 e 1965 em *Socialisme ou Barbarie* (Augé, 1987, p. 9).

O ideo-lógico é sintáxico no que ele define regras de acordo; a escolha de um termo de uma série paradigmática (entre essas séries ou ordens de referência pode-se tanto contar os componentes da pessoa como os poderes psíquicos, as unidades sociais ou os processos de produção) comanda a escolha de um termo numa outra série ou, pelo menos, interdiz a escolha de alguns termos em outras séries. Assim se compõem alguns enunciados teóricos (referentes à hereditariedade, à herança, à bruxaria, à nosologia, à produção e à distribuição) que definem os constrangimentos da ordem individual e social nos termos de uma mesma ordem lógica, as modalidades da palavra concreta e da ação eficaz (1975a, p. 19).

A referência ao "discurso" de uma sociedade sobre ela mesma, compreendido não como a soma dos enunciados produzidos pelos indivíduos mais esclarecidos (os grandes iniciados), à maneira da Escola griauliana, mas como a "estrutura fundamental (a lógica sintáxica) de todos os discursos possíveis numa dada sociedade sobre esta sociedade" (*Id.*), comporta muitas concessões ao paradigma semiótico da época no campo virtual do pensável e do enunciável, no seio de uma dada sociedade. Mas é evidente que as lógicas de interpretação do acontecimento (doença, esterilidade, guerra) mobilizadas pelos atores o são sempre em situação, no centro das práticas e das relações sociais, em relação com um déficit de sentido, e uma exigência de simbolização.[6] Marc Augé não cessará de aplicar essa análise "ideo-lógica" ao campo da doença e particularmente às questões dos casos de bruxaria, no espírito dessa lógica de situação cara a Evans-Pritchard.

A ambição conceitual e teórica que estava à base dessa "antropologia ideo-lógica" das sociedades de linhagem ficou um pouco embotada com o tempo, mas ela jamais desapareceu da obra de Augé. Todas as análises que seguirão sobre a noção de "dispositivo ritual" do fetichismo e a mediação simbólica dos deuses objetos provêm da mesma veia de pensamento que articula o simbólico com o biológico, o corpo com o social. A melhor ilustração dessa

---

[6] Ver a análise bem sintética e didática da noção de ideo-lógico (e do programa de uma antropologia ideológica) que ele retoma em *Pouvoirs de Vie, Pouvoirs de Mort* (1977, pp. 74-95).

fidelidade reiterada a essa problemática das "instâncias" e das "regiões da ideologia", rebatizadas de "sistemas simbólicos", continua sendo o ritual de releitura da introdução de Lévi-Strauss a Mauss que pontua todas as suas obras:

> *Toda cultura pode ser considerada como um conjunto de sistemas simbólicos na primeira categoria dos quais se situam a linguagem, as regras matrimoniais, as relações econômicas, a arte, a ciência, a religião. Todos esses sistemas visam exprimir alguns aspectos da realidade física e da realidade social, e além disso, as relações que esses dois tipos de realidade mantêm entre si e que os próprios sistemas simbólicos mantêm uns com os outros* (Lévi-Strauss, 1950, p. 19).

Marc Augé sempre buscou nesse texto o esboço de uma renovação da linguagem marxista das instâncias. A articulação (hoje se diria a interoperabilidade) entre as "ordens de referência" da cosmogonia indígena, as linguagens do corpo e do parentesco, tanto como as categorias da pessoa e os esquemas do mal, cria problema particularmente nas situações de crise e de impasse do sentido. O texto sobre a eficácia simbólica ilustra o papel de tradutor de códigos e de engrenador de violência do xamã (como do profeta curandeiro) e as "sínteses incompatíveis" que sua idiossincrasia lhe permite bricolar. Mas o deus-objeto do fetichismo e essa opacidade que liga sua realidade substancial e seu valor simbólico e social lhe permitem cumprir as mesmas funções de operador intelectual na passagem de um sistema a um outro (Augé, 1988, pp. 42-53).[7]

O paganismo, uma antropologia ao inverso

Em relação à costa aladiana, nos anos 1960, os profetismos não eram evidentemente analisadores de um mundo que estava em vias de se construir. Essas produções de sentido podiam ser compreendidas da melhor maneira na continuidade dos recursos da matriz do

---

[7] Este texto do *Dieu Objet* oferece uma das análises mais sistemáticas do autor sobre sua teoria do simbólico, como matéria e mediação.

paganismo, a única grade de leitura ainda significante, da qual subsistem apenas alguns trapos; e da pior maneira, como a expressão de seus desvios ou de seus impasses, como reveladores em negativo do gênio maligno do paganismo. A relação dual com os demônios pagãos cujo cenário se repete desde a época missionária, e inclusive nos profetismos, obriga a voltar aos termos em oposição e, sobretudo, a interrogar esses pressupostos antropológicos. O paganismo não é de fato nem para Marc Augé, nem para os outros, cristãos ou pagãos, uma "religião", e o *Gênio do paganismo* se defende de ser a reabilitação erudita de uma antirreligião estigmatizada pelo cristianismo. O paganismo é sem dúvida uma categoria do cristianismo missionário e, nessa herança, é primeiramente a religião dos outros, ou o outro da "verdadeira" religião, o que exige antes de tudo uma política de discriminação e de discernimento. Sabe-se que os cristãos chamaram de "paganismo" o politeísmo antigo, ao qual as pessoas do campo (latim, *pagani*), em oposição às pessoas das cidades, supostamente permanecem fiéis. O mesmo termo *paganus* também designou ao mesmo tempo o "paisano" (o homem do país) e o outro "pagão". Mas essa categoria da alteridade se inscreve na continuidade do nome que os judeus davam a todos aqueles que não são judeus, os *goyim*. Portanto, as religiões pagãs são também as religiões "étnicas" (*ethnoi*) ou as religiões das "nações" (*gentes*, os gentios). Na tradição paulina, o "pagão" é aquele que não conhece o Deus de Israel, que é estranho à revelação feita a Abraão. Por extensão, o paganismo, na história do cristianismo, é a religião natural, espontânea, arcaica da humanidade (fetichismo, animismo, naturalismo), a religião que mistura tudo (sincretismo), e que ignora sobretudo a ruptura das religiões reveladas.

Nas versões mais ou menos teológicas do gênio do paganismo que nos foram dadas por Marc Augé, o que prima é principalmente o jogo dos desvios e das inversões:

> Portanto, o paganismo é completamente o contrário do cristianismo; e é exatamente isso que faz sua força desconcertante, talvez sua perenidade. Pelo menos em três pontos ele se distingue radicalmente, em suas diversas modalidades, do cristianismo em suas diversas versões. Ele jamais é dualista e não opõe o espírito

> *ao corpo, nem a fé ao saber. Ele não constitui a moral em princípio exterior às relações de força e de sentido que traduzem os imprevisíveis da vida individual e social. Ele postula uma continuidade entre ordem biológica e ordem social que, de um lado, relativiza a oposição da vida individual à coletividade na qual ela se inscreve; e, de outro lado, tende a fazer de todo problema individual ou social um problema de leitura: ele postula que os acontecimentos fazem sinal, todos os sinais fazem sentido. A salvação, a transcendência e o mistério lhe são essencialmente estranhos. Por via de consequência, ele acolhe a novidade com interesse e espírito de tolerância; sempre se presta a alongar a lista dos deuses e concebe a adição, a alternância, mas não a síntese. Essa é certamente a razão mais profunda e mais durável de seu mal-entendido com o proselitismo cristão: ele, por sua vez, nunca teve prática missionária* (Augé, 1982, p. 14).

Esse resumo do catecismo pagão acentua sem dúvida o caráter de produção etnofilosófica que Augé pôde estigmatizar nos escritos dos teólogos europeus ou africanos sobre as religiões africanas desde a época da filosofia banto do padre Tempels. São conhecidas as duas teologias em oposição, a da imanência e a da transcendência, e principalmente a dificuldade que existe em superar as armadilhas das oposições significantes que presidem a estigmatização do outro, e o jogo da inversão dos valores. O autor do *Gênio do paganismo* não é o último a denunciar o etnocentrismo que caracteriza essas operações de reabilitação de uma religião do Livro ao inverso:

> *Toda "reabilitação", por mais útil que possa ser, corre o risco de idealizar seu objeto e, mais ainda, de mudar sub-repticiamente de objeto: de fazer dos valores redescobertos nas sociedades em que o observador os ignorava a medida exigente da sociedade do observador* (Augé, 1979, p. 25).

No triângulo antropológico de base da relação consigo mesmo, com os deuses e com o mundo, e o sistema das oposições distintivas que delas se deduz, o pivô é sem dúvida a construção da pessoa. A antropologia é a chave da cosmologia e da teologia. A concepção de uma individualidade única e irredutível da pessoa humana, da qual o cristianismo é portador, tem por contraparte uma definição pagã do si mesmo, inseparável da relação com os outros, contribuindo as relações de filiação e de aliança para compor uma identidade plural de destino efêmero. O Deus criador dos cristãos se define tanto em relação à sua unicidade e sua transcendência, como pela relação íntima, pessoal e exclusiva que ele mantém com sua criatura. Por contraste, os deuses pagãos, como no mundo grego, não são pessoas, mas potências ambivalentes ou heróis fundamentalmente ambíguos, caprichosos e imprevisíveis, com os quais os humanos mantêm relações pragmáticas e funcionais. A visão cristã do mundo está essencialmente ligada a uma hierarquia espiritual das forças benfazejas e malfazejas, e articulada a uma história ética da salvação redentora.

Duas dimensões tomam uma importância particular nas análises de Augé, modificando às vezes o triângulo de base, subdividindo um dos três ramos ou curto-circuitando-os. A concepção perseguidora do sentido do mal liga relações de força com relações de sentido e engaja a relação de si consigo mesmo e com os outros, prescindindo da culpabilidade individualizante. Nesse mundo, a questão "quem é o outro?" tem por formulação primeira: "Qual é o outro que me quer mal?". Em seguida, a leitura do evento (a doença, a seca, a epidemia, o acidente) como sinal a interpretar pelos processos de divinação, sempre também está em ligação para cada um com os outros próximos e às vezes com as promessas de um futuro coletivo ou de uma libertação anunciada por uma leitura profética. Mas, com o tempo e as reformulações sucessivas do triângulo antropológico – a consciência perseguidora do mal, a episteme da imanência e o evento-sinal – o que acaba por ser o paradigma do paganismo, se não de toda religião, é finalmente o ritual, encarnação da ordem simbólica, social e política, inclusive nas sociedades modernas.

A verdade é que o paganismo desafia toda análise estrutural porque ele tem por característica fundamental não ser dualista, sem no entanto ignorar os desvios que o definem: a ambiguidade (nem verdadeiramente o um ou o outro) e a ambivalência (ao mesmo tempo o um e o outro) encarnadas pelos deuses e pelos heróis estão no centro do sistema. Sua plasticidade legendária vai de par com um sincretismo consubstancial que pratica o acúmulo, a adição ou a alternância, mas ignora a síntese, e ainda mais a preocupação com a superação dialética. (Augé, 1982, p. 14). Foi essa prática da mistura incongruente que sempre fez do paganismo, aos olhos do cristianismo, o outro da verdadeira religião, sua perversão. Referindo-se ao campo dos cultos *vodu* do Togo e do Benin, que ele descobre nos anos 1970, Augé não deixa, porém, de sublinhar o paradoxo que admite que o sincretismo pagão seja, se assim podemos dizer, antissincretista. Um bom exemplo disso é dado pela atitude aparentemente surpreendente dos padres *vodu* do Togo, ao mesmo tempo tolerantes – porque indiferentes – ao catolicismo e ao protestantismo, mas virulentos e agressivos diante dos "sincretismos cristãos de origem branca". O sincretismo mimético de inspiração cristã é para os padres do *vodu* (como também para os padres missionários) uma perversão e um sacrilégio, mesmo que ele faça parte hoje do mesmo campo do *vodu*. Estranha ao proselitismo e ao espírito missionário, a "tolerância pagã" tem, portanto, perfeitamente seus limites; ela tem por inverso uma profunda "continuidade estrutural" e na ocorrência a "persistência de uma recusa".

O sentido da fronteira passa também, no próprio seio do cristianismo missionário, por muitos compromissos que reconhecem que o outro pagão ocupa seu lugar e que jamais se acabou com ele. Marc Augé reconhece perfeitamente que o cristianismo, em toda sua história, antiga, medieval, e sobretudo popular, tem uma dimensão pagã, e que essa relação entre contrários é constitutiva de sua identidade. Na história do cristianismo missionário, o paganismo esteve certamente identificado à religião arcaica dos mundos primitivos, camponeses ou populares, mas à época moderna "o retorno ofensivo do paganismo" veio, ao contrário, designar para os defensores da integridade cristã, todos os desvios da modernidade (Combès, 1938). Desde o fim do século XIX, a denúncia do paganismo se conjuga com a crítica do modernismo e dos erros do racionalismo e do materialismo e, com certeza, do laicismo, do bolchevismo, do hitlerismo e da franco-maçonaria.

Apresentado através de uma reversão de perspectiva não tanto como uma religião, mas como uma "antropologia", o paganismo também é muito atual para Augé (1982, pp. 15-16, grifo nosso):

> Falar dos deuses, dos heróis ou dos bruxos é também falar concretamente de nossa relação com o corpo, com os outros, com o tempo, porque a lógica pagã é ao mesmo tempo mais e menos do que uma religião: *constitutiva desse mínimo de sentido sociológico que investe nossos comportamentos mais maquinais, nossos ritos mais pessoais e mais ordinários, nossa vida mais cotidiana – nossas intuições mais sábias?*

No espírito de Augé, a atualidade do paganismo, como se sabe, não está ligada ao sucesso atual dos neopaganismos de todo tipo (neoindiano, neoxamânico ou neocéltico) despertados entre outros pela dinâmica *New Age*. Mas ele não deixa de assinalar, em seus escritos recentes, além do imaginário encantado da relação com o mundo dos espíritos, alguma "dimensão pagã" nesse ou naquele traço dessas formas de religiosidade, assim chamadas "supermodernas". Citamos, entre outros, o lugar outorgado à interpretação dos eventos-sinais da vida pessoal, o sincretismo das referências fragmentárias às cosmologias cristãs ou não cristãs, ou ainda o consumo clientelista e bem pragmático das ofertas cultuais em matéria de cura ou de peregrinação (Bessis, 2004, p. 48). Será que o *bris-collage* do menu *à la carte*, descrito pelos sociólogos da religião pós-moderna, poderia então também ser lido em termos de retorno do paganismo? É de temer, no entanto, que esse comparativismo analógico e fragmentário prive o paradigma de seus limites lógicos: ele extingue bem depressa o caráter sistemático do alicerce antropológico representado pela "lógica pagã" e sobretudo o desafio que, para ele, representam as novas figuras do individualismo contemporâneo.

O "gênio do paganismo", para Marc Augé, não é, portanto, nem a religião dos outros, como eles mesmos a pensam, nem uma antirreligião estigmatizada ou reabilitada. É uma antropologia que acha seu modo de exprimir-se, entre outros por meio das coisas religiosas (mas não somente), numa certa forma de relação com o mundo, com os outros e consigo mesmo. Aqui a referência determinante, como dissemos, é o lugar central (e crescente) atribuído ao ritual. A religião ritualizada, com sua fixação em comunidades "naturais", sua adesão a lugares e deuses-objetos, sua "episteme da imanência" (Augé, 1997, p. 66), e principalmente seus dispositivos de mediação simbólica, confina com a reprodução maquinal e ordinária do laço social. Essa sacralidade ritual se inscreve em tensão com uma religiosidade pessoal, espiritual e ética, que as religiões monoteístas e universais não cessaram de privilegiar, mesmo sem conseguir reabsorver ou erradicar o outro, o contrário, o inimigo por excelência: o ritual (Augé, 1994, p. 121).

Profetas curandeiros em seu país

Na filiação de Georges Balandier mais do que de Bastide, Marc Augé sempre privilegiou mais o interesse pelos profetismos do que pelos sincretismos. Os sincretismos continuam sendo uma denominação comum que autoriza a falar de sincretismos cristãos ou pagãos, de sincretismos ricos ou pobres, de sincretismos autênticos ou miméticos, sem que se saiba como julgar o grau de sincretismo de uma determinada formação religiosa. Mas o sincretismo como tal decididamente não é, para ele, um objeto bom para pensar. Nessa obra, o que está em questão é a plasticidade da lógica pagã, suas formas de acomodação ou de compromisso, e suas transferências ou seus impasses, no centro dos desafios de sentido e de simbolização dos acontecimentos e das situações. E, nesse plano, quem está no fronte são precisamente os profetas, experimentadores ou bricolageiros em ideológico, pelo trabalho sincrético que eles fazem sobre os esquemas do mal ou sobre as categorias da pessoa. Se Marc Augé fala mais globalmente dos "profetismos", africanos ou costa-marfinenses, é que essa categoria político-religiosa, ideal-típica ocupa em seus escritos um lugar que ultrapassa o personagem profético e constitui um verdadeiro "dispositivo ritual" em concorrência com o paganismo.

Na introdução de uma obra coletiva consagrada aos profetismos da África do Leste, *Revealing Prophets* (1995), Douglas H. Johnson e David M. Anderson se fazem os porta-vozes de uma abordagem histórica renovada, biográfica e contextual, do aparecimento das figuras proféticas. Distante das leituras neoweberianas em termos de movimentos sociais e de situações de crise, as noções de "idiomas proféticos" ou de "tradições proféticas" convidam a considerar como se constroem e se transmitem de geração em geração os modelos carismáticos específicos em relação com as expectativas de uma comunidade étnica ou nacional. Na África do Oeste, não há dúvida de que a Costa do Marfim, levando em consideração a riqueza de seus personagens e os laços de filiação e de identificação que existem entre eles, se presta particularmente a esse tipo de leitura.

Na comunidade científica francesa, o profetismo costa-marfinense se fez conhecer particularmente por meio do estudo coletivo consagrado a uma de suas figuras mais espetaculares, o profeta curandeiro Atcho, pesquisa monográfica de iniciativa de Jean Rouch e publicada por Colette Piault em 1975: *Prophétisme et Thérapeutique. Albert Atcho et la Communauté de Bregbo.* Outros estudos monográficos sobre essa ou aquela figura ou comunidade profética precederam ou acompanharam essas publicações (a de Harris Mémel-Fôte sobre o profeta Josué Edjro, de J. Girard e de Denise Paulme sobre a profetisa Marie Lalou e a Igreja Deima ou ainda recentemente de C.-H. Perrot e de Valério Petrarca (2008) sobre o profeta Kudu Jeannot e o culto de Gbahié. Os especialistas no assunto conhecem desde muito tempo os escritos e as notas de René Bureau sobre o profeta Harris e o fenômeno harrista da Costa do Marfim que deram lugar entre outras à obra *Le Prophète de la Lagune* (Bureau, 1996). A obra de J.-P. Dozon, *La Cause des Prophètes* (1995) seguida de *La Leçon des Prophètes* de Marc Augé, oferece, enfim, um estudo de conjunto, histórico, sociológico e antropológico ao mesmo tempo, do profetismo costa-marfinense e de suas múltiplas figuras.

Os escritos dos pesquisadores franceses consagrados a esse campo de estudo dos profetismos costa-marfinenses devem ser comparados à produção abundante e ininterrupta dos pesquisadores americanos e ingleses sobre o assunto. A obra tão rica e tão completa do historiador David Shank (1994), consagrada à formação do pensamento religioso do profeta Harris, visa – numa filiação plenamente anglo-saxã

– prolongar o estudo biográfico de Haliburton (1971) que data dos anos 1960. A pesquisa antropológica de Sheila Walker (1983) é um dos raros estudos, como o de René Bureau (1996), consagrado à Igreja harrista dos anos 1970 (mesmo que esta comporte diversos ramos). Pode-se, portanto, observar por comparação que a escolha dos profetismos pela antropologia francesa vem acompanhada ao mesmo tempo de uma certa distância ou talvez até de indiferença em relação à história missionária de Harris, a mitologia política e a história legendária da tradição harrista fazendo, às vezes, de referência significante, e do privilégio incontestável outorgado aos pequenos profetas curandeiros em relação à instituição eclesial e às igrejas harristas, sendo essa dimensão deixada aos "profissionais da religião".

A história das religiões como também as leituras sociopolíticas fizeram do profetismo uma subcategoria do messianismo, na qual o profeta é apreendido antes de tudo a partir do discurso da profecia e de sua temática milenarista ou messiânica. A recentragem da análise na função profética e na ideologia profissional que a acompanha permite relativizar essa relação exclusiva instaurada entre messianismo e profetismo. Os pequenos profetas africanos da Costa do Marfim, sobretudo os da segunda geração, isto é, os que sucederam à mitologia profética de Harris, são ou profetas-curandeiros, ou profetas fundadores de culto.[8] Todos eles são portadores de bens de salvação e de cura, mas sua pregação não é necessariamente dominada por uma temática messiânica. No discurso profético costa-marfinense, a problemática messiânica ou milenarista constitui apenas um dos elementos da pregação; o mais importante é o abandono das práticas de bruxaria e dos cultos prestados aos fetiches e a fidelidade ao Deus da Bíblia. As promessas do Milênio são inseparáveis de benefícios imediatos (saúde, riqueza), de uma preocupação pragmática do presente e das urgências do cotidiano. A justificação do título de "profetas", muitas vezes reivindicado como tal, encontra-se de fato em sua comum referência a essa ideologia profissional de uma revelação direta e de uma missão pessoal confiada pela divindade, ideologia pela qual eles pretendem consolidar sua posição de poder no campo terapêutico e religioso.

---

[8] É o caso da profetiza Marie Lalou, fundadora da religião deima da Costa do Marfim, estudada por Paulme (1962) e Girard (1974), ou do profeta Koudou Jeannot, fundador do culto de Gbayé (Dozon, 1995).

Na África, o carisma profético geralmente está bem próximo de um carisma de instituição e o relato da vocação profética idêntico a um rito de instituição. Mas os deslizes ou as oscilações entre as diversas formas de expressão da vocação profética (profeta-mensageiro, profeta-curandeiro, profeta fundador de culto) oferecem uma das chaves das variantes de posição correspondestes à categoria geral de "profetismo". O profeta mensageiro é em parte intimado a revelar o sentido da situação global e anunciar as vias da salvação coletiva, fazendo a ligação com os problemas individuais. O profeta curandeiro é mais solicitado a responder às demandas de salvação e de cura individual. O profeta fundador de cultos oferece uma via de salvação essencialmente fundada na experiência comunitária e na atividade ritual. Os profetas pagãos frequentados por Marc Augé têm vocações mais ou menos acentuadas, mas eles jamais separam essas diversas funções. Essas orientações divergentes do engajamento profético são solidárias da adaptação às demandas preferenciais da clientela e da importância da audiência obtida (local, étnica ou nacional). O itinerário biográfico de um mesmo profeta também pode apropriar-se sucessiva ou simultaneamente dessas diferentes funções, de acordo com as eventualidades da vida individual e as variações da demanda e da audiência. Augé analisa com muitas nuances as hesitações de um profeta como Atcho, preso entre a pressão das desgraças individuais que o empurra para uma função de "convertedor das almas individuais" e a repetição das situações que demandam um discurso messiânico eventualmente subversivo (Augé, 1975, pp. 300-301).

A figura exemplar do profeta curandeiro comprova a estreita ligação que subsiste entre a questão da salvação e a da cura e, por conseguinte, da indistinção entre o campo da cura do corpo e o campo da cura das almas, para retomar o vocabulário weberiano. Para responder à demanda, infletindo-a e afirmando ao mesmo tempo sua marca distintiva em relação às simples curas, o profeta deve recorrer a estratégias de contorção que vão da negação do interesse material e mercantil, da afirmação ostensível do desinteresse e da gratuidade dos cuidados, aos benefícios simbólicos do dom diferido ou da cura por acréscimo (é a fé que cura). Ele escava assim os fundamentos do prestígio social do curandeiro, quebrando de alguma forma o mercado e tomando-lhe sua clientela preferida.

Em relação às Igrejas dominantes, católicas ou protestantes, a pretensão dos profetas fundadores ou empreendedores de cultos visa contornar o poder sacerdotal em seu próprio terreno ou ainda transmutar uma situação real de exclusão, ou vivida como tal, numa reivindicação de um espaço autônomo e identitário que em última análise poderia acomodar-se a uma posição marginal ou mesmo de reserva ou substituto na periferia das Igrejas. Seja qual for a seteira que o profeta africano busca ocupar relativamente à oferta de serviço das igrejas importadas – passador ou mediador da mensagem de salvação da fé monoteísta, empreendedor independente arriscando a afirmação da diferença, ou ao contrário numa espécie de indiferença "ecumenista" em relação aos engajamentos religiosos profundos de seus clientes – esse se engaja raramente numa relação direta de contestação do poder religioso dominante. O personagem de Odjo encarna particularmente a acumulação pragmática e indiferenciada das pertenças confessionais, e inclusive do islã, em sua liturgia.

A situação de dominação simbólica exclui toda relação frontal que exprime uma recusa cultural ou uma franca ruptura relativamente ao "poder branco" ou a seus avatares recentes; ela impõe uma relação oblíqua e o recurso às diversas formas da astúcia simbólica. Marc Augé, falando de "desvio ritualista" (1982, p. 16), não está longe de pensar que as formações de compromisso, elaboradas pelos sincretismos, longe de representar um estado de equilíbrio e uma síntese acabada entre duas culturas, ocultam uma posição de recuo, de escapatória ou de evitação relativamente ao confronto direto.[9] Todos os procedimentos da astúcia simbólica estão presentes no seio dos profetismos sincréticos: a manipulação mimética dos emblemas do poder branco; o desvio e mesmo o retorno da mensagem bíblica contra a instituição eclesial; o duplo entendimento e o jogo duplo sobre os códigos simbólicos. A noção de "astúcia simbólica" (Augé, 1992, p. 284) explica alguns efeitos da situação de domínio cultural sobre a forma das lutas simbólicas, mas ela se presta a leituras muitas vezes contraditórias. Ela permite colocar o acento seja nos dispositivos simbólicos que apelam para a astúcia no seio de uma dada cultura,

---

[9] Balandier (1971, p. 281) fala a propósito do Bwiti Fang de "processo de escapatória" ou de "formalismo tático".

seja nas disposições estratégicas de sujeitos calculistas e oportunistas, liberados de todos os constrangimentos culturais. Não se vê bem, nesse último caso, o que autoriza qualificar a astúcia de "simbólica". Colocar o acento no caráter indireto, tático, desses estratagemas não elimina as ambiguidades reais da relação com o outro, essa mistura de rejeição e de fascinação trabalhada pelos espíritos. A relação com a potência Outro é e continua sendo ambivalente e reversível; ela associa a lucidez sobre as relações de força em oposição, a interiorização da superioridade do Outro e por conseguinte a autoestigmatização de sua própria fraqueza e até de sua maldição, e uma recusa da recusa amalgamando o ressentimento agressivo e a ironia.

Já foi dito muitas vezes que os profetas negros eram leitores da Bíblia e que eles encontraram na história judaica modelos de identificação, mas não devemos esquecer que a Bíblia ou o Breviário são antes de tudo percebidos ou apresentados como o lugar de um segredo que o código da escritura não consegue desvelar, e cuja captação constitui uma questão essencial, aquela que comanda a possibilidade de dispor de um poder equivalente. Um profeta costa-marfinense como Papá Novo proibia a seus discípulos abrir a Bíblia.

O entredois profético e seus rituais

Para Augé, todos esses pequenos profetas participam de fato da ideologia profética cuja dimensão essencial eles retêm: o poder do profeta vem exclusivamente dele mesmo e de Deus (1994. p. 148). Desse ponto de vista, o profeta é precisamente o agente do monoteísmo, o adversário do paganismo, a própria figura do indivíduo que se dirige a indivíduos. É da ideologia da eleição divina que faz dele um indivíduo de quem decorrem todas as outras dimensões da vocação profética:

1) a ligação que ele faz entre os problemas individuais e os problemas coletivos;

2) o efeito de anúncio prévio de um prazo temporal, do qual dá testemunho sua vida pessoal;

3) a instituição de um "lugar extra" de vida comunitária cortado das territorialidades rurais ou urbanas (a Nova Jerusalém).

Mas o profeta também se constrói no confronto com seu duplo, o bruxo ou feiticeiro, a outra figura extrema do indivíduo e, digamos, do individualismo na sociedade de linhagem, a negação ou o inverso do ideológico pagão. O círculo do profeta e do bruxo sempre esteve no centro da cena costa-marfinense e contribui para alimentar a ambiguidade e a ambivalência do personagem profético.

A relação de retomada mimética no que diz respeito aos cultos pagãos e de inversão/perversão relativamente à religião católica encarnada nos profetismos costa-marfinenses, na verdade abala ao mesmo tempo as evidências da tradição como a evidência da modernidade religiosa. Os avatares do ritual profético e de sua lógica do "recomeço" sugerem algum paralelo com a lógica do entredois desenvolvido por Augé (1997, p. 114).

Marc Augé trabalhou muito para fazer reconhecer na temporalidade ritual uma verdadeira manipulação do tempo que a sua maneira:

1) cria o acontecimento ao mesmo tempo que ele se comemora, à maneira dos aniversários;

2) introduz uma expectativa que não é a da simples repetição compulsiva e regressiva, mas que é solidária de uma questão (de vida e de morte);

3) instaura uma ruptura, a possibilidade de um "re-começo" e dá a esperança de um novo começo.

A referência exclusiva ao tempo arquetípico e repetitivo que domina as análises eliadianas dos grandes ritos iniciáticos (eterno retorno, *regressus ad uterum*) se encontra retificada pela consideração do tempo da expectativa de um começo, vivido cada vez como inaugural e único pelos atores, associado ao tempo do prazo que às vezes se confunde com o tempo do cumprimento do rito. Se o rito não fazia mais do que repetir ou celebrar uma repetição inscrita nas coisas, numa ordem cósmica imutável determinada pelos ancestrais ou pelos heróis míticos, não se veria mais onde se situa a eficácia esperada. Entre o sentido da expiração do prazo temporal, ligado a uma questão situada e circunstanciada, e o sentido da história inédita, o anúncio dos tempos novos, aposta-se a emergência de uma consciência histórica.

Essas análises da temporalidade ritual se aplicam em primeiro lugar ao próprio ritual profético, ao cenário da revelação e do efeito de anúncio da mensagem que cada profeta supostamente deve receber e pelo qual ele repete e recomeça o gesto inaugural dos profetas fundadores. O ritual profético particularmente assinalável nos itinerários de vocação dos profetas e na história dos movimentos ditos proféticos, desenrola-se num entredois situado entre dois momentos fortes:

1) O momento pontual da revelação individual da missão profética que irrompe numa data histórica precisa, num percurso biográfico pessoal, e que cai sobre o indivíduo (sem avisar e contra a sua vontade), segundo a retórica dos relatos de vocação;

2) O momento "virtual" do iminente vencimento do prazo coletivo da vinda dos tempos novos, da nova era: "em sete anos sereis todos brancos". Todo o sentido da responsabilidade profética está em jogo nesse entredois, onde se cruzam o destino individual e o futuro coletivo:

a) a leitura inspirada dos acontecimentos-sinais, cuja primeira manifestação são as eventualidades da vida do profeta;

b) a gestão das condições sociais do cumprimento das promessas e da expectativa diferida.

Bastide notava que o messianismo, ao mesmo tempo em que constituía uma primeira apreensão da história, nesse ponto não está distante do esquema cíclico: ele substitui somente um ciclo longo aos ciclos curtos das sociedades tradicionais, operando um deslocamento do sentido de expiração do prazo. A leitura do acontecimento e da situação que ele propõe sempre é solidária de uma história algemada em si mesma que restringe o futuro a um presente imediato ou iminente. Com a identificação do messias ao chefe de Estado, em certas conjunturas africanas, a exortação profética a romper com o passado ancestral se transforma, segundo Augé, numa conversão ao presente. Apenas começada, a história já está terminada, uma vez que os Tempos Novos já estão aí.

Essa situação de entredois encontra-se não somente na relação à temporalidade, mas também na relação aos lugares e não lugares. Balandier encontra elementos de explicação da diferença de resposta à situação colonial encarnada no sincretismo dos fang e no profetismo dos bacongo no grau de enraizamento dessas etnias na terra. Para Balandier, paradoxalmente é a força e a profundidade desse enraizamento que constitui uma das condições propícias à eclosão dos messianismos. Para uma sociedade que se estruturou em torno de uma chefia (chefe de tribo) responsável pela apropriação de um território e de suas fronteiras, a experiência colonial da desapropriação incentiva a expectativa do Messias, aquele que restituirá a Terra dos Ancestrais ou ainda o Homem da Terra Prometida. Como diz um profeta zulu citado por Lanternari: "Primeiro tínhamos a terra e vocês, vocês tinham a Bíblia. Hoje, vocês tomaram de nós a terra, e a nós só nos resta a Bíblia". (Lanternari 1962, p. 325). A situação dos fang, ao contrário, cuja organização social é tradicionalmente regida por um processo permanente de segmentação, gerando a mobilidade e até o espírito conquistador, se assemelharia mais à dos negros desenraizados e privados de países que praticam espontaneamente o empréstimo cultural e o recurso às inovações sincréticas.

A história do campo profético costa-marfinense leva Augé a inscrever a temática do "retorno à terra" e do enraizamento num território, no próprio seio do percurso profético e a compreendê-lo como um momento desse percurso (1987b). Mais globalmente, Augé assinala mais uma vez duas figuras do campo da ação profética: de um lado, o profeta itinerante, de vocação nacional ou transnacional, praticante do nomadismo, que goza do prestígio daquele que vem de alhures; esse passante de fronteiras engaja o combate contra os deuses da terra (do solo), os bruxos locais e os fetiches rurais, figura cujo protótipo é evidentemente Harris; de outro lado, os profetas "camponeses", "em seu país" estabelecidos em sua aldeia, em sua terra, conforme o modelo do chefe de linhagem, empreendedores independentes de cultos de fecundidade ou artesãos de cultos sincréticos de vocação terapêutica.

Se os primeiros apostam na conversão em massa ao discurso messiânico das religiões missionárias (cristianismo ou islã), os segundos mobilizam em larga escala as tradições terapêuticas e religiosas locais, e fazem aliança com "gênios" pessoais. Mas no campo africano (ver também os profetas da África do Leste ou da África austral), os dois tipos de inscrição espacial ou temporal do personagem profético coabitam muitas vezes ou se encadeiam, às vezes no mesmo personagem (como o ilustra a figura do profeta Kudu Jeannot). Além disso, como observa Marc Augé (1987, p. 17):

> *Esse movimento de "retorno à terra", de reinscrição num território, me parece inerente a todos os profetismos e ser a causa principal da ambiguidade do personagem profético [...]. É inerente aos profetismos sempre tentar fixar num lugar um modelo da Cidade ideal, da Cidade Santa ou da Nova Jerusalém.*

A realização do sonho da comunidade imaginada, instalada e fixa num lugar escolhido, pode passar por uma forma de aperfeiçoamento do movimento profético, como o cumprimento antecipado das promessas do milênio. Mas esse cumprimento também é o começo do fim.

De um profeta ao outro

As sucessivas releituras do sentido dos profetismos na obra de Marc Augé apostam num *continuum* situado entre duas figuras opostas que não cessam de telescopar-se ou entrecruzar-se.

A primeira figura, encarnada de preferência em Odjo, e a seu modo, em Atcho, recorre a uma "grade profética" de leitura do evento que aposta na força sempre pregnante de uma lógica de linhagem um pouco extraviada: "elementos esparsos de modernidade são absorvidos pelo *único universo de sentido capaz de resistir até certo ponto* diante do caráter descontínuo, barroco e muitas vezes injusto do mundo oficial"[10] (Augé, Colleyn, 1990, p. 19). Colocada à parte dos ecos fragmentários oriundos da pregação missionária, a grade bíblica é globalmente estranha a esse mundo, à imagem de um Papá Novo que proibia a seus discípulos abrir a Bíblia, embora estivesse perfeitamente exposta. Os problemas do indivíduo (doença, esterilidade, desemprego, fracasso escolar) encontram sua solução nas linhas de força da estrutura familiar,

---

[10] Grifo nosso.

lugar por excelência da elucidação das questões de bruxaria. Aliás, o profeta curandeiro não hesita em convocar as famílias para facilitar os testemunhos e incentivar o perdão. Os dispositivos de confissão devem supostamente revogar as contradições do "eu dividido" entre as aspirações individuais e a força dos laços familiares. O prolongado retiro no recinto do profeta se desenrola sob o signo de uma recomunitarização que opera um deslocamento em relação à dependência familiar: o doente se torna enfermeiro antes do esperado retorno à vida ativa.

A figura do "verdadeiro profeta" enviado de Deus, encarnado em Harris, inspira-se, porém, mais nitidamente na ideologia da eleição e da revelação divina, própria à trama bíblica. Eleito pessoalmente por um Deus único que lhe revela sua missão, ele só pode ser um agente de individualização, convidando à ruptura com a lógica de linhagem. Testemunha em sua vida das contradições geradas pela aceleração da história, ele inscreve os problemas de cada um numa visão global do futuro da raça negra, promovida à categoria de povo eleito de Deus por sua mediação. O anúncio da iminência dos tempos novos pelo profeta dos "últimos tempos" vai de par com a gestão da expectativa adiada em algum lugar extra de vida comunitária, cortado das territorialidades étnicas e rurais.

Entre esses dois polos do *continuum* profético, desenha-se uma figura do entredois que poderia depender do que Augé chama de entredois mítico (1997, p. 114). Em sua versão diacrônica, essa figura se constrói no movimento que leva o passador de fronteiras, portador de uma visão e encarregado de uma missão divina para todas as nações, aos pequenos profetas em seu país, concentrados em seu pequeno reduto rural e nos recursos de seu entorno familiar. Figura regressiva, ela aparece como uma recaída ou um esgotamento da veia profética, à imagem da gesta de Harris que acaba ele mesmo no impasse por negociar algum compromisso com as diversas Igrejas que reclamam sua caução. Mas o movimento em compensação da apropriação da figura de Harris pelos pequenos profetas, as versões legendárias de seus engajamentos nas relações de força dos mundos que eles atravessam, as adaptações locais de sua "mensagem" às nações podem também ser lidas como um enriquecimento (e mesmo uma invenção) da mitologia harrista. Essa figura fragmentária e dupla traduz as ambivalências e as ambiguidades que levaram seus discípulos a perceber o Homem de Deus como um "homem forte".

Além disso, o ritual profético do qual já participam há um século os profetas costa-marfinenses, como todo ritual, obedece a uma lógica do recomeço, e cada itinerário profético participa ao mesmo tempo da repetição do mesmo cenário e da bricolagem de novas cosmologias ou de novos dispositivos rituais. As figuras intermediárias entre os profetas mais pagãos e mais "cristãos" não cessaram de desmultiplicar num mesmo espaço de entredois mítico, balizado pelo jogo das idas e vindas entre a força do Deus único e os recursos dos ancestrais de linhagem, a mensagem às nações e a reetnicização do território, o apelo ao tribunal da consciência e o recurso ao esquema persecutório.

Para resumir, o esquema diacrônico que leva de Harris a Odjo, na expectativa de algum retorno ao paradigma perdido de Harris e à sua vocação antecipadora e libertadora, não exclui, pois, uma leitura mais sincrônica (e mais simétrica, se não sincrética). A figura do profeta do entredois retira toda a sua força (e não sua fraqueza) da ambivalência do personagem (ao mesmo tempo cristão e pagão) e da ambiguidade de seu cometimento (nem cristão, nem pagão), à distância de toda preocupação de síntese ou de ultrapassagem. Os "verdadeiros profetas de nossa contemporaneidade", cujo paradigma seria finalmente de preferência o profeta Atcho (Augé, 1982, p. 247), não são eles aqueles que fazem eco às contradições que trabalham os indivíduos e que inventam dispositivos rituais de mediação que funcionam "em dupla", na lógica do duplo entendimento, do bom uso da ambivalência e da riqueza das ambiguidades? Harris não concorda com esse paradigma do entredois, a não ser na medida em que o gênio de sua antecipação profética é inseparável da loucura de sua "regressão" pagã e de sua anamnese, aquela que sucede à experiência da transe-visitação e ao engajamento do homem forte usando seu bastão como sinal e instrumento de poder na luta contra os fetiches, trazendo a cura miraculosa por um batismo exorcista, testemunhando promessas de fecundidade por sua poligamia.

Por conseguinte, o paganismo está sempre aí, é o alicerce antropológico, e as ambiguidades e ambivalências dos profetismos são mais do que nunca sublinhadas, inclusive em suas versões mais recentes, mas a mudança de perspectiva é significativa: o profeta não é mais condenado a ser um simples avatar do paganismo e se torna um "antecipador" da mundialização, um "experimentador" ideológico, um bricolageiro de sentido".

No entanto, a fascinação encantada que esse entredois híbrido pode exercer dá lugar, nas releituras que Augé fez dele, sobretudo com o recuo histórico e a passagem de geração, a um diagnóstico de impasse: o entredois profético se revela em última análise como um beco sem saída. O mimetismo em relação ao mundo dos brancos não tem mais as virtudes de encantamento da astúcia simbólica e dos rituais de inversão/perversão. A repetição do ritual prevalece sobre as promessas do re-começo. As vias hesitantes da imaginação profética se encerram numa relação dual branco/negro que não chega a dialetizar-se, o movimento circular de retorno ao entre si mesmo da origem extingue o ato inaugural da transposição das fronteiras. As sínteses imaginárias do diabo e do bom Deus, da confissão e da acusação, não cumprem mais numa palavra a função simbólica dos dispositivos rituais.

Da perseguição à autoacusação

É no próprio núcleo do "dispositivo ritual restrito" que surge a análise mais sistemática dos impasses desse entredois profético. A instituição terapêutica de Bregbo e seu ritual da "confissão diabólica" ilustram as promessas não cumpridas desse imaginário profético. A leitura de Marc Augé se constrói, desde a época do campo aladiano, graças aos recursos da etnologia local e familiar que ele utiliza, acompanhando os presumidos "bruxos" que os camponeses conduzem ao tribunal de Bingerville na casa de Atcho, para confirmação, ou os doentes que se supõem "enfeitiçados", em busca de um diagnóstico concernente aos que lhes querem mal em sua circunvizinhança imediata. As "confissões diabólicas" são a ilustração por excelência de uma bricolagem inventiva que fascinou toda uma geração de antropólogos.

Pode-se até falar (para retomar a linguagem estruturalista do ideológico) de bricolagem "sintagmática" a propósito da "confissão-ordálio" (Augé 1975, pp. 266-267), síntese precipitada das cadeias de sintagmas dos registros da confissão e do ordálio, do testemunho de culpabilidade e da acusação do outro perseguidor. Mas a análise antropológica dos dispositivos proféticos se aplica a desmontar a ambiguidade e, de uma certa maneira, a levá-la a produzir o desencanto e a perplexidade, e até mesmo sérias reservas.

A confissão ordálica dos supostos bruxos depende da confissão provocada e arrancada por intermédio do profeta que responde à acusação dos outros, da família da vítima que jamais está separada da acusação em revanche dos cúmplices do agir como diabo. As "confissões diabólicas" que parecem dar mais lugar à espontaneidade da confissão poderiam representar uma verdadeira "conversão", mas essas confissões são o caso de bruxos-vítimas que tendo encontrado mais fortes que eles são levados a confessar seu fracasso para resolver seu problema. O dispositivo ritual dessas confissões públicas e espetaculares comporta viradas significativas da lógica feiticeira sobre ela mesma, presa em sua própria armadilha, mas jamais se vê apontar a mensagem cristã segundo a qual os bruxos são antes de tudo aqueles que acreditam na bruxaria, a começar pelos contra-bruxos.

A conclusão de Marc Augé é sem apelo: a consciência do mal não é transformada, a pregnância do esquema persecutivo continua inteira, e inclusive no centro da confissão, a ponto de tomar a forma de uma "autoacusação" que pode revelar-se mórbida e mortífera, se ela não engrenar nas vias do arrependimento e do perdão.[11] O trabalho do profeta Atcho está aqui explicitamente próximo do padre ascético de Nietzsche que se empenha em retornar a acusação do enfeitiçado contra o remetente, convidado a encontrar em si mesmo e em seus maus pensamentos a fonte de sua desgraça. Podemos interrogar-nos, como o faz Augé, sobre o pressuposto evolucionista, mais edipiano do que weberiano, que faz da culpabilização do indivíduo a via obrigatória da individualização da pessoa. A análise

---

[11] É importante assinalar que essa análise das confissões como diabo sobre os impasses da autoacusação está presente desde a contribuição ao colóquio do CNRS sobre a noção de pessoa em 1971 (Augé, 1973, p. 525).

"clínica" de Andràs Zempleni, bem próxima das análises do *Édipo africano* do casal Ortigues, traz uma atenção mais generosa às vias do desdobramento do ego e às oportunidades de uma transição do registro da perseguição ao da culpabilidade no processo de individualização e de responsabilização dos sujeitos.

No "tribunal da consciência", instaurado pela culpabilidade, o eu permanece dividido interiormente e sujeito a desejos contraditórios, mas a solução "cristã" que consiste em convidar os sujeitos a renunciar ao exutório da acusação, a encontrar neles mesmos a energia necessária para assumir a título pessoal suas pulsões agressivas, numa palavra, a responsabilizar-se, tem dificuldade de fazer-se ouvir. O cenário de "o eu é um outro", a oscilação entre o outro maléfico que me persegue (meu diabo) e a parte má de mim mesmo que me culpabiliza não culmina numa outra conclusão. O paradoxo de um dispositivo de confissão que funcione na acusação consegue confundir as pistas "prescindindo da culpabilidade". A grade diabólica forma até uma espécie de "muralha contra a interiorização da culpabilidade" (Zempleni, 1975, p. 209) e o processo da individualização se faz esperar.

O outro crente: plasticidade pagã e alteridade cristã

Toda antropologia, como Augé gosta de dizer, sempre é "uma antropologia da antropologia dos outros", visto que toda sociedade se baseia numa teoria indígena do ser humano que pode mostrar uma grande reflexividade. A antropologia das religiões não pode ser senão uma antropologia das antropologias religiosas; e ninguém duvida que o paganismo, assim como o cristianismo, podem ser lidos como duas antropologias distintas (1982, pp. 101-102) e opostas. Mas o problema que surge para uma antropologia que pretende ser "simétrica" é o da dissimetria manifesta que existe na relação da antropologia com essas duas antropologias: uma sendo mais "antropológica" do que a outra, se assim se pode dizer, ou simplesmente "mais humana", como sugere Augé quando evoca o paganismo católico, a sacralidade de seus cultos de santos e sua predileção pelas estátuas, em comparação com a religiosidade ética dos protestantismos (1982, p. 66).

A dissimetria das relações com as coisas religiosas, praticada por esta antropologia das religiões, é realmente problemática para a antropologia. A espessura antropológica e social do paganismo é tal que a ideia de uma matriz antropológica "cristã" (sem falar do islã), se apresenta no terreno das sociedades ocidentais ou africanas como um conceito-limite, uma antropologia "negativa", no sentido da "teologia negativa". Para uma mudança de direção sem surpresa, poderíamos dizer que o cristianismo é o contrário do paganismo, sem que se possa efetivamente dizer mais dele no plano antropológico. A menos que a antropologia do cristianismo dê lugar à teologia: "o que não é pagão, é a especulação sobre o futuro, sobre a pessoa além da morte, ou sobre a noção de pecado" (Bessis, 2004, p. 48).

Será que, em última análise, a antropologia das sociedades cristãs não toma sentido senão em relação a uma antropologia do ritual e à sua matriz pagã? É exatamente isso que Augé afirma. O que salva o cristianismo, se assim podemos dizer, não é sua fé, é sua "prática religiosa maquinal", sua tolerância com a descrença que é no fundo a verdade do crente comum (1982, pp. 59-60). A dissimetria entre o alicerce antropológico que funda o modo de vida no cotidiano e a transcendência teológica das ideias resiste a todas as rupturas históricas e às ilusões da conversão pessoal. É precisamente num diálogo com a sociologia contemporânea do crer que a antropologia do paganismo nos revela o fundo de seu pensamento: "a religião que se autonomiza na modernidade cristã nada tem a ver com o que se designa como 'religião' quando se faz referência globalmente ao conjunto das sociedades pagãs" (1986, p. 120). A afirmação constata a "virada" histórica resultante da emergência das religiões universalistas, mas a concepção vai mais longe: "o aparecimento e o desenvolvimento de uma tal religião (universalista) *se acrescenta ao existente e não o anula. A relação ritualizada com o mundo continua particularmente na esfera política".[12]

O encantamento do *Gênio do paganismo* vai finalmente de par com o elogio de uma "sacralidade ritual" que não depende somente da emoção estética que as invectivas das máscaras ou as danças de possessão podem suscitar. Essa sacralidade "leiga" tem acentos durkheimianos:

---

[12] Grifo nosso.

> *Será que se deve considerar, com Durkheim, que a religião tem mais por função manter o curso normal da vida, do que explicar o inesperado, em outras palavras, privilegiar a redução da religião ao ritual e, além disso, a uma concepção pagã da religião que nos pareceu poder prefigurar uma concepção laica da sacralidade sem deuses nem Deus? A pergunta é incontestavelmente atual* (Augé, 1982, p. 322).

As declarações sobre a fé ou sobre a descrença que enriquecem a obra de Augé são tão reveladoras e vão exatamente no mesmo sentido do enigma de uma antropologia da fé. Admite-se que a questão da fé, entendida no sentido de um engajamento pessoal numa relação íntima e ética com um Deus único que decide a respeito da salvação do indivíduo, é estranha às religiões pagãs. É menos evidente, sobretudo do ponto de vista "dos verdadeiros cristãos", admitir, como diz Augé, que "antes ser cristão do que não ser mais crente" (1982, p. 57), mas compreende-se bem que a alternativa da crença e da descrença, da dúvida ou da "fraqueza de crer" (para retomar o título da obra de De Certeau) inscrevem os sujeitos que são trabalhados por essas oscilações numa cultura cristã. O seguimento do raciocínio e a postura epistemológica evocada podem criar problema:

> *Se a noção de fé tem um outro significado no universo cristão do que no universo pagão, se ela nem mesmo tem sentido a não ser no primeiro, não resta dúvida de que, na prática, a religião suporta a descrença bem temperada* e que uma sociologia da prática religiosa poderia, e sem dúvida deveria, fazer abstração do problema da realidade da fé (Augé, 1982, p. 57, grifo nosso).

Que o pressuposto da realidade do objeto da fé não deva ser o ponto de partida de uma sociologia ou de uma antropologia da fé, isso deveria ser evidente. E o princípio se aplica aqui tanto à existência de Deus como à existência dos bruxos. Mas que o problema da experiência da fé para os que creem não seja um verdadeiro problema antropológico, isso é uma outra questão. Percorrendo autores modernos, como Nietzsche e Bataille, Augé (1982, p. 99) encontra nitidamente esse desafio de uma antropologia moderna do individuo que confina no impensável ou no inominável, particularmente na experiência da fé:

> *A decepção essencial na experiência religiosa, na experiência da intimidade de que nos fala Bataille, nasce do caráter impossível e, em todo rigor, impensável, de toda apreensão da individualidade pura.*

Identificando o problema da fé como um problema individual, íntimo e pessoal, em outras palavras, creditando o discurso crente dos termos nos quais ele mesmo entende identificar-se aos olhos dos outros, o antropólogo se fecha de fato num impasse do pensamento que ele não cessará de revisitar em toda a sua obra. Numa confissão pessoal de descrença que testemunha uma indiferença "total, animal e definitiva" diante da questão do crer no sentido cristão, Augé (1986, pp. 22-23) não hesita em declarar que a alteridade mais incompreensível para ele, no outro próximo, é de ser "crente":

> *O mais penoso, precisa ele, ao lembrar trocas de amizades de infância, estava no fato de que eu compreendia tão pouco o próprio processo como seu objeto. Eram-me particularmente incompreensíveis aqueles que me explicavam que com o dogma era preciso pegar ou largar, que o essencial era a fé pessoal, refletida, íntima, sei lá? Porque, para o resto, sempre fui mais sensível aos faustos da Igreja, ao charme dos cânticos e à lembrança de minhas férias na Bretanha. Eu poderia compreender que a gente se alia à Igreja pelo prazer. Mas os crentes, é provável, pensam em outra coisa.*

Encontra-se aí o mesmo mal-estar e a mesma incompreensão diante da fé pessoal e esclarecida que aquela que Hertz exprimia, tendo por contrário uma disposição de fé estética que pode contentar-se com o entusiasmo do "simples espetáculo de uma cerimônia pagã" (1982, p. 102), mas que também pode traduzir-se por um engajamento moral, na falta de um misticismo da coisa pública.

DIÁLOGO[1*]
COM MARC AUGÉ
O QUESTIONAMENTO DO RITO

A realidade problemática do rito e seus paradoxos

André Mary (A.M.): Se há um fio diretor, poderíamos dizer uma fonte de fascínio, no seu interesse pela dimensão ritual das atividades sociais, nas sociedades africanas ou ocidentais, será que são, como me parece, os paradoxos com os quais se encontra confrontado todo pensamento que se esforça para explicar a lógica social e simbólica dos ritos, quer se trate da manipulação da temporalidade (repetição/recomeço), da relação com as normas e com a ordem das diferenças sociais (inversão/perversão) do entrecruzamento do individual e do coletivo, da identidade e da relação ou ainda do vivido e do cumprimento do rito (autenticidade/duplicidade)?[2]

Marc Augé (M.A.): Uma observação prévia. Os pares de oposição que você cita não se situam, para mim, no mesmo plano; existe a necessidade de hierarquizar as ordens de preocupação. Assim, a oposição complementar da dimensão individual e coletiva da atividade ritual, e sobretudo a ligação intrínseca da identidade

---

[1*] Esta entrevista foi objeto de uma primeira publicação em *Les Cahiers du LASA* (Laboratório de sociologia antropológica do departamento de sociologia da Universidade de Caena), n. 10, "L'Impératif Rituel", março de 1989, pp. 167-187. Foi reproduzida aqui com o acordo de Marc Augé. Os títulos e subtítulos e o repertório de notas que acompanham esta entrevista são da responsabilidade de André Mary.

[2] Evoquemos as principais obras nas quais Marc Augé toma por objeto de análise a atividade ritual, primeiro no campo africano (Costa do Marfim, Togo), e cada vez mais hoje nas nossas próprias sociedades: *Théorie des Pouvoirs et Idéologie*, Paris: Hermann, 1975; *Pouvoir de Vie, Pouvoir de Mort*, Paris: Flammarion, 1977; *Génie du Paganisme*. Paris: Gallimard, 1982; *Le Sens du Mal* (em colab. com Claudine Erzlich), Éditions des Archives Contemporaines, 1984; *La Traversée du Luxembourg*. Paris, Hachette, 1985; *Un Ethnologue dans le Métro*. Paris: Hachette, 1986. Assinalamos particularmente a obra *Le Dieu Objet*. Paris: Flammarion, 1988, que prolonga as reflexões sobre o *Génie du Paganisme* a partir de uma análise do sentido dos fetiches e do culto *vodu*.

e da relação me parecem hoje fundadoras, as outras oposições não passariam de uma expressão dessas oposições fundadoras. O jogo da autenticidade e da duplicidade que encontrei particularmente a propósito dos ritos de inversão constitui um aspecto interessante, mas em relação à questão de fundo sobre o que é o ritual.

A.M. – A hierarquização das questões levantadas pelo rito está bem ligada ao tipo de leitura que se adota. Ignorar a realidade paradoxal e problemática dos rituais não é a censura mais importante que você dirige às leituras unilaterais de tipo "simbolista" (Mircea Eliade) ou "funcionalista" (Turner, Douglas) que, finalmente, recusam tomar os ritos à letra e submeter-se ao que se dá a ver e a ouvir nas aparências e na materialidade da lógica ritualista? Há, portanto, reconstruções cultas às quais nos habituamos e que valem como realidade.

M.A. – Sim, na maioria das vezes se busca apreender o rito em sua verdade última, para fazer dele uma exegese, ainda que a exegese de um questionamento e de uma prática não seja a mesma coisa que a exegese de um relato ou de um mito. O que tento fazer é interrogar os ritos em sua realidade explícita, o que engloba justamente o que eles mesmos dizem de maneira problemática. É nesse sentido que lembro muitas vezes que a antropologia consiste em questionar a antropologia dos outros, isto é, que temos a ver com questões que o rito coloca em forma sob uma forma que é a sua. Antes de buscar a explicação última dessa forma ritual, seria preciso escutar o que ela diz, sabendo que o que ela diz é sua própria realidade. É assim que a questão da identidade e da relação, e de sua ligação intrínseca, me apareceu como fundamentalmente presente no centro do trabalho do rito.

Do bom uso da analogia

A.M. – Muitas vezes censuramos os antropólogos, sobretudo quando eles se debruçam sobre as manifestações de nossas sociedades, de proceder por simples analogia e de ver ritualidade em todas as atividades sociais. Você mesmo passa facilmente de seus trabalhos antropológicos africanos sobre os ritos inciáticos, terapêuticos ou políticos, penso especialmente no ritual de intronização do rei, a considerações sobre nossas escolhas políticas, nossas mudanças de governo, nossas manifestações esportivas, os *matchs* de futebol, mas também nossos percursos no metrô, os anúncios de *Libé* ou os ritos da toalete matinal ou do desjejum[3].

M.A. – Conheço bem e compreendo a crítica à facilidade que existe de falar de toda atividade como de um rito.Talvez aqui essa questão deva ser decomposta: 1) Será que não existe o perigo de estender, sem precisão e sem definição explícita, a noção de rito? 2) Há interesse em adotar uma concepção estrita ou uma concepção ampla do rito, uma vez admitido que a condição é definir cada vez aquilo de que se fala? A analogia ilegítima consistiria sobretudo em partir de uma definição estrita do rito para estendê-lo sub-repticiamente a um uso mais amplo. Em contrapartida, pode-se interrogar sobre a própria noção de rito e tentar definições mais ou menos estritas ou amplas; parece-me que tentar uma definição ampla pode ter um valor heurístico para descrever um certo tipo de atividade. Bom, o "rito" da toalete ou do desjejum matinal, como também os ritos da intimidade dependem evidentemente de uma concepção puramente analógica. Por outro lado, há uma utilização não analógica da noção de rito que pode ajudar a esclarecer algumas formas de atividades culturais, como as manifestações esportivas, por exemplo.

A.M. – Pode-se chegar a afirmar não que toda atividade social é um rito, mas que toda atividade social pode ser lida como um rito?

M.A. – A questão de saber se toda atividade social pode ser lida como um rito facilmente pode ser devolvida: será que existem sociedades que se deixam ler inteiramente sob o ângulo do rito, uma vez que, nas nossas, só se poderia empregar o termo rito quando ultrapassamos certos limiares, o de uma igreja, ou quando nos dedicamos a certas práticas, como o batismo? Aqui reaparece

---

[3] Essa alusão diz respeito particularmente às análises presentes em *La Traversée du Luxembourg* e de *Un Ethnologue dans le Métro*.

a distinção entre sociedade holista e sociedade diferenciada. Esse tipo de distinção certamente não é inútil, mas eu me pergunto se também não é interessante considerar sociedades evidentemente diferentes, sob um outro ponto de vista para ver o que isso vem a dar e se traz alguma coisa.

A.M. – Se pensamos na semelhança à qual se dedica Pierre Bourdieu, em seus estudos de etnologia cabila, entre ritual e estratégia, há precisamente dois tipos de "retorno" antropológico nas nossas sociedades: o que tenta encontrar nas nossas práticas sociais uma definição relativamente fechada do rito, digamos simbolista e consensual, e o que faz a comparação com o campo africano, baseado numa redefinição das questões da atividade ritual considerada em situação, numa redescoberta do que se chama "o tempo da expiração do prazo ou da sanção".

M.A. – É verdade que as conclusões desse desvio africano não são evidentes, visto que você pode lê-las sob a pena de um certo número de africanistas, penso em Mary Douglas.[4] A ideia de que o rito não tem outras funções senão a tomada de consciência, por uma coletividade, de sua existência enquanto coletividade e que, por conseguinte, as questões do rito pouco importam. Jamais esse tipo de análise conseguiu convencer-me. Acho que sempre existe uma questão, portanto, uma dimensão cronológica do rito, que é a de seu resultado. Não creio que as pessoas que cumprem ritos para pedir chuva ou curas, se formos tomar o rito ao pé da letra, tenham a impressão de que a chegada ou não da chuva, e a cura ou não constituem considerações sem importância e não ligadas à prática do ritual. Acho ao contrário que não se pode compreender o que é a atividade ritual se fizermos abstração da aposta na qual ela está comprometida.[5]

E é nesse sentido que me parece que o paralelo deve ser feito em relação a outros tipos de atividades, inclusive as lúdicas. Aliás, no próprio campo africano existem que teríamos dificuldade de

---

[4] DOUGLAS, Mary. *De la Souillure*. Paris: Maspero, 1971.
[5] Sobre esse tema, o rito como aposta, poderemos reportar-nos a *Pouvoirs de Vie, Pouvoirs de Mort*, 1977, p. 132.

definir, quer como puramente lúdicas, quer como tendo implicações importantes. A necessidade de um resultado talvez faça parte da atividade lúdica. Poderíamos fazer toda uma dissertação sobre os esportes desse ponto de vista: não é absolutamente evidente, aos olhos daqueles que os praticam, mas sobretudo aos olhos daqueles que os assistem, que o ideal de participação, particularmente nos Jogos Olímpicos, seja verdadeiro. Portanto, interrogar-se sobre os parâmetros que definem o ritual antes de fazer aproximações e comparações, isso me parece importante.

A.M. – Para voltar à fecundação heurística, à renovação de perspectiva que conceitos abertos podem trazer, temos muitas vezes a impressão – seguindo suas análises da especificidade da ordem ritual, enquanto contribui para inserir a história de cada um na história dos outros – de que o ritual funciona antes de tudo como um "fenômeno social total" (você diz indiferentemente que o *match* do futebol é um ritual ou que ele constitui um "fato social total").[6] Aliás, será que existe, sobre esse ponto, um paralelo interessante com o procedimento que o leva, em seu último livro, a pensar o fetiche como um "objeto social total"?[7]

M.A. – É verdade que a noção de "fato social total" é uma noção sobre a qual retornei diversas vezes nesses últimos tempos, particularmente depois de ter lido tudo o que dizia Claude Lévi- -Strauss em sua própria releitura de Mauss.[8] Finalmente fiquei muito impressionado com essa afirmação que admite que o fato social total, ou seja, primeiramente o fato social considerado totalmente, isto é, incluindo nele todas as visões subjetivas que podem ter aqueles que nele participam. Evidentemente existe aí uma visão cujo ideal de exaustividade é impossível, mas que restitui toda sua importância à questão primeira da ligação entre a identidade e a relação, a individualidade e a coletividade. E, de fato,

---

[6] AUGÉ, Marc. Football. De l'Histoire Sociale à l'Anthropologie Religieuse, *Le Débat*, n. 19, fevereiro 1982, p. 61.

[7] *Le Dieu Objet*, 1988, pp. 117-118.

[8] Marc Augé faz aqui referência ao texto da introdução à obra de Mauss, *Sociologie et Anthropologie*. Paris: PUF, 1950, ao qual ele consagra um longo comentário especialmente em *Un Ethnologue dans le Métro*, 1986, p. 63 e seguintes.

aí está toda a questão do rito, porque o rito é um espetáculo e, além daqueles que o realizam, existem todos aqueles, muito mais numerosos, que estão implicados nele, que se envolvem nele, que nele participam, mesmo que só como assistentes, a título individual, mas também com outros. O que está em jogo no rito, para eles, na minha opinião, não é simplesmente sentir-se comunitariamente implicados com outros, apesar de também existir essa dimensão. Tocamos aí num ponto fundamental no qual se experimenta a relação de um com outros, e é nesse sentido que há na atividade ritual alguma coisa de exemplar e de significativo.

Os tempos do recomeço e o sentido da expiração do prazo

A.M. – Uma grande parte de sua reflexão sobre a ritualidade se esforça para retificar a imagem e mesmo a ideia de uma função puramente repetitiva do rito centrado na comemoração do passado ou da origem, e sobre a neutralização do evento presente em sua pretensão à unicidade e ao inédito.[9] Em última análise, a ritualidade seria certamente a rotina, mas também a busca de uma nova partida, de uma ruptura no tempo que cria as condições, ou a ilusão de um começo absoluto.

M.A. – O que tentei fazer foi opor a pura ideia de repetição ou de recomeço no sentido banal do termo, de retorno às fontes ou de *regressus ad uterum*, a uma outra linguagem, cara a Mircea Eliade, à ideia de "re-começo", separando o *re-* do começo. É a ideia do começo que me impressiona no ritual e não simplesmente a ideia da repetição. Também aqui, se refletirmos nisso, seria a oposição entre a referência à tradição e a uma comunidade indiferenciada, de um lado, e dos sujeitos novos, interessados e pessoalmente envolvidos, de outro lado. O fato de que gerações de cristãos tenham feito sua primeira comunhão durante séculos não impede que aquele que vai fazê-la, num determinado dia, tenha simplesmente a sensação de "repetir", salvo talvez mais tarde, quando ele tiver tomado uma certa distância, se

---

[9] Sobre esse tema, ver *La Traversée du Luxembourg*, 1985, pp. 30-38.

tornado eventualmente ateu e pensar então ter cumprido o que as gerações cumpriam e que, afinal de contas, era exatamente assim. Mas no momento exato em que ele está de fato no rito, e não em situação de espectador desinteressado, ele está investido no rito.

A.M. – Você emprega efetivamente esta expressão "começo absoluto",[10] mas será que se pode pensar essa relação do ritual com a temporalidade independentemente das variantes antropológicas da consciência do tempo e finalmente da consciência de si mesma? Todas as sociedades se investem da mesma maneira na imagem ou na ideia do "re-começo"? Retorno à origem, retorno às fontes na plenitude do possível original, ou começo absoluto, inaugural, fundado no nada? Em outros termos, o que se torna a oposição clássica entre a concepção cíclica, continuísta do tempo atribuído às sociedades tradicionais e a emergência da historicidade como descontinuidade criadora, abertura para um futuro cheio de promessas do qual creditamos habitualmente as sociedades modernas? Não há aqui deslocamentos de sentido, limiares nas expectativas individuais e coletivas suscitadas pelo cumprimento dos ritos?

M.A. – No que estou pensando, é uma coisa bem simples: é que você e eu temos mesmo assim a sensação, não de que a história comece conosco, mas de que há um começo absoluto, o dia do nosso nascimento. Na minha opinião, não poderíamos traduzir melhor essa dualidade que se associa habitualmente, numa outra língua, ao fenômeno social total: alguma coisa que é para mim absolutamente fundadora, quando olho de um outro ponto de vista, como sociólogo ou mesmo como observador desinteressado da agenda do dia, aparece completamente banal e essencialmente recorrente. Poderíamos dizer o mesmo do acontecimento da morte. Mas, será que posso dizer alguma coisa da importância da dimensão ritual da expectativa que cerca minha iniciação, minha primeira comunhão ou eventualmente meu funeral, se não levo em consideração esse caráter singular que, ele mesmo, se resume na maioria dos casos, à ideia de um primeiro começo? É só uma vez que terei a idade da iniciação.

---

[10] *Ibid.*, p. 30.

Acontece o mesmo com um reino: um reino começa num dado momento, e o fato de que o cerimonial se inscreva numa longa continuidade aos olhos de um observador completamente distanciado, é sem dúvida pertinente, mas por si só este fato não pode explicar toda a dimensão do rito, visto que também há o ponto de vista daqueles que o cumprem, e que são sempre pessoas vivas, vivos que não têm sempre, ou nem sequer têm as preocupações dos mortos. Na verdade, acho que o retorno à origem não consistiria num tema tão insistente, tão frequentemente colocado em forma, se precisamente isso não fosse uma origem que se vivia.

A.M. – É toda a ambiguidade da origem, mesmo em Mircea Eliade, visto que se pode ver nela um modelo exemplar e fixo das coisas vindouras que condena a repetição, ou ao contrário um momento aberto e rico de todos os possíveis ainda inéditos.

M.A. – Sem dúvida. Mas se colocarmos esse momento sob o signo da nostalgia, e se definirmos o possível como o que já teve lugar, talvez seja essa uma ideia romântica, mas que não traduz tudo o que está em jogo. Afinal, de que se fala? Fala-se também de um estado de espírito e pode haver nesse caso muitos estados de espírito que acompanham a atividade ritual. Posso participar em ritos que eu mesmo qualifico de "ritos", mesmo sendo o termo rito muitas vezes um termo que aplicamos à realidade vivida pelos outros e que nós superinvestimos de comentários. Assim, o ritual da Igreja católica faz alusão à continuidade de uma forma, mas isso não significa que, para o próprio pensamento católico, as coisas são simplesmente repetidas pelo prazer de repeti-las. Penso que no tema da presença real por ocasião da comunhão, há justamente essa ideia de que cada vez se coloca em jogo alguma coisa como um começo absoluto. Desse ponto de vista, as afirmações do pensamento mais próximo de nós, culturalmente falando, me parecem profundamente de acordo com a verdade geral da atividade ritual, a saber, que não há contradições entre sua dimensão histórica, sua continuidade, o fato de que ela se inscreve numa série de acontecimentos recorrentes, homólogos e comparáveis que lhe dão, digamos, uma certa cor, e a evidência do fato de que há cada vez uma aposta particular e singular ou ainda a referência a uma atualidade presente.

O que receio, quando se coloca o acento na concepção cíclica, no recomeço e no prazer de reviver o instante mítico inicial, é que se esteticiza um pouco as coisas e se evacua as questões reais do ritual em prol de seus aspectos falsamente durkheimianos que remetem a verdade de todas as questões individuais à significação coletiva. Não acho que todos aqueles que estão implicados nos ritos os vivam esteticamente. Rebaixar todo o significado do rito ao retorno às origens ou à expressão da coletividade me parece uma visão um pouco estética.

A.M. – Você acha mesmo que os esquemas, para dizer a verdade filosóficos, sobre o tempo místico ou cíclico, aplicados retrospectivamente à temporalidade ritual criam um efeito de fechadura no plano do pensamento? Para você, as sociedades ditas históricas não têm o monopólio da experiência temporal de uma descontinuidade criadora ou inaugural?

M.A. – Estou efetivamente persuadido de que se esses esquemas de pensamento explicam um certo número de coisas, eles têm a tendência de fechar de alguma forma e curto-circuitar uma dimensão essencial da atividade ritual. Isso se vê bem quando, apoiando-se nos ritos ditos "sazonais", opõe-se uma concepção cíclica do tempo a outras. O caráter sazonal de um rito jamais impediu o sentido dos prazos. É precisamente nas atividades ligadas a ciclos que esse sentido dos prazos toma a forma mais precisa, porque se sabe que além de um certo limite, a colheita estará perdida. Os ritos que acompanham as sementes não teriam precisamente nenhuma eficácia se fossem feitos depois de passado o momento decisivo. Os ritos não devem ser cumpridos além do prazo, mas sim "no bom momento". Existe, portanto, uma ideia do vencimento do prazo que não é absolutamente "incompatível com", mas que está até mesmo "implicada no" caráter cíclico dos acontecimentos inscritos na ordem natural.

O impensável da individualidade

A.M. – Você sublinhou que uma das dimensões essenciais do rito, na sua opinião, depende do modo pelo qual ele transmuta um acontecimento subjetivamente vivido ou um percurso individual e singular numa realidade social, num momento fundador de uma identidade coletiva e vice-versa. De maneira geral, sua reflexão antropológica é dominada por essa preocupação de pensar, em cada sociedade, o entrecruzamento do individual e do coletivo, aparentemente à distância, também neste caso, da oposição corrente entre sociedades holistas e individualistas. Mas a vontade de reagir contra a substancialização da representação do Outro cultural, este Outro que frequenta o relativismo, não corre ele o risco de extinguir as diferenças, de introduzir, se assim se pode dizer, um pouco mais de mesmo no outro?

Eu me explico: a insistência no fato de que em toda sociedade, e até em toda cultura, há lugar para um estatuto da individualidade, estatuto que pode vir acompanhado de uma valorização ou de uma negação, mas que supõe, para ser eficaz, uma experiência de alguma forma anticultural da imagem de si mesmo, não a leva a jogar o vago ou incerto sobre a emergência histórica do indivíduo como valor irredutível e não como simples entrecruzamento de pertenças e de filiações?

M.A. – A dificuldade é real e não tenho a pretensão de esmiuçá-la em algumas frases, mais ainda porque sei exatamente que ser um indivíduo nas nossas sociedades não é a mesma coisa que nas sociedades de linhagem. Utilizei às vezes a expressão "totalitarismo de linhagem", mas sem querer sugerir com isso uma comparação de tipo político entre as sociedades de linhagem e outros modelos, e sim de modo mais específico, definir um modelo do eu sempre sujeito à sua relação com os outros: um modelo intelectual (e social) em função do qual nada do que pode fazer ou dizer um indivíduo escapa à interpretação que pode a todo instante explicá-la por seu passado ou seu entorno. O exemplo mais evidente a esse respeito é a doença que sempre culmina em colocar em questão um outro (do qual o doente foi vítima) ou do próprio doente (que falhou nos seus deveres em relação a um outro): todos os avatares da existência individual são um sinal da presença do outro no mesmo.

Conclui-se, portanto, que há uma experiência da relação de si consigo mesmo, uma vivência subjetiva do eu que constitui o móbil da eficácia dessas representações variadas da individualidade, e que não se pode recusar a nenhum indivíduo das sociedades primitivas e menos ainda das sociedades africanas, a não ser que essas sociedades sejam excluídas da humanidade, ou que sejam rejeitadas numa indiferenciação primitiva. Reconhecendo ao mesmo tempo que a categoria do "eu" encontrava sua definição mais acabada e mais nítida nas nossas civilizações, o próprio Marcel Mauss não confundia a existência do eu como unidade psíquica subjetiva com a noção de pessoa como categoria jurídica ou esquema intelectual: "é evidente, precisava ele, sobretudo para nós, que jamais houve ser humano que não tenha o sentido, não somente de seu corpo, mas também de sua individualidade espiritual e corporal".[11]

O que tentei mostrar, e me parece com a devida precisão, é que o impensável é a individualidade, em nós como fora de nós, entendida como individualidade absoluta. Para definir o que é a individualidade, somos sempre obrigados a definir um certo número de relações (como a de ser filho de seu pai etc.) e isso também entre nós, digamos nas sociedades liberais modernas. O que varia é a densidade e a intensidade dessa rede de relações pela qual se define o indivíduo. Não é tão difícil mostrar como, em sistemas africanos antigos, o indivíduo se define até na sua constituição material – o que não é uma ideia que possa chocar espíritos modernos informados dos dados da genética –, como o encontro, a adição de elementos de diversas origens cujo caráter sistemático se vai tentar pensar. Por conseguinte, o indivíduo é a associação de uma filiação ou de várias linhas de filiação, do que se manifesta no momento do nascimento, da influência dessa ou daquela entidade divina, tudo isso culminando numa definição que resulta da soma desses diferentes componentes. A receita é sem dúvida a mesma para todos os indivíduos, mas é claro que a composição é diferente para cada um.

Neste plano não haveria oposição entre essas concepções e o que poderia dizer-nos a genética moderna, uma vez que é a reunião que faz a originalidade. Essa identidade é simplesmente pensada como compósita e efêmera, e a morte não é pensada como

---

[11] Marcel Mauss, Une catégorie de l'Esprit Humain: la Notion de Personne, Celle de 'Moi', *Journal of the Royal Anthropological Institute*, n. 68 (retomado em *Sociologie et Anthropologie*. Paris: PUF, 1950). Para uma análise sistemática sobre essa questão da universalidade do eu e das representações culturais da pessoa, ver Marc Augé, *Génie du Paganisme*, 1982, capítulo 6, pp. 177-207.

a decomposição de cada um dos componentes, mas como a decomposição do conjunto. Trata-se de uma ideia que incomoda tão pouco o pensamento africano – na medida em que se possa falar do "pensamento africano" a partir de exemplos conhecidos da África do Oeste – como a ideia que se chama às vezes reencarnação que não é uma metempsicose no sentido de que o indivíduo se reproduziria tal qual, em intervalos regulares, em várias gerações, mas no sentido em que se busca no recém-nascido o elemento que lhe adveio de uma outra pessoa que era, por exemplo, seu avô; digo bem, um elemento, só um. Ninguém dirá que ele é a totalidade dessa outra pessoa. Essa espécie de imbricação das gerações, o fato de sermos sempre tomados como presos numa filiação, que é uma parte de nossa verdade, não é concebida, nesse pensamento africano, como contraditória ao caráter compósito e original de cada individualidade.

Como você conhece tão bem como eu essas sociedades de linhagem, sabe também que nessa imbricação de elementos é toda uma física, e não uma metafísica, que é colocada em questão – uma vez que há incidentes na vida do indivíduo – e que fornece códigos de interpretação que permitem explicar o que acontece em função da composição inicial. As teorias da bruxaria, quando são vistas com toda sutilidade, assim como podiam perceber-se há algum tempo, mobilizam essas leis de composição que são então colocadas em jogo por ocasião de tal acontecimento e que podem ser descortiçadas. Essa definição compósita e efêmera é questionada e ilustrada de maneira mais geral em todas as dimensões da vida social e econômica.

Ao mesmo tempo, há sempre nesses sistemas de interpretação um pensamento que chega ao limite da individualidade sem relação. Ele é pressentido particularmente nos temas do caçador solitário, do indivíduo que vem de outro lugar e que cria reinos. Aliás, o bruxo ou o mago é a versão negativa dessa individualidade, aquele que explicará os fracassados da relação e que se vai tentar cortar das relações que ele perverteu. Há também o escravo que é separado de suas relações antigas para integrá-lo a um novo sistema ou então é eliminado. A versão positiva da individualidade, se assim podemos dizer, deveria ser buscada do lado do rei...

Portanto, o indivíduo puro, isto é, concebido não somente como criatura que não seria mais compósita e efêmera, mas como criatura que não seria mais compósita porque não seria mais composta, é o limite absoluto.

A.M. – Como coabitam então em você o antropólogo que se afirma pela vontade de reconhecer um pensamento relativo da individualidade, da relação de si consigo mesmo, nessas outras culturas muitas vezes qualificadas de holistas, que chega até a mostrar, nesse ponto, uma certa simpatia pela sabedoria do paganismo e uma certa irritação em relação à afirmação cristã, qualificada de orgulhosa, do valor irredutível do indivíduo,[12] e o ator ideológico, para retomar um velho termo, que milita pela valorização do indivíduo, do sujeito de direito, enquanto criação historicamente situada, em ruptura com o respeito das diferenças e os encantamentos da comunidade?

M.A. – Vejo exatamente a contradição que você aponta entre o discurso do antropólogo que vem anunciar a seus próximos: "o indivíduo existe, eu o encontrei, mesmo em outro lugar", e o homem de progresso que pressupõe de uma certa maneira que a afirmação crescente e a valorização da individualidade é a marca característica das sociedades modernas e democráticas.

Primeiramente, é preciso observar que é bem difícil situar uma ruptura histórica bem nítida por ocasião da emergência da individualidade como valor irredutível: será que nós a devemos aos gregos ou ao cristianismo? Será que ela emerge no século XVII ou XVIII? O que acho é que não é pensando uma espécie de oposição absoluta das civilizações na história que se pode esclarecer as coisas, mas sugerindo que existe uma polaridade, o que é nesse caso mais evidente. Se agora você me pergunta como se situa o ator "ideológico" que sou (se é que posso me definir como "ator", mas pretendo ser nitidamente "ideológico") em relação a

---

[12] Sobre a oposição entre a "sabedoria" do paganismo e o "orgulho" da antropologia cristã, a propósito da questão do indivíduo, ver La Religion Entre Magie et Philosophie, contribuição à obra coletiva *Afrique Plurielle, Afrique Actuelle. Hommage à G. Balandier*. Paris: Karthala, 1986, particularmente pp. 68-69.

essa polaridade, a resposta não é nenhum problema para mim. Se ligo o tema do totalitarismo "intelectual" ao tema do totalitarismo simplesmente, é evidente que o sistema cultural menos totalitário, o mais democrático, é aquele que faz pesar menos constrangimentos *a priori* sobre a definição de todo percurso individual, em outras palavras, que ele não tira implicações de ordem social ou jurídica do fato de termos nascido de alguém ou de sermos portadores de um capital ou de uma herança. É verdade, por exemplo, que na questão da relação entre os sexos, a afirmação da individualidade me parece primordial,[13] e isso seria a mesma coisa para as questões de idade e de raça.

Agora, se quisermos encontrar um valor absoluto ou um sentido último da afirmação da individualidade em nossas sociedades, pode-se constatar que está longe de ser uma questão resolvida. Nós nos demos mais ou menos bem em pensar em Deus como único, mas nos demos bem mal em pensar o indivíduo como singular, aliás por boas razões. Quando se diz "o eu é um outro", encontramos a lição que muitos sistemas de pensamento ditos "exóticos" haviam valorizado. Por toda parte, até mesmo nas nossas sociedades que colocam em relevo o valor da individualidade, introduzimos montões de razões que impedem o indivíduo de ter o direito de afirmar-se, a não ser dentro de constrangimentos bem definidos.

Nessas questões, toda a dificuldade é apreender o ponto de vista do qual se pode falar de algumas realidades, numa mesma linguagem, sabendo bem que de um outro ponto de vista, elas se deixam distinguir. O importante é definir os objetos intelectuais dos quais se fala.

Autenticidade e duplicidade

A.M. – Os antropólogos, vítimas talvez da distância objetivante, foram levados a substancializar o cumprimento do rito e a colocar o primitivo como o homem do rito ou do mito, vivendo numa relação de adesão primordial de crença imediata no sagrado.

---

[13] Ver a esse respeito: *La Traversée du Luxembourg*, 1985, pp. 50-53.

Você sublinha, por sua vez, a ambivalência da relação dos atores ao desenrolar do ritual, essa mistura de paixão e de desenvoltura, de ilusão e de duplicidade, de submissão e de "lucidez crítica".[14] Tudo acontece como se acreditássemos nisso sem acreditar, como se fizéssemos de conta que acreditamos num novo começo, sem acreditar de verdade. Há simulação nisso, há astúcia no ritual e, não obstante, isso não é um simulacro ou uma paródia. Será que deveríamos dizer que a autenticidade das sociedades primitivas em suas relações com ritos é um mito do qual se nutre a modernidade outorgando-se o privilégio do desencantamento? Pode-se retomar, a propósito da crença primitiva nos ritos ou nos mitos, as reflexões que lhe sugere nossa relação de nostalgia e de cumplicidade com as festas de Natal,[15] a autenticidade da relação consigo mesmo, com o outro, dependendo de um etnocentrismo inverso, de uma projeção e de uma negação de nossa própria infidelidade?

M.A. – Tenho sempre um reflexo de recuo diante dessas expressões maciças que sugerem "uma crise do sentido" própria de nossa época, o que pretenderia dizer que as épocas anteriores se caracterizavam por uma "abundância ou superávit de sentido". Uma vez mais, falar de sociedades "totalitárias" é reconhecer efetivamente que existem sociedades em que não se escapa ao sentido, onde não há vazio ou déficit de sentido. Mas tentar saber o que está em cena e o que está em jogo na atividade ritual é tentar ultrapassar a oposição adesão/lucidez ou autenticidade/infidelidade.

Nas minhas análises dos ritos de inversão, estou completamente de acordo com a proposição de Claude-Lévi Strauss que sugeria, a respeito de alguns ritos indianos, que se tinha a impressão de que os homens apostavam neles sua própria feminilidade e vive-versa (para as mulheres). Por conseguinte, tratava-se, nesses ritos, de inversão no sentido estrito de elucidação, seja ela lúdica, de componentes da personalidade, sem que essa expressão de um componente da personalidade, no sentido completo do termo, tenha

---

[14] Essas dimensões da relação com os ritos são principalmente colocadas em evidência a propósito dos ritos de inversão sexual ou política, ver *Pouvoirs de Vie, Pouvoirs de Mort*, 1977, cap. 2 "L'inversion", pp. 107-125; e *Génie du Paganisme*, 1982, cap. 7 "Les Signes du Pouvoir", pp. 260-280.
[15] *La Traversée du Luxembourg*, 1985, pp. 125-126.

procedido de uma confusão qualquer entre os sexos. A importância da dimensão caricatural dessas encenações, que lembra a seu modo a prática dos cancioneiros, mostra, aliás, que o cotidiano é suficientemente percebido para ser acentuado. Nesses momentos, pode-se efetivamente falar de uma forma de lucidez sobre o que são as relações internas no seio do grupo social, sobre o sistema das diferenças marcantes entre os sexos. Não acho que as análises em termo de *catharsis* que sugerem a existência de uma frustração reprimida quanto aos fundamentos da ordem social, que poderia ao extremo desembocar numa contestação, sejam completamente descartáveis, mas como sempre elas são um pouco unilaterais. A finalidade e a consequência é que são às vezes um pouco confusas: que, depois dessas manifestações, as pessoas se sintam ao mesmo tempo fatigadas e contentes, isso é verdade, mas será que está aí o segredo do rito? Finalmente, nem a noção de autenticidade, nem a noção de ritual, me parecem incompatíveis com a ideia de um olhar crítico sobre os próprios fundamentos com os quais se entra em jogo na atividade ritual, o que é uma questão completamente diferente da questão da adesão aos esquemas que estão subentendidos nessa atividade. Depois de tudo, mudando completamente de perspectiva, Althusser[16] dizia precisamente que o próprio de uma ideologia dominante é que aqueles mesmos que se servem dela também estão presos nessa ideologia.

É a noção de adesão ao rito ou ao mito que não está suficientemente explicitada, porque afinal de contas deveríamos olhar mais de perto a nós mesmos: a que aderimos? Na verdade não acho que existe esse momento de vacilação entre um indivíduo da adesão e um indivíduo da recusa de adesão ou do desprendimento. Poderíamos facilmente inverter o sentido das coisas, uma vez que também temos uma relação de adesão a muitos pressupostos, inclusive até quando os qualificamos de supersticiosos. O efeito "Chatterton", se assim podemos chamá-lo, não me parece distinguir radicalmente as sociedades nesse ponto, mesmo se, evidentemente, no plano histórico e técnico, tradições críticas

---

[16] ALTHUSSER. L'appareil Idéologique d'État, artigo originalmente publicado na revista *La Pensée*, junho de 1970, n. 151. Reproduzido na obra de ALTHUSSER, Louis. *Positions (1964-1975)*. Paris: Les Éditions sociales, 1976, pp. 67-125.

puderam constituir-se mais facilmente no Ocidente desde alguns séculos, "tradição crítica" no sentido de crítica dos próprios valores, nos quais se situam aqueles que os exprimem, mas que têm sempre as maiores dificuldades de impor-se e de fazer-se ouvir.

A.M. – Mas será que não existe uma crise mais radical da forma ritual nas sociedades modernas que dependeria particularmente das novas formas de afirmação do eu? Entre outras, penso nas análises de Richard Sennett[17] que reconstituem a emergência histórica da versão moderna da ideologia da autenticidade, do culto do ser si mesmo, da sinceridade ou do falar verdadeiro que tem sua fonte no elogio romântico da originalidade, encontra-se no tema existencialista da "má fé" e hoje nos discursos da cultura "psi" sobre os bloqueios e na necessidade de reatar com o "eu profundo". Esses são sinais aparentes de uma distanciação em relação à forma ritual das relações sociais, em proveito de uma sociabilidade emocional e fusional que ultrapassa o simples jogo com as formas das sociedades tradicionais.

M.A. – É certo que existe uma ideia do eu que encontrou na especulação intelectual expressões radicais e não se pode fazer abstração dessa especulação. Mas uma tradição filosófica é uma coisa e uma realidade sociológica é outra. Como comparar esses discursos filosóficos à realidade maciça das sociedades nas quais eles se exprimem? Se eles não são sem influência sobre o estatuto prático das modalidades da individualidade, sua verdade não é necessariamente a que saltaria aos olhos de um etnólogo (de nossas sociedades) mesmo munido de bons informantes.

Ritualidade e sacralidade

A.M. – Você gosta de reler e citar, poderíamos dizer de modo ritual, certos textos de Durkheim tirados das *Formas elementares da vida religiosa*. Sua visão comemorativa do ritual a serviço da celebração da unidade da comunidade exige de sua parte algumas retificações, mas se

---

[17] SENNETT, Richard. *Les Tyrannies de l'Intimité*. Paris: Seuil, 1979. Essas análises foram atualizadas por Gilles Lipovetsky em *L'Ère du Vide*. Paris: Gallimard, 1983.

há uma dimensão de seu aporte que você não parece colocar em questão, é sua análise da "laicização do sagrado", visto que você retoma o termo de "sacralidade leiga" para explicar o que acontece em certas cerimônias civis ou mesmo esportivas.[18] É verdade que Durkheim tentou dissociar o sagrado do religioso ou a religiosidade da religião enquanto instituição cultual a serviço dos deuses, mas postulando a identidade da transcendência da força divina e da força social, do fervor religioso e da efervescência coletiva, não introduziu ele uma fonte de ambiguidade e de mal-entendido que se encontra nos debates atuais?

A metáfora do religioso e do social, à qual você está tão ligado, funciona de fato em duplo sentido e pode-se perceber que ela se inspira tanto nos partidários de uma laicização do sagrado, de uma religião leiga sem fé nem Deus, como naqueles que se felicitam pela restauração ou reabilitação do religioso,[19] denunciando de passagem o impasse da criação dos ritos leigos e ao mesmo tempo de um certo humanismo leigo, e encontrando no religioso a expressão da exterioridade necessária do fundamento do social, a garantia do não enclausuramento do social em si mesmo.

A noção de "sacralidade leiga" não participa dessa confusão? O que dizer de seu valor operatório no plano sociológico e antropológico? É impossível pensar o rito sem referência ao sagrado? Se toda cerimônia religiosa comporta uma dimensão de autocelebração da comunidade moral dos praticantes, pode-se afirmar que toda situação de efervescência coletiva, toda manifestação de um estar juntos implica a presença do sagrado? Será que não existe verdadeiramente nenhuma diferença essencial, como o dá a entender Durkheim, entre a missa católica e essa ou aquela cerimônia civil?

M.A. – Para mim, as coisas estão claras: ou se fala em termos filosóficos e eu não creio na fatalidade de uma ruptura que manteria o lugar de uma dimensão do sagrado que não poderia reduzir a filosofia das Luzes (aceito ser tratado de "positivista" desse

---

[18] Sobre a noção de "sacralidade leiga" ver particularmente Football. De l'histoire Sociale à l'Anthropologie Religieuse. *Le Débat*, 1982, n. 19, p. 66.
[19] Sobre esse tema do retorno do sagrado, ver AUGÉ, Marc. Retour des Religieux, *Encyclopedia Universalis*, supplément II, 1985.

ponto de vista); ou então a gente se situa no terreno sociológico e se interroga sobre o estado das coisas atuais, o que evidentemente é mais complicado.

Se empreguei a noção "sacralidade leiga" foi exatamente seguindo Durkheim, mas para significar justamente que a necessidade de sentido não passava necessariamente pela referência a uma transcendência, em outras palavras, que o sentido podia ser vivido na imanência. A palavra "sacralidade" talvez não seja boa, se compreendida no sentido de uma ruptura que manteria o apelo incontornável a uma alteridade transcendente. Na expressão "sacralidade leiga", o que era importante para mim, era "leiga".

A dificuldade é evidentemente estar sempre obrigado a empregar uma linguagem metafórica. Falando de futebol *como* uma "religião",[20] eu não queria dizer que o espetáculo do futebol ou a adesão à atualidade esportiva era uma religião no sentido em que eu sabia o que é uma religião, mas que, tomando o espetáculo esportivo como tal, se eu tentasse defini-lo por certos critérios formais, eu encontraria dimensões que corresponderiam bem ao que se chama comumente "religião". É esse o sentido do procedimento que eu quis seguir.

Para dizer a verdade, aqui se misturam diversas questões:

• Será que para falar de um certo número de realidades que não se classificam na categoria das religiões instituídas, pode-se empregar o termo "religião"? Mas então que religiosidade lhes corresponde? Pode-se instituir uma nítida ruptura entre a "laicidade" e a "religiosidade"?

• Será que não existe nenhuma diferença entre, por exemplo, a missa católica e uma determinada cerimônia civil? De certa maneira, Durkheim já respondeu esta questão.

• Será que existem, de outro lado, diversos tipos de religião? Ou será que cada religião é uma religião ao mesmo título que outras?

Para resumir, se tomarmos a missa católica, os cultos daomeanos antigos, a reunião dos antigos combatentes e o *match* de futebol, será que há diferenças de natureza ou não? Essas são questões terrivelmente difíceis.

---

[20] Marc Augé se explica também sobre esse ponto em *La Traversée de Luxembourg*, 1985, pp. 176-185.

A religião como corpo de doutrinas ou de dogmas que podem aliás variar em função das circunstâncias históricas e da atividade dos especialistas, certamente não se confunde com a religião vivida, praticada em tal época, por tal categoria de fiéis. Quando se diz a "religião cristã", nela se inclui uma imensa pluralidade que, aliás, algumas vezes se prende ao nível dos dogmas pela intervenção de um cisma, mas isso não extingue a dimensão sociológica da religião. A ideia de Durkheim que é num sentido um pouco dissimulada, é que quando achamos bom sociologizar a religião não somente não se pode dizer que não há religião, mas pode-se até mesmo encontrá-la onde outros dizem que isso não existe. Existe algo em nós que resiste a isso, mas que não resiste quando nós nos voltamos para tradições religiosas que nos são menos familiares. Jamais vi algum etnólogo ter o mínimo escrúpulo em considerar que ele fazia etnologia quando considerava religiões pagãs. O que se passa sob o nosso olhar, é precisamente todo um conjunto de ritos, de mitos, de práticas que se deixam analisar, descortiçar, colocar em relação com a organização social, e essa realidade se encontra assim sociologizada de um extremo ao outro. Afinal de contas, Durkheim não faz outra coisa.

Por trás da pergunta "mas será que não há muitos tipos de religiões?", existe a ideia de que há sobretudo uma religião verdadeira e religiões falsas, ou que há grandes religiões especulativas e outras que são religiões do costume. Mas acho que essa oposição e mesmo essa hierarquização também não são completamente fundadas ou que elas remetem sobretudo a diferenças técnicas e históricas que dependem da importância da escritura, da tradição da exegese dos textos que produzem um efeito de acumulação do depósito especulativo. Aliás, essa "racionalização" da religião tende a produzir uma versão cada vez mais distanciada das reviravoltas estranhas. As orientações especulativas ou intelectuais são denunciadas por sua vez pelas tendências integristas.

Os paganismos que conheço um pouco, não se dedicam tanto a esse tipo de trabalho. Aparentemente, eles se acomodavam à reflexão de seus intelectuais. Na antiguidade tardia, os filósofos pagãos não estavam em contradição com a prática cotidiana. Parece-me que eles até se acomodavam a uma prática distanciada, mas o que é certo é que quando se tem a chance de encontrar esse ou aquele especialista dessas religiões (penso em Gedegbe, o especialista da divinação e do culto encontrado por B. Maupoil no Daomé,[21] fica-se muito impressionado com a nobreza de seu propósito, com a intensidade da reflexão especulativa, particularmente sobre a natureza da identidade individual e de sua relação com os outros. Essas são questões que, em outros contextos, seriam consideradas como fundamentalmente religiosas e que testemunham uma alta intensidade de reflexão.

Diante das questões levantadas por tais especialistas, pode-se ter a impressão de não ter explicado devidamente o que é o sistema vodu, quando nos contentamos simplesmente em analisar os modos de transmissão do vodu, sua filiação agnática etc. É aí que se encontra a necessidade de tomar os ritos ao pé da letra. Os ritos ou os corpos de doutrina, ou eventualmente o que resta deles nos mitos (desse ponto de vista, penso que há talvez mais a ler na atividade ritual do que nos resíduos míticos) devem ser tomados ao pé da letra porque eles levantam questões que não são fundamentalmente de uma outra ordem que essas e esses que se interrogam sobre eles. Toda atividade que é da ordem da especulação resiste à sociologização, e isso é completamente legítimo porque, quando se analisa exaustivamente todas as modalidades de organização de um culto e todas as suas modalidades de transmissão, ainda não se esgotou a questão de saber por que ele existe e a que ele corresponde.

Desse ponto de vista, não acho que é sobre os fins últimos do ser humano que os humanos se interrogam através dos ritos, mas antes sobre os problemas de sua vida cotidiana e, além disso, sobre a natureza de sua identidade, sobre o que eles fazem e o que eles são, um a um e todos juntos. As questões mais especulativas que intrigam os humanos tratam da identidade individual que é ao mesmo tempo uma espécie de evidência e uma fuga perpétua. Os dogmas das grandes religiões não me parecem, sob esse ângulo, distantes dessas questões, e estas, porque emanam daqueles mesmos que podem interrogar-se ao mesmo tempo sobre o que é a

---

[21] Ver *Le Dieu Objet*, 1988, pp. 10-11.

religião e sobre o que é a sociologia, não se deixam reduzir inteiramente à adição de sua condição de emergência. O que faz talvez a força da antropologia é que o antropólogo, diante das concepções diferentes da pessoa que emanam de sociedades que lhe são em princípio incomuns, começa por descrevê-las e que, para descrevê-las, ele não encontra somente respostas, mas perguntas que se fizeram e registraram à sua maneira, indivíduos em sociedades que, também elas, têm a ver com o problema de saber o que é um indivíduo ou a relação entre indivíduos. Talvez seja nessa questão da formação da identidade que se situa, se não o ponto cego, pelo menos o limite encontrado em todas as religiões.

A.M. – Da maneira que você é levado a colocar a questão religiosa, remetendo definitivamente a interrogação aos fins últimos, ou ao além, à da relação de nós mesmos conosco e com os outros, ela está, desse ponto de vista, nos antípodas de um uso indiferenciado da categoria do sagrado que visa mais ou menos instalar nos espíritos a ideia de um possível religioso inscrito no ser humano e da referência intransponível a uma alteridade transcendente, definida, é verdade, nos termos de uma teologia negativa, como um Outro ausente ou um Lugar vazio. O mesmo deslize – eu diria as mesmas manipulações – se observa a propósito da categoria do simbólico, que estava associada, especialmente em Lévi-Strauss, a uma problemática neokantiana sobre as condições formais e as formas *a priori* do sentido, explicitamente distanciado de toda preocupação da transcendência, e que serve, às vezes, hoje de trampolim para uma reabilitação do simbolismo usando dissimuladamente, para dizê-lo rapidamente, da confusão do transcendental com o transcendente.

M.A. – Para resolver de uma vez o que você chama de "manipulação dissimulada", seria preciso voltar efetivamente ao *a priori* do simbólico, tal como foi analisado por Lévi-Strauss, mostrando que desde o aparecimento da linguagem no ser humano, foi preciso que o mundo significasse: necessidade do sentido anterior às possibilidades do conhecimento, de modo que as leis do pensamento simbólico lhe são, de certa maneira, internas e relativamente independentes das realidades que elas pretendem significar. Resta que as evidências sensíveis do corpo, tais como elas se exprimem principalmente nos pares de oposição que vemos operar no conjunto dos sistemas de representações, e não somente nos mitos, constituem a própria matéria do simbolismo, de sorte que essas evidências e essas oposições (direita/esquerda, masculino/feminino, quente/frio, seco/úmido etc.) estão ao mesmo tempo do lado do significante e do significado. Assim se vive o sentido na imanência das coisas e pode-se dizer que, para mim, o simbólico é inseparável da materialidade do corpo. Se insisti no caráter imanente das religiões pagãs, é que elas têm por objeto a conformação ou configuração (e mais além, a interpretação e o domínio) do evento e não a busca de um sentido último ou de fins últimos. Seu pragmatismo me parece fundamentalmente materialista, como o é, diria eu, nossa relação cotidiana com o mundo – salvo se, em sua concepção unificada da realidade, a oposição entre o material e o espiritual não tenha sentido.

Bodelio, agosto de 1988.

CAPÍTULO VII
JEANNE FAVRET-SAADA[1*]
OS MECANISMOS DO ENGRENADOR DE VIOLÊNCIA

Jeanne Favret-Saada era etnóloga num laboratório do CNRS quando se tornou conhecida nos anos 1970 através de uma entrevista sobre a bruxaria no Bocage de Mayenne. É bom lembrar que essa etnógrafa de campo trabalhou primeiramente sobre as formas de controle da violência nas sociedades segmentárias da África do Norte. Depois ela ocupou a cátedra de etnologia religiosa das sociedades europeias na École Pratique des Hautes Études, retomando a seu modo a tradição dos trabalhos de Hertz, Hubert e Mauss sobre a religião popular.

[1*] FAVRET-SAADA, Jeanne. *Les Mots, la Mort, les Sorts. La Sorcellerie dans le Bocage*. Paris: Gallimard, 1977.

O livro publicado em 1977 tornou-se um *best-seller* da etnologia religiosa e, num âmbito maior, da antropologia contemporânea. Os dois pontos fortes que chamaram a atenção e fizeram o sucesso dessa monografia são, em resumo:

1) a bruxaria não existe somente na África, mas também no centro do mundo rural da sociedade francesa contemporânea;

2) para compreender essas questões de bruxaria, é preciso estar implicado nela, estar "por dentro" e tornar-se pessoalmente interlocutor ou sujeito de palavra.

Esses dois pontos fortes não cessaram de provocar desde o começo profundos mal-entendidos e até contrassensos manifestos. Sobre os mal-entendidos, antes de revisitar com mais vagar os termos da tese defendida, devemos primeiro sublinhar que o objeto do qual a autora nos fala não remete em nada, segundo suas próprias palavras, a crenças ou práticas arcaicas ou ancestrais inscritas na ruralidade profunda, nem mesmo à expressão de um modo de controle social próprio a uma dada sociedade ou uma cultura. Numa palavra, os "bocainos" não são azande ou homens da Idade Média perdidos no meio da modernidade. Mesmo que a tese tome principalmente a forma de uma hipótese histórica e sociológica, a ideia é que a bruxaria bocaina em questão, digamos a cura do feitiço ou desenfeitiçamento, é uma invenção relativamente recente, o produto de um "trabalho simbólico" de uma sociedade local sobre ela mesma.[2] Aqui as leituras sociológicas ou culturalistas são uma fonte de maior incompreensão ainda.

Quanto ao segundo ponto, o mínimo que se pode dizer é que ele se presta seriamente à confusão: no pior dos casos, transmutou-se a mensagem num elogio do subjetivismo ou do "tudo não passa de discurso", à maneira do pós-modernismo em antropologia; no melhor dos casos, retivemos sobretudo um discurso do antimétodo em relação à postura da distanciação e uma epistemologia da implicação, subjetiva e afetiva, da etnógrafa na construção de seu objeto. A própria autora aplicou-se longamente a

---

[2] Ver o artigo publicado em *Le Débat*, 1988, L'invention d'une Thérapie, e o prólogo da obra *Désorceler* (2009, p. 17).

demonstrar o mito da observação participante num importante artigo ("Être Affecté", 1990), e sobretudo a esclarecer a ideia de que ela se teria "convertido à bruxaria" a ponto de tornar-se uma "adepta" para estudá-la melhor, como deram a entender os meios de comunicação. A finalidade do desvio antropológico da subjetivação nesse modo de proceder é sem ambiguidade:

> Essas considerações permitirão compreender, espero, que as sensações fortes, a experiência da inquietante estranheza ou a da vacilação de minhas referências subjetivas não me pareceram em nenhum momento poder constituir um fim em si: não é para evocar qualquer "viagem ao país do estranho" que se destina essa obra, mas para retomar depois episódios vividos na confusão para elucidar o que está em jogo numa crise de bruxaria, isto é, para tirar proveito da repetição de uma mesma situação para ter uma visão geral de uma primeira ocorrência (1977, p. 162).

O tom é quase experimental, e além dos efeitos de anúncio do discurso do antimétodo, o modo de proceder da etnógrafa continua no conjunto não só ligado a um projeto de objetivação dos processos em jogo, mas fiel à postura da distanciação em relação ao outro e em relação a si mesmo. Nessa "experiência", Favret-Saada certamente constata suas confusões e interferências entre o discurso dos sujeitos enfeitiçados e sua própria "organização fantasmática", mas ao mesmo tempo ela testemunha uma surpreendente capacidade de distanciação *a posteriori*, prolongando os momentos de incerteza e de confusão, e fala regularmente, em seu diário, "do etnógrafo" como os camponeses do Bocage falam deles como sendo outro. Ela se impõe, aliás, por precaução metodológica e por cuidado de proteção pessoal, uma postura "a-tópica", em poucas palavras, não investigar nas proximidades do lugar de sua residência e de seu convívio, mas só a uma boa distância, para evitar qualquer implicação nas relações de vizinhança. O essencial, porém, é garantir a distância epistemológica pretendendo uma diferença dos outros que creem nisso, o etnólogo não crê:

> *Vou tratar todos os enunciados sobre a bruxaria como dizeres recusando referi-los a uma realidade empírica qualquer (a uma prática real, a uma crença realmente assumida) suspendendo todo julgamento de realidade* (1981, p. 32).

O paradigma da ruptura em relação ao ponto de vista indígena certamente está mais inspirado no modelo pragmático dos atos de linguagem do que numa sociologia das práticas efetivas que faz falta, e o espírito está bem próximo da postura fenomenológica da *epoché*, mas o método se baseia precisamente num princípio de ruptura epistemológica, no sentido clássico do termo.

A palavra de ordem de que "é preciso pelo menos um sujeito" (título da primeira parte da obra de 1977) foi muito mal compreendida. Também deve ser seriamente substituído no contexto relacional e na temporalidade da pesquisa transcrita no diário da etnógrafa. A condição dessa antropologia da interlocução é exatamente encontrar alguém que assuma a palavra bruxaria e que diga claramente: "quanto a mim, eu creio nos bruxos" ou mais diretamente "quanto a mim, eu estou embruxado ou enfeitiçado". Mas mesmo assim, e isso merece reflexão, foram necessários mais de seis meses à etnógrafa para encontrar, enfim, um "quanto a mim, eu" (na pessoa do casal dos Babin), que permita sair do impasse do "sim, os outros acreditam nisso". Foi realmente preciso esperar o dia 21 de janeiro de 1970, uma vez que ela já estava instalada desde junho de 1969 na região, para que ela anote em seu diário:

> *O relato de Renée Turpin era violento, mas ele se referia a alguém que não era ela, era Manceau. Os Babin foram "pegos" pessoalmente. Eis-me, enfim, diante do que eu buscava: um "quanto a mim, eu estou enfeitiçado"* (1981, p. 112).

Acontece que, nesse caso, o "quanto a mim, eu" é um discurso de casal na qual a palavra enfeitiçadora é assumida principalmente por Madame no lugar daquele que está diretamente afetado. Por isso jamais se vai saber, e muito menos ele, onde está verdadeiramente o sujeito nesse caso; também na evocação da coisa não se diz no discurso da confissão ou da acusação explícita quem é o sujeito, e menos ainda na declaração de fé, pública ou privada. Mas o "sujeito" que se esperava não é absolutamente uma etnóloga que se acha enfeitiçada (e que a este título se exporá a crer na bruxaria, isto virá mais tarde); o que se esboça, é um lugar vazio, uma demanda que se dirige a um sujeito ausente ou surdo que evidentemente não compreende e não ouve nada do lugar de "desenfeitiçadora" que lhe é proposto neste jogo de papéis, o que é descrito e registrado pela etnógrafa com uma grande honestidade em seu diário. É o rigor da transcrição desses mal-entendidos e dessas incompreensões, felizmente elucidados posteriormente, que faz evidentemente a riqueza desta experiência e que demonstra se havia necessidade da inanidade de um imperativo *a priori* de implicação ou de subjetivação. Favret-Saada (1981, p. 170) não cessa de dizer que não tinha escolha:

> *Dificuldade desta pesquisa. Os poucos progressos que registrei foram feitos em circunstâncias nas quais eu não controlava minhas palavras nem minhas atitudes. Talvez minha etnografia consistirá em descobrir que lugar cada um de meus interlocutores me designa. Ou em suportar ocupar este lugar.*

A lição é clara: não é a pessoa que decide implicar-se, ela já está implicada à sua revelia pelos outros nas questões deles, e o problema é compreender onde os outros colocam você. Como se sabe, esse lugar, como para muitos desses interlocutores, é por definição incerto, evolutivo e jamais adquirido. Ainda voltaremos a este ponto. Aí está exatamente a lição de metodologia, mas ela é difícil de transmitir num contexto de confusão das línguas como este; ela não depende de uma escolha inicial de subjetivação, e acumula, se assim podemos dizer, todos os possíveis fracassados no respeito das regras do entendimento e da polidez da bruxaria. O que dizer de um etnólogo "na fazenda" (1981, p. 127) que pretende curar pelas palavras e que recusa aceitar a galinha que lhe é oferecida!

"A bruxaria no Bocage, isto ainda existe..."

Já é hora de abordar o cerne da questão. O que é que ainda existe no Bocage? "Pessoas que lançam sortes" que utilizam práticas ocultas para enfeitiçar os outros? Pessoas que se creem ou que se dizem enfeitiçadas por alguém que lhes quer mal? Curandeiros que dão a entender a seus doentes que eles estão enfeitiçados e que se oferecem para desenfeitiçá-los? Aqui, o modo de entrar no problema é decisivo e determina toda a análise futura que dele se pode fazer.

Nesse plano, a abordagem antropológica desde Evans-Pritchard até Favret-Saada, passando por Augé, não mudou. Para o etnólogo, a questão primordial não é a existência dos "bruxos". As pessoas que ele encontra são antes de tudo pessoas que acham que estão enfeitiçadas. O "feiticeiro ou bruxo" não existe, a não ser pelo discurso que o designa. É quase de passagem, em nota, que Favret-Saada assinala que "segundo toda probabilidade, ninguém, no Bocage, lança sortes, ainda que isso não impeça alguns de recebê-las (1985, p. 100; 1986, p. 30). Acontece-lhe até argumentar nesse terreno da existência (1977, pp. 173-175). Se é possível pensar que não existem bruxos no Bocage, de um lado é porque os supostos "bruxos" ignoram tudo que diz respeito à acusação que pesa sobre eles; ou, se eles são atingidos pela suspeita, é porque eles mesmos se acham enfeitiçados. A posição de bruxo no Bocage é inocupável e só um louco (como em alguns processos) pode dizer-se bruxo.

De outro lado, há o fato de que as práticas rituais de malefício ou feitiço, ou o uso de livros cujos relatos ou discursos são atribuídos pelas pessoas aos feiticeiros não dependem verdadeiramente do observável. Todas as práticas citadas como provas remetem a comportamentos anódinos (fechar a mão, bater nos ombros, olhar de certa maneira) e são sinais ou indícios para os que neles creem. É exatamente aí que está a questão essencial: colocar o problema da existência no terreno do observável ou do dizível é pensar que se pode prescindir da lógica da crença. Mas esta é evidentemente primordial em relação à questão da existência. Marc Augé situa bem a questão:

> *A existência de "bruxos" pode ser um efeito da crença,*
> *mas a proposição inversa é mais do que duvidosa e*
> *nos parece importante, de um ponto de vista teórico,*
> *decidir se a crença é primeira ou segunda, causa ou*
> *efeito* (1982, pp. 214-215).

Poderíamos pensar que essa posição antropológica está ligada aos constrangimentos específicos da expressão social da bruxaria no Bocage. Na África, no decorrer de sessões coletivas organizadas por personagens ritualizados que utilizam os processos de acusação ritualizados, "bruxos" confessam publicamente seus crimes de bruxaria e são condenados a sanções sociais que podem chegar até a condenação à morte do "homicida". Mas para o próprio etnólogo africanista, a questão não é tão simples: a confissão deve ser remetida ao processo social que a suscita e finalmente ao consenso coletivo que a fundamenta, consenso no qual participa também o acusado. Se é evidente que existem bruxos, que todo mundo pode ser um deles cedendo à inveja ou ao mau pensamento, por que não eu? Principalmente porque isso não deixa de comportar vantagens e gratificações (Lallemand, 1988). Mas o paradoxo é que a confissão confirmada consagra a morte social do bruxo como tal, seu presumido poder e seu averiguado prestígio se dissolvem por si mesmos à luz do dia.

Dos azande aos bocainos

Favret-Saada (1977, p. 271) dá a entender que, na visão do Bocage normando, a distinção *witch/sorcerer* não é significativa porque:

> *Ao contrário de um zande que não tem escolha em*
> *nenhuma circunstância, a não ser entre* witchcraft *e*
> sorcery *– dois conceitos vistos do Bocage – tão diferentes*
> *como boné branco e branco boné – o camponês sabe com*
> *pertinência que existem explicações de uma outra ordem.*

O médico, o padre, o mestre ou professor estão aí para fazer valer explicações mais legítimas. Mas é preciso lembrar que os azande também sabem "com pertinência" que existem, segundo os contextos e as situações, outras explicações causais, e que na maior parte do tempo, como sublinha Evans-Pritchard, nas situações da vida habitual, eles não apelam para a bruxaria. Por outro lado, na sociedade bocaina, existem personagens que assumem o papel de "desenfeitiçador", que não deve ser confundido com o lugar inconfessável de bruxo. Esses contrabruxos têm um estatuto social, embora esse lugar, na sociedade bocaina, seja mais marginal do que o dos adivinhos-curandeiros ou exorcistas azande. Os desenfeitiçadores, ou desencurvadores respondem à demanda de algumas pessoas vítimas de infortúnio ou de repetidas desgraças às quais eles dão a entender por meio de intermediários, os "anunciadores", que elas poderiam muito bem estar enfeitiçadas.

É aqui que surge a questão da terminologia indígena e da tradução erudita. Traduzir *sorcery* por "magia instrumental" e *witchcraft* por "magia sem suporte material", como o faz Favret-Saada, facilita o argumento do "branco boné, boné branco", mas isso não é verdadeiramente fiel à terminologia de Evans-Pritchard que opõe bruxaria e magia. Pode-se sobretudo indagar mais profundamente sobre a pertinência do uso genérico das noções de "força mágica" ou de "agressão mágica" para designar no Bocage tanto a força do bruxo como a do mago.[3] Supõe-se que essa força "anormal" sustenta a ação mágica do desenfeitiçador, personagem social que opera de modo visível por intermédio do ritual e do ato de bruxaria. Ora, no Bocage como na África, a bruxaria designa também, e mais especificamente, um ato invisível, geralmente noturno, supondo um poder de desdobramento e de metamorfose concretizado pela imagem do voo nos ares ou pela imagem da viagem, e associado à representação fantasmática de uma devoração. As expressões bocainas reveladas por Favret-Saada para designar a ação da força feiticeira sobre a força vital do enfeitiçado – "captar", "atrair de novo", "aspirar" – assim como a imagem do vampiro que suga o sangue e a força vital de suas vítimas estão bem próximas das que são utilizadas na África onde os feiticeiros ou bruxos muitas vezes são chamados de "vampirescos" (1977, p. 262s).

---

[3] Ver 1977, cap. 12 no qual esses conceitos são justificados.

Na tradição oral e nos escritos sobre a bruxaria no Bocage bretão ou vendeano, o hibridismo imaginário do bruxo, evocado pela imagem das cartas de Madame Flora (2009, pp. 105-109), leva a confundir o bruxo com o personagem do "lançador de sorte" e contribui para manter uma indistinção entre o "bruxo" e o "desencurvador", um mesmo personagem marginal e zarolho, mas conhecido e que se apresenta como tal. Daí, aliás, a tese de alguns etnólogos do Bocage que afirmam que os bruxos "existem" realmente visto que se pode encontrá-los. No entanto, pode-se pensar, com Favret-Saada (1986), que se trata aqui de uma influência da versão folclórica da bruxaria reinventada no fim do século XIX. Esses relatos de segunda mão, elaborados a partir de tradições orais, descrevem verdadeiros rituais (ponta do coração de boi, aspersão de sal etc.) e confundem constantemente sob o mesmo termo de "bruxo" as duas funções do bruxo e do desenfeitiçador, "ainda que se possa sempre deduzir do texto, diz Favret-Saada, quando se trata de um e de outro" (*ibid.*, p. 38). Evans-Pritchard não teria dito melhor.

Por conseguinte, aqui o problema não é de realidade (os bruxos existem, eu os encontrei), é a análise dos dizeres do discurso de bruxaria que impõe a construção de um sistema de lugares fundado na oposição mínima e essencial entre a posição do "desenfeitiçador" e do "bruxo", distinção perfeitamente fiel para dizer a verdade àquela que circula na antropologia africanista. O bruxo, diz-nos ela, é dotado de uma força que tem o poder de produzir seus efeitos "sem passar pelas mediações ordinárias" (1977, pp. 94 e 98). Entre essa força e a pessoa do bruxo "toda distância parece abolida", de tal sorte que no ato de bruxaria, é exatamente a pessoa inteira do bruxo que parece implicada. É ainda diretamente, segundo as diversas modalidades de uma relação de contiguidade (contato corporal pelo tato, olhar, palavra), que a força feiticeira produz seu efeito. Por oposição, o desenfeitiçador parece entreter com a força que ele mobiliza uma relação de controle, de instrumentalidade ou de utensilidade, que torna possível o recurso a um ritual fundado nas relações mediatizadas e metafóricas próprias ao espírito da magia.

A particularidade da linguagem da bruxaria bocaina estaria talvez nesse desvio entre o "normal" e o "anormal": a força vital "normal" que o enfeitiçado como Babin é levado a perder e a força "anormal" da qual o bruxo faz um uso maléfico enquanto o desenfeiticador a coloca a serviço de seus clientes. Mas que o contrafeiticeiro use de uma força anormal num sentido idêntico à do feiticeiro (como o diz também Evans-Pritchard a propósito dos exorcistas ou *witchdoctors*) parece em última análise menos pertinente do que a relação de domínio, de controle e de mediação (de preferência associada à magia) que, ao contrário, ele é o único que mantém com sua força, enquanto o bruxo é descrito no discurso dos enfeitiçados e sobretudo dos desenfeitiçados como possuído por sua força bem mais do que ele a domina. A questão essencial, como para outras categorias religiosas como a possessão ou o xamanismo, repousa na tensão entre o dominado e o informulado, o domesticado e o inominável.

Essa distinção é tanto mais importante no terreno das sociedades europeias que separam nossa tradição cultural da tradição africana, porque o uso indiferenciado do termo bruxo, incentivado pela designação de "lançador de sortes", está longe de ser neutro. A confusão sabiamente mantida desde os processos de bruxaria dos séculos XVI e XVII, entre o bruxo e o adivinho-curandeiro é precisamente a expressão direta de uma imposição de sentido da parte do discurso médico, jurídico e religioso dominante, revezado em grande parte pelo discurso dos folcloristas.[4] Ainda hoje, para o padre exorcista, o "verdadeiro bruxo" é aquele que dá a entender aos outros que eles estão enfeitiçados e os impele a acusar seus próximos de serem responsáveis por todos os seus males. Portanto, é capital que o discurso histórico ou antropológico não caucione uma confusão que se assemelhe a uma arma de luta ideológica e simbólica.

A palavra de membro

O que existe na sociedade bocaina são, portanto, personagens que assumem o papel de desenfeitiçador, e em caso nenhum de bruxo, em resposta à demanda de algumas pessoas às quais eles dão a entender, por intermédio de outras pessoas, que elas estão enfeitiçadas. Deixando de lado por um instante as práticas eventuais do

---

[4] Ver Ginzburg (1984) a propósito dos Benandanti, esses contrabruxos presos e julgados em Frioul no século XVI como "bruxos".

desenfeitiçador, não há no Bocage nenhuma prática social de bruxaria que seja observável ou enunciável num modo performativo (eu o digo e eu o faço) por um sujeito membro da sociedade bocaina. O único fato empírico, como sublinha constantemente Favret-Saada no seu diário de pesquisa, é um processo de palavra.

Mas, considerando a África, surge aqui uma diferença cultural, dessa vez absolutamente essencial. Para um africano, ser membro de sua sociedade não é "crer" na bruxaria, porque isso seria colocar o problema em termos de alternativa (crer nisso/não crer nisso) e por conseguinte em termos de adesão individual ou de opinião pessoal. O discurso feiticeiro é assumido como uma herança que faz parte dessas coisas que são evidentes porque elas definem os fundamentos da vida comum e do "estar-juntos". Por outro lado, no Bocage de hoje, ser membro da sociedade local é assumir como evidente que "a bruxaria não existe". Uma pessoa normal não deve crer nessas coisas e quando os doentes ousam falar disso a seu médico, seu veterinário ou sua vizinhança social, eles sofrem a sanção do ridículo ou da ameaça de internação. Quanto aos desenfeitiçadores, todos eles vivem no medo da denúncia policial ou da inculpação jurídica. A palavra de membro é uma palavra que se constitui num consenso que implica a negação da crença nessas coisas, a negação de realidade e de plausibilidade.

Para entender uma palavra diferente, é preciso fazer, como o fez Favret-Saada, a experiência de um espaço de jogo entre palavra pública e privada, palavra direta ou indireta. Mas se as questões de bruxaria no Bocage não podem ser senão "questões privadas", é necessário ainda precisar que, mesmo no registro da palavra privada, o discurso feiticeiro não se dá a entender, a não ser num modo secreto, clandestino, dissimulado, reservado a situações de enunciação e de interação social onde só aqueles que estão comprometidos nesse discurso se autorizam a falar dele. Fazendo isso, eles sabem que se colocam fora da palavra do grupo, o que é tão pouco evidente que, na maioria dos casos analisados por Favret-Saada, o problema é justamente, para os sujeitos em questão, e particularmente para Babin assumir em pessoa essa palavra feiticeira. A enunciação de um "eu, quanto a mim" não é somente um problema de interlocutor (falar com o etnólogo ou com outra pessoa), mas um problema de relação do sujeito com sua própria palavra.

Uma palavra dupla?

Poderíamos concluir daí que a bruxaria no Bocage é um fenômeno social que, em sua própria essência, só pode ser marginal. Além dos casos efetivamente encontrados pela etnóloga, isto é, microrredes de socialidade informal e secreta que unem no mínimo um casal, em geral fazendeiros, um anunciador da circunvizinhança e o desenfeitiçador, por definição estrangeiro, existem sem dúvida muitos outros casos do mesmo gênero. O campo de interconhecimento que pode ser coberto pela etnóloga não é ilimitado. Daí a pensar que finalmente todo membro da sociedade bocaina acredita na bruxaria (não somente o camponês, mas também o padeiro, o artesão, sem falar do médico, do professor ou do padre), isso é discutível. Mas afirmar sobretudo que qualquer pessoa pode ser pega, em caso de repetidas desgraças, no discurso feiticeiro, isso é uma conclusão de natureza completamente diferente que merece ser explicitada.

Mas é exatamente isso que, em certo sentido, de maneira mais ou menos implícita, Favret-Saada tende a sugerir na etnoanálise desses dizeres do crer sem crer nisso. Uma das chaves de sua postura de análise é a referência a uma "palavra dupla" em cada habitante do Bocage (1981, p. 102). A hipótese de uma "palavra do grupo" que seria "duas" é introduzida a propósito da relação com os males de santos na sociedade francesa, mas ela se prolonga em seus comentários de Michelet sobre a "cena dupla" do *sabbat* das bruxas (1981, p. 343), aludindo certamente a suas conotações psicanalíticas. Esse duplo registro da palavra não separaria de um lado aqueles que estão envolvidos e do outro aqueles que não estão, mas atravessaria todo membro da sociedade bocaina. Uma vez colocado de fato o princípio da distinção entre aqueles que estão envolvidos e aqueles que não estão, todo o sentido do método da etnóloga é manter a dúvida e a indecisão na relação dos sujeitos com a bruxaria. A ponto de tornar-se possível dizer que, em determinadas condições, toda posição de incredulidade ("certamente Marie e sua mãe não creem absolutamente nisso", 1977, p. 82) pode transformar-se numa imputação de crença "mas ao mesmo tempo elas creem inteiramente nisso".

Nessa postura presumida de entredois, toda atitude ou todo discurso de negação podem ser lidos pelo que eles são: a repressão, a censura de uma inquietude, de uma dúvida. Ao extremo, toda negação é uma confissão. Quanto mais alguém afirma não crer nisso, mais ele se defende de crer; e como quando alguém confessa que se faz perguntas, também não se precisa mais disso para desvendar uma confissão, compreende-se que seja impossível escapar à lógica do sistema de bruxaria para aqueles que aceitam envolver-se nele, especialmente o etnólogo. Toda proximidade "objetiva" com uma posição de enfeitiçado, construída segundo a lógica do discurso daqueles que estão envolvidos, só pode afetar de ambiguidade (de um duplo sentido) todos os sinais pelos quais essa posição é recusada pelo sujeito. Todo uso do qualificativo "bruxo" aplicado a um desenfeitiçador, uso que só pode refletir a confusão das normas do discurso oficial, é suscetível de ser lido ao mesmo tempo como a confissão de uma posição de acusado que retorna a acusação contra seu acusador. Enfim, todo conflito relacional real ou suposto pode ser interpretado nessa lógica, mesmo se o papel do desenfeitiçador é de desviar essa tensão, como um conflito de bruxaria.

O problema todo vem do fato de que o imaginário de bruxaria, funciona ele mesmo contando com o princípio de uma realidade constantemente dupla, o visível e o invisível, o manifesto e o oculto, a face diurna e noturna da vida social. Aliás, esse esquema de pensamento feiticeiro se coaduna muito bem com o discurso freudiano da "cena dupla" para engendrar uma prática de etnoanálise dos dizeres que, uma vez "engrenada" pode depender inteiramente da lógica da suspeita.

A dupla cena

Por conseguinte, a sociedade bocaina se apresentaria como uma sociedade dual: de um lado, a socialidade oficial onde o discurso positivista e racionalista seria a norma assumida por todos e, de outro lado, uma socialidade subterrânea inversa onde cada um seria tomado ou suscetível de ser tomado pela lógica do discurso de bruxaria. Essa dualidade se reflete, aliás, segundo Favret-Saada, no que se designa sob o termo de "caso de bruxaria". Os processos de bruxaria, organizados pela autoridade judiciária, colocam em cena enfeitiçados crédulos e antiquados e sobretudo bruxos excêntricos, aberrantes, não representativos, que não respeitam as regras do sistema de bruxaria e confirmam assim os preconceitos e as expectativas do público. Em contrapartida, os casos privados de bruxaria dizem respeito a enfeitiçados e desinfeitiçadores "ordinários", numa palavra, autênticos. Como se vê, pode-se pensar que esses exprimem por contraste a natureza profunda, oculta e reprimida do camponês do Bocage, crisol da verdadeira essência da bruxaria.

Esse dualismo postulado da sociedade bocaina, o pressuposto de uma realidade social de dupla face, está na origem dos mal-entendidos incentivados pelo discurso etnológico, quando ele se deixa falar da bruxaria bocaina como se ela fosse uma expressão cultural própria à sociedade local, solidária da personalidade camponesa básica de todo habitante do Bocage. Por um cuidado legítimo de retificação da visão etnocentrista do camponês crédulo e antiquado, o etnólogo tende a oscilar num etnocentrismo inverso, de visível inautenticidade e de má fé, o discurso positivista, invalidando assim como não representativas todas as encenações da bruxaria no espaço público. Como se a palavra oficial "cristã", "positivista", "racionalista", assim como os processos públicos que preceituam sobre os casos de bruxaria não fossem parte integrante da realidade social e do espaço público do Bocage? Como se sobretudo o discurso dominante, a imposição de legitimidade, não tivesse efeito sobre um sistema de bruxaria que permaneceu intacto e preservado graças à repressão.

Favret-Saada pretende, porém, desmarcar-se de uma leitura relativista e diferencialista, que encerra o outro camponês em sua diferença, como a que os pesquisadores de Limoges iniciaram (1977, p. 323). Fazer da bruxaria bocaina atual um sistema de pensamento normalizado e legitimado, específico de uma sociedade camponesa perfeitamente homogênea, coerente com ela mesma, em equilíbrio, lutando contra a sociedade capitalista e modernista para afirmar seu direito à diferença, isso não é acreditável, diz-nos ela. É desdenhar a ambiguidade profunda dos próprios camponeses em relação à bruxaria, a ambivalência que toda situação de alienação a uma cultura dominante pode gerar.

O impasse de uma posição em dupla

É efetivamente ao nível dos próprios sujeitos que a credibilidade antropológica de um princípio de ruptura se choca com os fatos, numa palavra, com os dizeres dos enfeitiçados. Favret-Saada o mostra muito bem na análise do caso da Mulher Règnier (1977, pp. 114-117). Impossível para ela, talvez também para a maioria dos membros da sociedade bocaina, assumir uma dupla pertença "cultural". Ela não pode efetivamente aderir ao mesmo tempo a um sistema simbólico de interpretação da desgraça fundada no esquema persecutivo que lhe demanda desejar a morte do outro, e a um conceito da pessoa que supõe a noção de responsabilidade individual e as sanções do tribunal da consciência. Essa posição entre duas cadeiras, por si mesma, só pode levar, segundo Favret--Saada, ao "encerramento na prisão do indizível" (1977, p. 116), em outras palavras, à loucura.

Aliás, a experiência da etnóloga ilustra de maneira paradigmática a mesma impossibilidade de uma posição dupla. De um lado, a experiência pessoal da etnóloga "afetada" pela repetição de uma série de acidentes e de desgraças constitui a condição da compreensão do dizer feiticeiro, uma experiência que cada um pode provar em diversas ocasiões de sua existência; e, de outro lado, a constatação de uma coisa impensável e impossível, a necessidade de nomear seu bruxo e, por conseguinte, de assumir um voto de morte e as consequências de uma luta até a morte. "Eu tomei consciência, diz-nos Favret-Saada, de que, por mais fascinante que seja a bruxaria, eu jamais poderia habituar-me a ela, e é nisso que eu era fundamentalmente diferente dos camponeses do Bocage" (1977, p. 159). A tradução dessa prova crucial, esse momento de verdade, em termos de revelação de uma diferença social e cultural não deixa, porém, de surpreender.[5] Essa impossibilidade de ser ao mesmo

---

[5] Retornando a essa questão da nomeação de seus inimigos exigida desde o início por Madame Flora, no prelúdio de seu último livro, a autora declara hoje: "Mas eu fiz bem em não crer que um bruxo pudesse exercer uma ação mágica ou um encanto tal que fosse suscetível de me tornar doente, fiz bem em não acreditar que nomear seja matar, estive numa total impossibilidade de atribuir-lhe algum nome. Cada vez que ela me pressionava a fazê-lo batendo na mesa com seus bastões, meu espírito se achava tão vazio como um analisando intimado a fazer associações livres. Tentei durante várias semanas esquivar-me até o dia em que aceitei que o desenfeitiçamento requer a mesma forma de engajamento que uma psicanálise. A partir daí, falei regularmente de

tempo uma boa cristã e de pagar o mal pelo mal até a morte do outro, é também o problema da Mulher Règnier, autêntica camponesa do Bocage. Lembrar aqui uma distância social ou cultural é exatamente deixar supor que, para esse camponês fundamentalmente diferente do Bocage, seria completamente normal e natural explicar a desgraça pela atividade maléfica dos outros e sobretudo ligar o fim de suas dificuldades à morte de alguém. Felizmente, o esclarecimento das implicações antropológicas da cura de enfeitiçamento vai mostrar que os enfeitiçados bocains têm os mesmos problemas que a etnóloga, e que toda eficácia eventual da cura se baseia na gestão "dupla" das posições culturais da pessoa.

Para compreender o alcance antropológico e talvez sociológico da cura do enfeitiçamento, é preciso insistir no fato de que a situação dos enfeitiçados no Bocage é completamente inversa em relação à que se apresenta no contexto africano. Na África, num caso de bruxaria, é o grupo social inteiro que se considera atingido num de seus membros e faz corpo com o enfeitiçado. Esse é mantido pela palavra do grupo encarnada por seus representantes autorizados, os adivinhos-curandeiros. Pelos processos públicos de acusação, mais ou menos indiretos, o grupo ameaça aquele que faz aqui secessão, que não respeita a lei dos ancestrais, entregando-se a um comportamento antissocial. O lugar destinado ao bruxo equivale a uma posição de exclusão, de isolamento ou de marginalização que só a confissão pode extinguir oferecendo um processo de reintegração simbólica (Lallemand, 1988). No Bocage, ao contrário, como observa Favret-Saada, "aceitar a teoria das sortes é degringolar num terror no qual se está só, separar-se de uma concepção do mundo pretensamente universal" (1981, p. 106). "Quando o enfeitiçado, acrescenta ela, triunfa de seu feiticeiro, é sempre contra a palavra do grupo" (*ibid.*, p. 102). Por conseguinte, a posição de exclusão e de isolamento em relação ao grupo social é a daquele que se diz enfeitiçado. A sociedade local sanciona a crença pelo ridículo, mas sobretudo denuncia a suspeita lançada

---

mim, de modos diferentes, tanto ao meu psicanalista parisiano como a minha desenfeitiçadora bocaina, ambos experientes, aliás, impermeáveis um ao outro" (2009, pp. 10-11). O princípio de ruptura, aqui entre uma psicanálise parisiense e um desenfeitiçamento bocaino, está decididamente no centro do sujeito.

sobre os outros como um comportamento antissocial que envenena a vida relacional da coletividade criando a desunião nas famílias e prejudicando as boas relações de vizinhança. O culpado é o enfeitiçado ou seus parentes.

Devemos advertir que o enfeitiçado do Bocage não está completamente isolado, mas que está até fortemente integrado à sua família, ou de preferência ao casal fusional formado por ele. Também participa de uma rede de sociabilidade constituída pelo anunciador e sobretudo pelo desenfeitiçador. Mas esse grupo recluso, clandestino, já em perda de laços sociais, é levado pelas injunções do desenfeitiçador a cortar as pontes com toda relação social de proximidade e funciona, portas fechadas, numa solidariedade deslocalizada, visto que o desenfeitiçador é sempre um "estrangeiro". Conforme Favret-Saada, os casos de bruxaria no Bocage não dependem mais do jogo e da cortesia. Eles não dão mais lugar senão a uma luta até a morte onde o enfeitiçado só pode necessariamente morrer a longo prazo, "deixar aí sua pele", a menos que seja o bruxo que passe por isso, como foi o suposto caso da Mãe Picot. Como a única saída é a morte do outro, assiste-se a uma radicalização e uma dramatização da questão que explica ao mesmo tempo os casos de passagem ao ato na pessoa do bruxo, e o fato de que essas passagens ao ato se traduzem às vezes pelo homicídio do bruxo.[6] O destino presumido dos bruxos, sobretudo daqueles que parecem ter interiorizado a acusação-exclusão dos outros, não é particularmente trágica senão porque também nesse caso o grupo social não oferece ao acusado nenhum recurso, nenhum processo simbólico e social de negociação e de reintegração no grupo.

A sanção social que, nas sociedades africanas, assegura ao mesmo tempo a reprodução da crença e das normas de conduta, e sobretudo a possibilidade de uma regulação social aberta dos conflitos, aqui está ausente. A não legitimação da crença e da palavra feiticeira em proveito do discurso religioso, médico ou jurídico, vem acompanhada de um desaparecimento completo dos processos sociais de acusação e de confissão, eles mesmos condenados

---

[6] Pensa-se certamente aqui no homicídio cometido, em 1976, na comuna de Hesloup, junto de Alençon, na pessoa de um "bruxo", por dois irmãos, operários de carreira em Mayenne, que viviam com sua mãe.

à ilegitimidade. Além disso, o sistema de controle social oficial, o papel de instância mediadora que a justiça assume, com o apoio do consenso coletivo, inverteu radicalmente o sentido da acusação. A vítima é aquela que é acusada e que está no direito de tentar um processo por difamação a todos aqueles que formulam uma acusação pública, sendo esses, por definição, incapazes de trazer provas tangíveis, uma vez que é próprio do ato de bruxaria ser invisível. Os tribunais do Bocage registram de tempos em tempos queixas desse gênero. Mas para a opinião pública e o comando da polícia, o verdadeiro culpável é o desenfeitiçador que é objeto, sobretudo em caso de morte do enfeitiçado, da parte do poder público, de demandas por não assistência à pessoa em perigo, prática ilegal da medicina ou escroqueria.[7] A sanção jurídica do "delito de bruxaria" opera uma conversão sistemática da vítima acusadora em culpável e do contrabruxo em bruxo, que condena as posturas de enfeitiçado e de desenfeitiçador à clandestinidade e a acusação a permanecer no estado de suspeita. Compreende-se que os desenfeitiçadores tratem de tomar todo cuidado de assumir, não somente por razões terapêuticas, a responsabilidade da acusação e que os próprios enfeitiçados evitem toda acusação pública.

A perda das proteções mágicas do cristianismo

A pesquisa de Favret-Saada supõe a ruptura com uma problemática da sobrevivência de uma forma cultural arcaica, solidária de um eterno camponês mais ou menos reprimido, e o engajamento numa perspectivação histórica que sublinha os deslocamentos, as reestruturações, as bricolagens às quais se entregam os produtores de "técnicas de reparação materiais e simbólicas da desgraça".

O reenquadramento histórico trazido pelo artigo do *Débat* é essencial. No período do final do século XIX, a força integradora do cristianismo, associada a uma prática religiosa generalizada no seio da sociedade local rural, fornecia a cada cristão "sólidas vantagens simbólicas" (1986, p. 41). Essa posição de monopólio relativo

---

[7] Citamos o caso do processo de Léontine Esnault, a "desencraudeuse" de Savigny (Carrer e Yver, 1978), e também o de René Tardive, o curandeiro de Plouguenast, objeto de uma queixa da parte de um camponês aposentado de St. Gilles Vieux Marché, acusado por seu vizinho do tê-lo enfeitiçado.

da Igreja em matéria de luta eficaz contra a desgraça estava ligada, sem dúvida, ao sincretismo de um cristianismo popular que associava o esquema do sofrimento salvador, fundado na culpabilização individual, e o da erradicação da força diabólica, graças ao poder sobrenatural do material simbólico cristão (água benta) ou dos detentores autorizados desse poder (padre "tocador" ou exorcista, santos-curadores). O processo geral de secularização (autonomização e privatização da pertença religiosa) e de racionalização do cristianismo (no sentido weberiano: desritualização, moralização da religião), encarnado pelo que R. Hertz já chamava de "cristãos esclarecidos", retirou progressivamente toda eficácia propriamente mágica aos rituais cristãos, quando não são simplesmente abandonados (é o caso das rogações que comportavam a bênção dos campos e dos animais). A religião cristã não traz mais resposta eficaz e apoio em termos de força mágica. O renascimento ou a persistência sob outras formas, através das práticas renovadas, do sistema de bruxaria, na época contemporânea, deve levar em conta, ao mesmo tempo, a desestruturação acelerada da sociedade local rural, a fragmentação do tecido social, e essa especialização funcional que intervém nas relações do campo religioso e do campo terapêutico e que conduz à depuração do religioso de sua dimensão terapêutica e de sua eficácia mágica. O desaparecimento do padre "tocador" ou exorcista[8] e do médico de aldeia deixa então um lugar vazio favorável ao vigoroso retorno do desenfeitiçador ou dos bricolageiros de todo gênero (como a célebre Dama de Savigny, ao mesmo tempo *desencraudeuse*, exorcista, sacerdotisa e profetisa), respondendo ao apelo das pessoas que não conseguem suportar as contradições e as lacunas da estrutura social.

A dessocialização do conflito

Mas ocultar a verdade dos processos sociais de regulação da bruxaria não depende somente da perda de plausibilidade das acusações e da repressão judiciária. É preciso fazer intervir o trabalho

---

[8] O abandono da prática tradicional do exorcismo em proveito de um discurso psicologizante e moralizante, ilustrado pelo exorcista de Coutances, encenado por L. Costel, nem sempre satisfaz a demanda dos enfeitiçados.

próprio da "cura" e talvez nesse sentido sua eficácia social em matéria de desvio da violência e de "instituição de recuperação" (2009, p. 144). É um ponto sobre o qual insiste particularmente Favret-Saada. Para ela, a ação do desenfeitiçador visa interromper todo tratamento social direto do conflito. Se o desenfeitiçador induz bem um processo de imputação e de nomeação do bruxo, que conserva, como na África, uma eficácia simbólica decisiva, não é ele que assume a nomeação do outro:

> *Daí se vê que o que está em jogo numa sessão de divinação não é absolutamente que o mágico adivinhe quem é o bruxo, mas de preferência que o consulente aceite ele mesmo reconhecê-lo e nomeá-lo* (1977, p. 70).

Ele se contenta em controlar e às vezes desviar a nomeação. Passa-se, portanto, em relação às mediações sociais dos casos africanos, de uma responsabilização coletiva ou assumida por um terceiro autorizado, da designação do bruxo a uma acusação não dita que só atinge os próprios implicados. Além disso, Favret-Saada insiste no fato de que o desenfeitiçador se esforça sempre para deslocar a suspeita do terreno dos conflitos reais, familiares ou econômicos,[9] para um conflito de vizinhança que é preciso chamar de imaginário, por razões que dependem da própria lógica da cura (1986, p. 35). Pode-se avaliar aqui toda a diferença em relação às práticas de confissão ou de exorcismo à africana, onde o bruxo é sempre o outro próximo no seio da parentela e onde a terapia toma a forma de uma conjuração familiar do mal. Se acrescentarmos a isso que o nome do bruxo, uma vez pronunciado, jamais pode como tal tornar-se público, mesmo de modo dissimulado, resulta que todas as condições estão reunidas no Bocage para uma dessocialização completa do processo de imputação. O bruxo suspeito pode com certeza ler a ruptura de relação com seus vizinhos ou amigos, seus ritos de proteção ("engrenar tudo") como os sinais de uma acusação

---

[9] É um ponto sobre o qual insiste muito o esclarecimento sociológico inédito sobre "Les Ratés de l'Ordre Symbolique" (2009, pp. 142-144). Se as suspeitas se nutrem principalmente dos "ódios de família" ligados particularmente aos conflitos de sucessão e de apropriação da exploração agrícola entre irmãos ou gerações, todo o trabalho do desenfeitiçador consiste em deslocar o rancor para um vizinho não tão próximo, mas também não tão distante.

implícita, mas isso supõe então que ele mesmo entre na lógica imaginária da bruxaria e isso será de qualquer maneira na posição de enfeitiçado. Aqui a eficácia simbólica parece deslocar-se para o terreno terapêutico, e é por esse meio que ela encontra sem dúvida um efeito social.

O desenfeitiçamento: um processo de mudança psíquica

Ocupando o espaço deixado pelas respostas inoperantes e moralizantes do cristianismo esclarecido e por uma psicoterapia individual, cujo efeito dissolvente sobre os coletivos é sublinhado por Favret-Saada (1986, p. 46), o desenfeitiçador ziguezagueia no entredois a partir das posições do sujeito e dos esquemas de interpretação do mal. A bruxaria responde aos impasses de um sujeito que justamente não pode mais afirmar-se como sujeito (1985, p. 101). Ele não pode assumir pessoalmente o impensável com o qual é confrontado e encontra refúgio numa posição de recuo no recinto conjugal ou familiar transmutado em fortaleza "mágica" pelas proteções que se impõem, que lhe propõe o desenfeitiçador. A relação do sujeito com seu espaço social, numa tal situação limiar é bem apresentada pela etnóloga e percebida pela sociedade local bocaina como "extraordinária" e, digamos, anormal (1977, p. 166). Nessa posição, todo discurso ou toda prática, como a do padre esclarecido visando fazer um recuo sobre si mesmo, um processo de culpabilização induzindo uma clivagem do eu, corre o risco de não surtir efeito.

Favret-Saada mostra como as práticas atuais de desenfeitiçamento se dedicam a um trabalho "em dupla" que poderia assemelhar-se ao trabalho simbólico dos profetas-curandeiros africanos, à maneira do profeta Atcho, do qual nos fala Augé. Se a nomeação do outro continua sendo o móbil da eficácia simbólica, ela pode, no entanto, engajar dois processos diferentes. Ou a cura bocaina reproduz no imaginário o combate que o *nganga,* o xamã africano, confia ao bruxo, assumindo o desenfeitiçador em pessoa os riscos da luta contra as forças do mal, até derrubar o outro. Mas à diferença do que acontece na África, o resultado desse combate continua incerto.

Os sujeitos são condenados à interpretação fantasmática dos sinais (doença, morte, partida do bruxo), na ausência da confissão ou de um processo ritual que atesta por uma marca, um sinal inequívoco, a bruxaria do outro e seu fracasso. Ou então a nomeação é o ponto de partida de um processo que visa reiniciar uma responsabilização pessoal da agressividade, induzir um trabalho sobre si mesmo e não sobre o outro, que toma, porém, o cuidado de cercar-se das proteções simbólicas indispensáveis diante do outro mortífero, e que até encontra nesse trabalho ritual uma satisfação compulsiva.

Portanto, é exatamente esse último esquema que, segundo Favret-Saada,[10] parece impor-se hoje, através do princípio da nomeação pessoal e do papel capital dos ritos de proteção. O que nos faz entender os mecanismos da cura de desenfeitiçamento (1977, pp. 147-148), o jogo de equilíbrio e de inversão entre as posições de força e fraqueza, de malignidade e bondade, é que os enfeitiçados, como Babin (o impotente), são muito fracos porque eles são "muito bons"; eles carecem daquela agressividade que condiciona o acesso ao sucesso e ao poder. O problema da cura é justamente restituir-lhes a força transformando a angústia paralisante do inominável em agressividade dirigida para um outro designado.

Mas a importante descoberta de Favret-Saada é o modo pelo qual a cura do enfeitiçamento gera a telescopagem dos marcos de referência de identificação simbólicos e sexuados da pessoa através de todo um jogo de substituição e de inversão.[11] Dois movimentos se cruzam aí: de um lado, aquele ao qual conduz a necessidade de passar de uma posição de fraqueza associada à bondade, à inocência, para a posição da violência recobrada, da agressividade, sem a qual não há posição de força nesse mundo; do outro lado, aquele que consiste em transformar seres passivos que perderam o sentido de sua individualidade em sujeitos personalizados e responsáveis. A combinação final desse trabalho de manipulação das relações de força e de sentido que realiza a síntese incompatível de um sujeito cristão paralisado pela culpabilidade do engajamento na relação de força (abaixando os olhos como Babin) e de um ser forte, por conseguinte violento

---

[10] É a tese defendida no artigo do Débat (1986). Ela supõe que se distinga bem o que se dá a entender nos relatos e o que se pratica efetivamente.

[11] Ver a importante análise da comunicação sobre "o engrenador de violência" (1985, pp. 103-112).

e agressivo, lutando em pé de igualdade com o bruxo, é potencialmente explosiva. Essa posição de violência e de agressividade assumida pelo sujeito é objeto, em alguns profetas africanos como Atcho (Augé, 1975b) de um processo de acusação-confissão, cuja eficácia, como vimos, se baseava em grande parte no desdobramento que a confissão "em dupla" oferece (é "eu, quanto a mim" ou meu duplo, ou meu diabo). Esse dispositivo que permite prescindir da culpabilidade encontra-se nos processos da cartomancia que fazem apelo "à mão esquerda" do chefe de família para cortar as cartas do jogo:

> *Graças a isso, só ele será o responsável pelas mensagens: um responsável direto, visto que é ele que procede ao sorteio, ao mesmo tempo que um responsável inocente, uma vez que ele utiliza a mão que menos controla* (Favret-Saada, 2009, p. 82).

Compreende-se que no Bocage, levando em conta a formação cultural dominante, o dispositivo ritual do "engrenador de violência" seja em grande parte disfarçado pelo embaralhar das cartas de identidade (pretas e vermelhas) e dos respectivos papéis das figuras masculinas e femininas (dama de espadas) (1990). O combate psíquico ao qual se entrega o desenfeitiçador retoma os processos da cura xamanística analisados por Lévi-Strauss: os sujeitos passivos, paralisados por afetos informulados, entram no jogo de uma "simbolização mínima" pelos deslizes imperceptíveis de sentido do discurso da desenfeitiçadora entre registros e códigos normalmente separados (corporais, sexuais, econômicos). Supõe-se que eles encontram assim uma posição de agente ativo e agressivo.

As releituras que nos são oferecidas por Favret-Saada, com o recuo de quase vinte anos, colocam o acento na questão social e simbólica das relações de sexo. Como o ilustra mais uma vez o caso paradigmático do casal Babin, a atribuição da posição vitimária de fraqueza e de impotência ao homem abre à sua mulher, no tempo da crise e no tempo da cura, a oportunidade de ocupar o lugar forte e de reger os rituais de proteção carregando sobre si toda a carga da agressividade. A cura toma assim a aparência de um ritual de inversão social e simbólica dos sexos, embora esse ritual imaginário permaneça confinado ao entre si do casal.

Do camponês imaginário ao empreendedor familiar

Na etnografia das sortes de Favret-Saada, a abordagem propriamente sociológica da bruxaria bocaina é fortemente relativizada por ao menos duas razões. A primeira depende dos limites de uma pesquisa que toma por objeto "as respectivas posições dos adversários nos jogos locais do prestígio e do poder" (1977, p. 35; e p. 107, nota 18). Como a palavra feiticeira não se dá a entender no seio da rede local de sociabilidade, na qual o pesquisador está implicado, esse sempre é levado a trabalhar sobre um discurso relativamente descontextualizado que ele dificilmente pode esclarecer por seu próprio conhecimento do meio social de proximidade. O segundo argumento vai mais longe, uma vez que se apoia no princípio da autonomia relativa do imaginário feiticeiro em relação aos determinantes econômicos e sociológicos habitualmente invocados. A representação realista dos casos de bruxaria como simples reflexo dos conflitos gerados pela luta pela apropriação de um "espaço saturado" (no sentido material e mágico) entre herdeiros fazendeiros ou exploradores de propriedades agrícolas a meias, deixa-se de fato cair na armadilha do discurso dos enfeitiçados. A figura do "vizinho invejoso", longe de remeter a uma observação empírica ou a um conflito real, seria antes de tudo a expressão induzida da lógica imaginária do discurso de bruxaria e a representação arquetípica do bruxo tal como ela é produzida e mantida pelo processo de designação do culpável. Não se trata de construir uma sociologia imaginária do espaço social do Bocage a partir do discurso dos enfeitiçados.

Favret-Saada havia anunciado um segundo volume mais especialmente consagrado ao contexto sociológico da bruxaria bocaina, mas a maioria dos artigos publicados e a obra em que são retomados se interrogam essencialmente sobre a especificidade da cura do enfeitiçamento como "instituição de recuperação" (2009). Essa orientação que privilegia o interesse pelas técnicas terapêuticas se revela em si mesma muito fecunda e apaixonante, apesar de deixar de lado a comparação e as eventuais recuperações entre a prática do psicanalista (parisiano) e da desenfeitiçadora (bocaina), mesmo quando são constantes as interferências, no núcleo da pesquisa, dessa cura "pelas palavras", cuja finalidade é uma "mudança psíquica".

Deixando em suspenso a questão sociológica, ela corria o risco de veicular, apesar de suas negações, uma sociologia implícita, se não imaginária, de uma bruxaria "fazendeira" e "camponesa", expressão social e cultural específica de uma sociedade local chamada "bocaina". O artigo da revista *Le Débat* de 1986 operava uma perspectivação histórica decisiva relativamente às representações folclóricas e imaginárias de um eterno enfeitiçamento camponês. Mas é o importante artigo de 1989[12] sobre "Os fracassados da ordem simbólica" que traz o reenquadramento e os devidos remanejamentos esperados no plano da sociologia do meio rural.

Todo leitor atento, de modo particular do Diário de pesquisa *Corps pour Corps*, já pode ter observado que os casos evocados e as famílias implicadas nos casos de bruxaria só se referiam a "camponeses" se pelo menos a categoria socioprofissional designa exatamente os "exploradores agrícolas". O perfil social e familiar típico das "vítimas" da bruxaria remete, no entanto, nas palavras do discurso de bruxaria (mas também da etnóloga), à imagem de uma família de fazendeiros afetada em seu domínio (seus animais, suas colheitas, máquinas e instalações) por malefícios repetidos. Contentar-se com isso seria ceder à lógica do discurso de bruxaria: assim como o bruxo, nessa lógica, só pode ser um vizinho, assim também é evidente que o enfeitiçado é por definição um camponês, porque isso está de acordo com o nosso imaginário. Considerando simplesmente todos os casos citados pela etnóloga, as famílias de pequenos exploradores agrícolas são evidentemente bem representadas, mas também encontramos famílias de comerciantes (padeiro, açougueiro, merceeiro) de artesãos (garagista), de vendedores de animais (carneiros, bezerros, cavalos) ou de grãos, como também de operários agrícolas ou de cantoneiros e de exploradores de pedreira. Todas as categorias sociais da sociedade rural "tradicional" estão, portanto, incluídas. Mas o que também é significativo é que os conflitos, dos quais se faz eco o discurso de bruxaria, se inserem não somente nas relações de vizinhança entre agricultores, mas de maneira mais geral nas relações de concorrência profissional, especialmente no que diz respeito à clientela e também à competição eleitoral. A isso devemos sobretudo acrescentar

---

[12] Retomado em Favret-Saada, 1990, capítulo V.

as tensões internas à parentela, e também à família restrita, ligadas às questões de aliança ou de herança que decidem sobre a propriedade da ferramenta de trabalho. É verdade que Favret-Saada tende a descartar ou invalidar toda acusação lançada sobre os parentes (1977, p. 107, nota 17), em nome da lógica da cura que supõe desviar a violência sobre os não parentes, mas a suspeita maior recai realmente sobre eles. De toda maneira a noção de domínio, que remete na maioria das vezes à exploração agrícola, deve ser ampliada, por exemplo, à clientela, sem falar, é claro, da descendência.

A situação socioprofissional e a degradação constante da economia dos pequenos exploradores são determinantes para esclarecer a natureza dos malefícios ou adversidades que afetam a família, mas não podemos deixar de surpreender-nos com a repetição de uma certa configuração familiar. Na maioria das vezes temos de confrontar-nos com um grupo doméstico muito coeso, muito "solidário", como diz Favret-Saada, onde as relações marido-mulher são extremamente marcadas pela dependência e pelas relações pais-filhos muito protecionistas. No artigo sobre os "Fracassados da ordem simbólica", a autora integra essa ampliação e esse refinamento do perfil social da família enfeitiçada, introduzindo a noção de "produtor individual" ou de empreendedor, e sobretudo uma configuração de empresa familiar onde a mulher ocupa o lugar de auxiliar não assalariada, sendo só o homem "chefe de empresa" e antes de tudo chefe de família.

No entanto, só uma abordagem antropológica que leva em consideração ao mesmo tempo os efeitos sociais do processo de decomposição das formas da socialidade primária local na sociedade do Bocage e as lógicas de recomposição que afetam paralelamente o campo terapêutico e religioso, pode esclarecer a evolução do fenômeno de bruxaria atual. Admite-se que a bruxaria contemporânea não pode ser considerada como "um simples resto ou resquício" (2009, p. 77), mas o desvio entre uma etnografia "fundiária" dos casos de bruxaria que diz respeito a uma população objetivamente muito marginal, e o trabalho simbólico de uma sociedade rural sobre ela mesma, apostando na plasticidade de uma formação cultural, continua sendo considerável.

Os recursos modernos do paganismo cristão

O fantasma da "dupla cena" que assedia toda a tradição etnológica está sempre aí e se desloca no terreno da relação com o paganismo cristão. O desvio entre a cura de enfeitiçamento e a multiplicação de outros recursos simbólicos que substituíram a magia cristã da "água benta salgada" e da força da Santa Virgem ainda não foi superado. Já foi dito que a posição de monopólio da Igreja em matéria de luta eficaz contra a desgraça estava ligada no século XIX ao sincretismo de um cristianismo popular que associa o esquema do sofrimento salvador, fundado na culpabilização individual, e o da erradicação da força diabólica, graças ao poder sobrenatural do material simbólico cristão.

Mas a impotência e o vazio criados pelos padres esclarecidos (ou secularizados) dá lugar hoje no Bocage não só à renovação das peregrinações como a peregrinação de Pontmain, à qual a etnóloga reserva apenas um dia de visita rápida num sábado,[13] mas também a outros artesãos bricolageiros como os desenfeitiçadores (profetas, magos e outros). Favret-Saada pôde declarar de modo surpreendente jamais ter encontrado em sua pesquisa a figura do diabo, mas suas anotações comprovam que os sujeitos que ela encontra não cessam de falar do diabo e do bom Deus, e de feiticeiras ou bruxas que não são "nem mesmo boas para o diabo". A tese da autora pretende que a bruxaria secularizada se tenha liberado do diabo enquanto figura de imposição do cristianismo (2009, p. 70).

E, não obstante, o diabo se comporta bem, inclusive no Bocage. A Dama de Savigny, Madame Esnault, evocada de passagem, utiliza plenamente esse poder de mediação (Carrer e Yver, 1978). O diabo concilia maravilhosamente a agressividade sem reserva voltada contra um outro sem rosto e a moderação da culpabilidade diante do outro cuja maleficência se exprime de fato pelo

---

[13] As duas páginas de descrição-relâmpago da Peregrinação de Pontmain, do sábado 17 de janeiro de 1970, em *Corps pour Corps* (pp. 104-105) demonstram a impressão da autora quanto a uma manifestação exploradora pelo poder eclesiástico, exatamente quando o evento reúne uma multidão considerável de "desprovidos" e de pessoas idosas vulneráveis para a qual a coisa tem um sentido e que a própria etnóloga é levada a colocar velas à Virgem para a tesouraria.

poder que o possui.[14] O padre exorcista "esclarecido" se esforça sem dúvida para induzir um processo de interiorização (o mal está em você e não nos outros), mas ele desvia precisamente a acusação sobre o outro perseguidor, o desenfeitiçador (é ele que faz mal a você, é ele o verdadeiro bruxo).[15] Principalmente não se deve nunca negligenciar a posição de fraqueza na qual se encontram os enfeitiçados. A "terapia" visa recriar as condições de um assumir a si mesmo do sujeito, de um "reforço" que não aposta no ódio do outro, mas na "força" do amor de Deus e do próximo. Em oposição ao desenfeitiçador que desempenha o papel de "engrenador de violência" e apregoa a reclusão, a clausura simbólica, o padre exorcista pretende ser um reengrenador de comunicação e de relação, apostando nos valores de abertura aos outros, de solidariedade e de auxílio mútuo. Mas será que ainda é preciso que a comunidade paroquial, que constituía o cimento da integração e da coesão do grupo camponês, tenha ainda um sentido? Não é justamente isso que está em questão?

Conclusão: a fé dos incrédulos

Na verdade, o meio antropológico dos anos 1970 não estava pronto para compreender, sem contar os poucos iniciados, que o projeto etnológico de Favret-Saada constituía na realidade uma introdução a uma antropologia pragmática das situações de enunciação. A aplicação de um modelo da mesma veia de inspiração pragmática aos "casos de blasfêmia", portanto a um outro objeto que aos "casos de bruxaria", permite avaliar melhor a dimensão do novo paradigma e de sua fecundidade, mas não se trata de introduzir aqui esse novo canteiro ainda em curso e em plena evolução (Favret-Saada, 1994). Em relação aos objetos de uma antropologia religiosa no sentido clássico e aos problemas

---

[14] Nesses comentários sobre Mandrou e Michelet (1977, p. 350), Favret-Saada nota que a propósito dos "camponeses medievais", os recursos de nomeação de um mal inominado oferecido por Satã: "Falar de Satã, talvez seja uma maneira de expressar um mal-estar que se situa 'noutro lugar', na consciência ou na sociedade, e antes de tudo no corpo".

[15] O personagem colocado em cena por L. Costel em seu romance, apesar de não existir realmente, goza de plausibilidade. Mesmo que ele ilustre uma posição pessoal do autor, sua pertença ao meio eclesiástico local é em si mesma significativa: COSTEL, L. *Un Cas d'Envoûtement*. Paris: Fayard, 1979.

epistemológicos que ela propõe, um dos aportes essenciais dessa obra continua sendo a interrogação sobre o estatuto das crenças e do crer no seio de uma antropologia dos dizeres dos sujeitos em situação de interlocução.[16]

Pode-se pensar que essas histórias de bruxaria não têm grande coisa a ver com a religião, mas a questão do crer ou não crer, do crer sem crer nos bruxos ou no sobrenatural conserva todo o seu sentido e sua pertinência quando se trata do Deus-objeto, da Virgem, de Jesus ou do Deus único dos cristãos. Em seu diário de pesquisa, no dia 16 de fevereiro de 1970, a etnóloga anota um resumo significativo de seu encontro com os seminaristas de Alençon que merece ser citado:

> *Em oito meses, jamais ouvi falar de Cristo, de Deus ou de Satanás. Os camponeses se dizem católicos ou cristãos, mas na realidade eles são politeístas, pois honram Virgens diversas e numerosos santos. Alguém pode perguntar: "Você quer dizer que não há unificação dos personagens sagrados?". Exatamente. Pode-se dizer justamente que essa religião é unificada pela noção de "força". Dessa "força", os camponeses só sabem, afinal, uma coisa: que eles mesmos não a possuem. A Virgem, ela a tem e os santos [...] e o bruxo também. A existência do bruxo lhes prova que Deus não é todo-poderoso, que ao menos ele não é necessariamente o aliado deles* (1985, p. 160).

Nessa contrarreligião da força reconhecemos todos os traços do gênio do paganismo à maneira de Marc Augé, um paganismo cristão que se acomoda com a adição dos heróis divinos e dos santos cristãos como ele recorre aos recursos da magia da água benta, das medalhas de santos ou das velas de oração. Mas essa religião pagã que participa do cristianismo se mantém à distância de Deus e duvida até de seu "Todo poder" diante das desgraças que se acumulam sobre os humanos. O princípio de ruptura entre a magia da força pagã e a religião do Deus dos clérigos da fé cristã está, portanto, no

---

[16] Podemos encontrar uma posição dos lugares do questionamento antropológico sobre a imputação de crença em Lenclud (1994), *Attribuer des Croyances à Autrui*; e Piette (2003), capítulo 4, "Croyance".

fundamento dessa formação cultural profundamente dualista que a emergência da fé das Luzes e o desenvolvimento de um cristianismo esclarecido não fizeram mais do que reforçar. Acontece, porém, que as anotações da etnóloga se tornam mais atenuadas:

> *O elemento pertinente me parece ser a resistência dos camponeses ao controle ou domínio da Igreja: eles querem certamente ser católicos, adorar a Deus, Jesus e todo o bando, mas que se deixem eles mesmos escolherem alguns santos para seu uso pessoal* (1981, p. 81).

Por conseguinte, o princípio da "cena dupla" está sempre no lugar do encontro.

Essa impermeabilidade entre as duas religiões, que não deixa de lembrar os dois Saint Besse de Hertz, se prolonga e se confirma através de um jogo de inversão nos dizeres, nos quais nem sempre se sabe quem é verdadeiramente o iniciador. Sabe-se bem que no mundo católico do Bocage existem crentes e não crentes (em Deus), e talvez ainda mais os praticantes (os "messalisants" ou frequentadores da missa), segundo a linguagem da sociologia religiosa e os não praticantes que representam hoje a maioria. Mas os camponeses parecem experimentar um prazer maligno maior ainda em denunciar a descrença dos cristãos esclarecidos e secularizados que não creem na força dos bruxos, e na eficácia dos desenfeitiçadores, e nem mesmo na eficácia da Virgem de Pontmain. Daí a ideia da superioridade da "fé dos incrédulos" sobre os incrédulos da fé, se assim podemos dizer (1981, p. 81; 2009, pp. 20-21), apesar de ainda existir algum padre "crente", em outras palavras, pagão. Esse jogo de inversão dos termos que credita a alternativa do crer/não crer bastaria para sugerir que a impermeabilidade das culturas em oposição não exclui uma certa osmose.

CONCLUSÃO
COMPREENSÃO DO OUTRO E EXPERIÊNCIA RELIGIOSA

Uma escolha de autores de referência é sempre um tanto arbitrária. Por que prender-se a isso? Os autores percorridos são "meus autores", aqueles que me fazem pensar há anos sobre as questões de antropologia religiosa e que eu indico aos estudantes como leitura prioritária. As leituras dos "fundamentais" são uma importante fonte de economia para o pensamento, e Marc Augé nos dá aqui o exemplo disso revisitando regularmente os grandes textos de Durkheim ou de Mauss.

Mas devo dizer que depois desse percurso e das releituras que ele exigiu, estou ainda mais convicto das relações de afinidade entre esses autores. Sem chegar a falar, não sem anacronismo, de "colégio invisível", tomamos a precaução do diálogo ou simplesmente da troca de dados, explícitos ou subterrâneos, baseados nos quais se constroem as posições e as posturas de uns e de outros. Evans-Pritchard apreciava muito os estudos de Hertz e redigiu a introdução da tradução inglesa de *Death and the Right Hand*. Vimos como Lévi-Strauss integra as "intuições" de Evans-Pritchard sobre as lógicas simbólicas dos sistemas totêmicos. Bastide é um grande leitor da obra de Lévi-Strauss, muito além do entrecruzamento de seus percursos de vida. Geertz, por sua vez, disse tudo sobre a antropologia interpretativa do senso comum dos azande. Augé, como Favret-Saada, herda magia e bruxaria das conceitualizações azande no campo aladiano ou bocaino. Chegando ao campo do Bocage maiense, Favret-Saada encontra o mundo das práticas populares que conduzem perdões bretões frequentados por Hertz (e Augé) na peregrinação de Saint Besse, e toma nota de passagem em seu diário das observações de Hertz sobre os "bruxos" castradores de cavalos de Mayenne (1981, p. 22). Além das diferenças de gerações, dos investimentos de objetos, das distâncias entre os campos investigados, esses antropólogos são intelectualmente "contemporâneos".

É verdade que os objetos que transcendem esses retratos e esses percursos facilitam as passarelas e as pontes cognitivas. Poderíamos retomar esta obra a partir dos objetos centrais que são os sistemas simbólicos, a bruxaria, os rituais, os profetismos, mas o sentido da obra e sua trajetória biográfica são essenciais. Mesmo familiar de uma obra que se descobriu à medida que se ia de uma obra à outra, o retorno às datas de publicação e suas coincidências inquietantes, muitas vezes dissimuladas pela retomada de um artigo já publicado e incluído numa obra global, ou pela discordância das traduções, tudo isso pode trazer às vezes revelações surpreendentes. Os escritos de Geertz em torno de *Islam Observed*, os artigos publicados antes, durante e depois, desenham toda uma configuração intelectual e uma sequência de vida bem esclarecedoras, inclusive no plano de suas leituras e de suas trocas com os outros.

O fio vermelho (ou a breve música, para alguns) da questão da relação com o religioso também é revelador pela admirável persistência da postura antropológica aquém das diversas sensibilidades (ou insensibilidades) religiosas. O dualismo cultural (a Grande Partilha) aplicado ao tipo de religiões ou às formas de religiosidade toma a modalidade de um verdadeiro princípio de ruptura, no sentido bastidiano, e sobrevive a todas as mudanças históricas. É verdade que o paganismo ignora, segundo Augé, todos os dualismos, mas resta que assim se reconstitui e por isso mesmo, num outro nível ou num outro contexto, um desvio entre o alicerce da religião do ritual e da tolerância pagã e as religiões universais da fé pessoal no Deus único. Evans-Pritchard nos dá uma lição de relativismo incontestável dando-se ao luxo de descobrir uma religião da relação íntima com Deus no terreno das religiões africanas, mas o desvio diferencial entre a extroversão dos azande amadores do fetichismo e de proteções mágicas, com base em acusações de bruxaria, e a religião "introvertida" dos nuer, que se resume em orações e sacrifícios, a serviço exclusivo de uma intenção moral, contribui a seu modo para fortalecer o dualismo impermeável das formas de religiosidade.

Esse dualismo incentiva naturalmente os jogos de inversão: do gênio do paganismo à fé dos incrédulos, passando pelo sagrado selvagem (ou leigo), a cena dupla de um religioso pagão que funciona como uma religião do Livro ao inverso está sempre no lugar do encontro. Mas o problema é principalmente o de uma antropologia dissimétrica, não somente em relação à clivagem entre paganismo e cristianismo, mas também relativamente à religião dos "outros", as religiões missionárias. Nessa antropologia, o cristianismo ocupa um lugar sem comparação com o das outras religiões do Livro como o islã. Na nossa seleção, só Geertz confere um lugar central a essa última religião enquanto objeto antropológico. Essa dissimetria não depende somente do caráter enviesado de uma escolha de dominante africanista, ou da realidade objetiva dos campos africanos cobertos, uma vez que o islã está presente de longa data nesses campos africanos (do Sudão à Costa do Marfim). Ela está muito mais ligada ao fato de que as religiões missionárias ou as religiões do Livro tomam sentido no discurso antropológico relativamente à religião "nativa". O que dizer a esse respeito do fato de que o catolicismo, esta religião "pagã", oculte quase completamente a evocação do protestantismo (exceto talvez um autor de origem protestante como Bastide) e ainda mais o judaísmo (com exceção, sem dúvida, de Lévi-Strauss).[1]

Como essa iniciativa está inspirada, como dissemos na introdução, nas preocupações e nos escritos de Evans-Pritchard sobre os antropólogos e a religião (ou sobre a religião e os antropólogos), é útil render-lhe homenagem retornando a algumas de suas questões e suas tomadas de posição pessoais, pouco discutidas, ao menos sobre o tema da religião no campo da antropologia francesa. Sabe-se a que ponto Evans-Pritchard se surpreendia ao ver que os autores do fim do século XIX – historiadores, sociólogos ou antropólogos – que escreveram sobre as origens da religião, não tenham começado por estudar as grandes religiões que estavam mais próximas de sua cultura e de sua sociedade, em vez de assumir o risco de nutrir-se da literatura de segunda mão da qual dispunham sobre as religiões primitivas. O bom senso teria aconselhado partir do mais conhecido ao menos conhecido (1965, p. 22). Em vez de refazer a história, Evans-Pritchard se interroga sobre o grau de incultura religiosa desses eminentes sábios em matéria de teologia, de história, de exegese e de simbólica cristã, o que não lhe parece a melhor posição para apreender as religiões primitivas. Hoje se pode traduzir o preceito nos termos seguintes: aprendamos a conhecer melhor as religiões que são as nossas (e, por conseguinte, a conhecer-nos a nós mesmos) para compreender melhor as religiões dos outros. A condição prévia não é somente um problema de conhecimento "profundo", mas de compreensão, e é aí que as coisas se complicam:

> Mas entre esses sábios que achavam que podiam impor uma crença em matéria de religião primitiva, raros são aqueles que tinham um conhecimento profundo das religiões históricas e daquilo em que os fiéis acreditavam, do sentido que eles atribuíam aos ritos e dos sentimentos que eles experimentavam (1965, p. 23).

---

[1] Aqui não estamos em condições de situar o sentido da "viagem etnográfica" proposta por uma obra como *Le Christianisme et ses Juifs (1800-2000)*, 2004, e seu cuidado de desvendar a ocultação do antissemitismo da cultura cristã europeia, relativamente ao quadro dos trabalhos anteriores de Jeanne Favret-Saada e de José Contreras sobre a bruxaria bocaina.

O autor precisa em seguida que ele não quer dar a entender que o antropólogo deve praticar uma religião para compreender melhor o que está em jogo, mas ele afirma que a postura de descrença, o fato de não crer naquilo que os outros creem torna a crença incompreensível e justifica todas as tentativas de explicação redutora da coisa:

> *É precisamente porque um grande número de antropólogos tomou uma posição teológica, ainda que negativa e implícita, que eles tentaram dar aos fenômenos religiosos primitivos uma explicação causal, e que ultrapassaram, como me parece, os limites legítimos do assunto* (Id.).

A postura fenomenológica da *épochè*, da suspensão da realidade e do valor da crença, aparentemente se apresenta como a única possível aos seus olhos, para libertar-se de toda tentação de teologia "negativa", compreendida aqui como uma contrateologia.

Mas essa não é a última palavra de Evans-Pritchard. O encontro com a religião dos nuer, uma religião atípica para um povo nilótico, bem próximo, segundo suas próprias palavras, da religião dos hebreus do Antigo Testamento, foi para ele uma fonte de grande confusão. Alguns se fizeram o eco do fato de que a conversão ao catolicismo (em 1944) desse filho de padre anglicano estava relacionada com essa confrontação espiritual no centro do terreno etnográfico, mas ao mesmo tempo, em uma dessas últimas confidências autobiográficas, ele não hesitará em dizer que aprendeu definitivamente mais sobre a vida religiosa interior junto dos nuer do que nas experiências de sua religião nativa. Pode-se reter pelo menos que no prefácio em *nuer Religion*, o antropólogo faz esta primeira confissão:

> *Aqueles que aprovam* as crenças religiosas de seu próprio povo *se debruçam e pensam, e consequentemente também escrevem sobre as crenças de outros povos de um modo diferente do que aqueles que não as aprovam* (Evans-Pritchard, 1956, p. 7, grifo nosso).

Esse tipo de declaração não reteve manifestamente a atenção de Geertz em seu retrato do antropólogo como autor, mesmo quando ele incentiva os antropólogos a atacar de frente a questão da crença e da descrença e inclusive no cerne da atividade de escrita etnográfica. E não obstante o autor Evans-Pritchard persiste e subscreve generalizando seu propósito, quase dez anos depois, conservando ao mesmo tempo a simplicidade das palavras para dizê-lo:

> *Na medida em que o estudo da religião é um fator da vida social, pouco importa que o antropólogo seja teísta ou ateu, uma vez que em ambos os casos ele não leva em conta aquilo que observa. Mas se o teísta e o ateu tentam, tanto um como o outro, ir mais longe, cada um seguirá um caminho diferente. O ateu buscará uma teoria biológica, psicológica ou sociológica para explicar a ilusão. O crente buscará de preferência compreender como um povo concebe uma realidade e as relações que ele mantém com ela [...]. Sobre esse ponto estou de acordo com Schmidt[2] que refuta o argumento de Renan: "Se a religião pertence essencialmente à vida interior, não se pode verdadeiramente compreendê-la a não ser do interior. E não há dúvida de que quem a aprender melhor será aquele na consciência do qual a experiência religiosa terá um papel a desempenhar. Não é de temer mais de um não crente falar da religião do que de um cego falar das cores ou de um surdo falar de uma bela composição musical"* (Evans-Pritchard, 1965, p. 143).

Portanto, a questão essencial gira em torno desse *mana* da religião concebido como experiência de um "estado interior", aqui como relação pessoal entre o ser humano e "seu" Deus. Esse núcleo de interioridade e de intimidade – este inominável da individualidade – não é, como sublinha Augé, o próprio das sociedades e das culturas ocidentais. Ele é menos ainda o próprio das religiões que fazem da experiência "pessoal" um elemento central de seu credo e de sua concepção da espiritualidade. O antropólogo do religioso não escapa, porém, da interrogação sobre o inverso da abordagem da religião em termos de símbolos, de rituais e de organização social,

---

[2] Essa alusão aos propósitos do Padre Schmidt, fundador da revista *Anthropos* e defensor de uma etnologia católica, autoriza a lembrar que a religião dos nuer de Evans-Pritchard responde em todo ponto às teses do monoteísmo primitivo avançadas por essa etnologia tão discutida por Mauss e Hertz.

sem no entanto postular sua irredutibilidade. Uma vez colocado de lado tudo o que é objetivável, tudo o que faz sistema, no fenômeno religioso – as categorias de pensamento, os sistemas simbólicos, as formas da atividade ritual, em poucas palavras os mecanismos do pensamento e da ação religiosa – o que resta? A experiência interior, diz-nos Evans-Pritchard (1956, p. 322, tradução nossa):

> *O que é essa experiência, o antropólogo não pode certamente dizê-lo. As experiências desse tipo não são facilmente comunicáveis, mesmo quando as pessoas estão preparadas e têm um vocabulário suficientemente elaborado para fazê-lo. Se a oração e o sacrifício são ações exteriores, a religião nuer é em última análise um estado interior. Esse estado é exteriorizado em ritos que podemos observar, mas o significado deles depende finalmente da atenção voltada para Deus, e do fato de que os seres humanos são dependentes Dele e devem submeter-se à Sua vontade. Sobre esse ponto o teólogo é o substituto do antropólogo.*

As conclusões epistemológicas do caminhamento do antropólogo deísta e do antropólogo ateu estão finalmente talvez mais próximas do que se poderia pensar, e é para isso que existe uma comunidade de entendimento antropológico. Aqui a conversão da "teologia" a substituto é demais, salvo se nos entendemos sobre a ideia de uma teologia "negativa" compreendendo-a à maneira de Wittgenstein: "É preciso calar o que não se pode dizer". A maioria dos antropólogos convidados nesta obra, e seu autor em primeiro lugar, se declaram descrentes, mas todos são sensíveis, por razões epistemológicas que nada têm a ver com a teologia, ao argumento que requer para compreender a experiência do outro (iniciado, possesso, enfeitiçado ou crente) pelo menos que se tenha sido "afetado". A "conversão" de Bastide à possessão pelos orixás está ligada, como vimos, a essa preocupação metodológica. A implicação de uma etnografia das sortes e a postura esboçada por Favret-Saada (2009, pp. 158-159) em seu artigo "Être Affecté" coincidem à sua maneira com esse tipo de questionamento. O resumo do dilema merece ser citado:

Como se vê, que um etnógrafo aceite ser afetado não implica que ele se identifique ao ponto de vista indígena, nem que se aproveite da experiência para afagar seu narcisismo. Aceitar ser afetado supõe todavia que se assuma o risco de ver desvanecer-se seu projeto de conhecimento. Porque se o projeto de conhecimento está onipresente, nada acontece. Mas se acontece alguma coisa, e mesmo assim o projeto de conhecimento não soçobrou na aventura, então uma etnografia é possível.

A antropologia das religiões supõe sem dúvida um sujeito "afetado" pela experiência das coisas religiosas – uma afeição que não toma necessariamente a forma de uma conversão ou de uma iniciação, e que para todos, para o sujeito etnólogo, como para os outros, permanece profundamente opaco – mas a sobrevivência do sujeito "epistêmico" também é essencial. O projeto de conhecimento dessas coisas passa pela compreensão dos mecanismos intelectuais e de linguagem de um pensamento em ato. Damos a última palavra sobre essas questões epistêmicas a Geertz que nos deixou lembrando o que está em jogo na compreensão "indígena" dos fenômenos religiosos contemporâneos:

Numa palavra, as explicações das subjetividades de outros povos podem ser edificadas sem que haja necessidade de aspirar a capacidades mais que normais de suprimir o ego e os sentimentos de similitude [...]. Compreender a forma e o constrangimento da vida interior dos indígenas para empregar mais uma vez a palavra perigoso, assemelha-se mais a captar o sentido de um provérbio, discernir uma alusão, entender uma piada – ou como sugeri, ler um poema – que isso não se assemelhe a atingir uma comunhão (Geertz, 1986, p. 90).

REFERÊNCIAS BIBLIOGRÁFICAS

Introdução

AUGÉ, Marc. Dieux et Rituels ou Rituels sans Dieux, em: Middleton J. *Athropologie Religieuse, Textes Fondamentaux*, tr. fr. Paris: Larousse Université, 1974.

BOURDIEU, Pierre. Sociologie de la Croyance et Croyances des Sociologues, em: BOURDIEU P. (ed.) *Choses Dites.* Paris: Éditions de Minuit, 1987.

BOYER, Pascal. *La Religion comme Phénomène Naturel.* Paris: Bayard, 1997.

DUMONT, Louis. Prefácio a E. E. Evans-Pritchard, Les nuer. Description des Modes de Vie et des Institutions Politiques d'un Peuple Nilote. Paris: Gallimard, 1968.

EVANS-PRITCHARD, E. E. *Theories of Primitive Religion*. Oxford University Press, 1965; tr. fr. *La Religion des Primitifs à Travers les Théories des Anthropologues*. Paris: Petite Bibliothèque Payot, 1965.

_____. Religion and the Anthropologists, um artigo escrito em 1960 e retomado em *Les Anthropologues Face à l'Histoire et à la Religion*. Paris: PUF, 1974, pp. 185-235 (tr. fr. de *Social Anthropology and Other Essays*. Glencoe: The Free Press, 1962).

HERVIEU-LÉGER, Daniele. *Le Pèlerin et le Converti. La Religion en Mouvement*. Paris: Flammarion, 1999.

HOBSBAWN, E. RANGER, T. *The Invention of Tradition*. Cambridge, Cambridge University Press, 1983.

ISAMBERT, François-André. *Le Sens du Sacré*. Paris, Éditions de Minuit, 1982 (em particular a terceira parte: "Le Sacré").

KEESING, R. M. Rethinking *Mana, Journal of Anthropological Research*, 1984, n. 40, pp.137-156.

_____. Conventional Metaphors and Anthropological Metaphysics: the Problematic of Culture Translation, *Journal of Anthropological Research*, 1985, n. 41, pp. 201-217 (tr. fr. por André Mary na revista *Enquête, Sociologie, Histoire et Anthropologie*, 1996, n. 3, pp. 211-238).

LÉVI-STRAUSS, Claude. *Tristes Tropiques*. Paris: Plon, 1955.

_____. *Le Totémisme Aujourd'hui*. Paris: PUF, 1962.

MARY, André. Religion de la Tradition et Religieux Post-traditionnel, 1996, *Enquête*, n. 2: *Usages de la Tradition*, Ed. Parenthèses (com a apresentação e a tradução de *"Inventing tradition"* de Eric Hosbawn no mesmo número).

_____.L'anthropologie au risque des religions mondiales, *Anthropologie et Sociétés*, 2000, vol. 24, n.1: *Terrains d'Avenir*, pp. 117-135.

KEESING, R. M. Anthropologie du Religieux et Sociologie des Religions: les Leçons de l'Histoire, em Fabiani J. L. (ed.) *Le Goût de l'Enquête. Pour J. C. Passeron.* Paris: L'Harmmatan, 2001, pp. 165-193.

NAEPELS, Michel. Notion de Personne et Dinamique Missionnaire, em Naepels M. E. Salomon C. (eds.) *Terrains et Destins de Maurice Leenhardt,* Cahiers de l'Homme, Éditions de l'EHESS, 2007, pp. 69-91.

OBADIA, Lionel. L'Anthropologie des Religions. Paris: La Découverte, *Repères*, 2007.

ORTIGUES, Edmond. *Religion du Livre. Religions de la Coutume.* Paris: Le Sycomore, 1981.

PEEL, John D. Y. The Pastor and the Babalowo: the Interaction of Religions in Nineteenth-Century Yorubaland, *Africa*, 1990, vol. 60, n. 3, p. 338.

_____. *Religious Encounter and the Making of the Yoruba.* Indiana University Press, Bloomington & Indianapolis, 2000.

PIETTE, Albert. *Le Fait Religieux. Une Théorie de la Religion Ordinaire.* Paris: Economica, 2003.

RANGER, Terence. The Invention of Tradition in Colonial Africa, em: Hosbawn & Ranger T. (eds.) *The Invention of Tradition*, Cambridge: Cambridge University Press, 1983, pp. 211-262 (ver também Ranger Terence, The Invention of Tradition Revisited: The Case of Colonial Africa, em: Ranger T. Vaughan M. (eds.) *Legitimacy and the State in Twentieth Century Africa*, London: Macmillan, 1993, pp. 62-112).

TAROT, Camille. *Le Symbolique et le Sacré. Théories de la Religion.* Paris: La Découverte, 2008.

VEYNE, Paul. *Les Grecs ont-ils cru à Leurs Mythes?* Paris, Seuil, 1983.

Capítulo I Sobre Robert Hertz

Textos de Robert Hertz

Le Péché et l'Expiation dans les Sociétés Primitives. Paris: Éd. Jean--Michel Place, 1988, prefácio de Jean Jamin (reimpressão da edição de Marcel Mauss publicada na *Revue de l'Histoire des Religions*, 1922).
Sociologie Religieuse et Folklore, prefácio de Marcel Mauss (1928), Paris PUF, 1970, agrupando entre outras: *Contribution à une Étude sur la Représentation Collective de la Mort*; e *La Prééminence de la Main Droite. Étude sur la Polarité Religieuse*.
Le Péché et l'Expiation dans les Sociétés Inférieures, Mise au Point des Recherches Inédites de Robert Hertz, Cours de Marcel Mauss, Notes (Collège de France, 1935), *Gradhiva*, 1987, n. 2, pp. 43-52.

Complemento

BESNARD, P. & RILEY, A. T. *Un Ethnologue dans les Tranchées. Lettres de Robert Hertz à sa Femme Alice. Août 1914-avril 1915*. Paris: CNRS Éditions, 2002.
DUMONT, Louis. *Essais sur l'Individualisme*. Paris: Seuil, 1983.
ISAMBERT, François-André. *Le Sens du Sacré*. Paris: Éditions de Minuit, 1982.
ISNART, Cyril. Savages Who Speaks French: Folklore, Primitivism and Morals in Robert Hertz, *History and Anthropology*, 2006, vol. 17, n. 2, pp. 135-132.
JAMIN, Jean. Préface à Hertz, *Le Péché et l'Expiation*. Paris: Éd. Jean-Michel Place, 1988.
LE ROY, A. *Les Pygmées, Négrilles d'Afrique et Négritos de l'Inde*. Tours, Mame, 1905, reeditado por Beauchesne em 1928, e primeiramente publicado sob forma de artigos nas Missões católicas de Lyon, desde 1897.

_____. *La Religion des Primitifs*. Beauchesne, 1909.

MAUSS, Marcel. *Oeuvres, 1. Les Fonctions Sociales du Sacré,* Présentation. Karady Victor, Paris: Éditions de Minuit, "Le sens Commun", 1968, para o *Essai sur la Nature et la Fonction du Sacrifice* (1899), para a introdução e as notas sobre *La prière* (1909).

NIETZSCHE, Friedrich. *La Généalogie de la Morale*. Paris: Folio, 1971.

PARKIN, Robert. *The Dark Side of Humanity. The Work of Robert Hertz and its Legacy.* Amsterdam B. V. Ovserseas Publishers Association, 1996.

RICOEUR, Paul. Le Mal. Un Défi à la Philosophie et à la Théologie. Genebra: Labor & Fides, *Autre temps*, 1996.

RILEY, Alexander Tristan. Whence Durkheim's Nietzschean grandchildren? A closer look at Robert Hertz in the Durkheimian genealogy's place, *Archives Européennes de Sociologie* 1999, vol. 60, n. 2, pp. 304-330.

_____. Etnologie d'un Anthropologue, à Propos de la Correspondance de Robert Hertz, *Gradhiva*, 2001/2002, n. 30/31, pp. 123-135.

_____. The Sacred Calling of Intellectual Labor in Mystic and Ascetic Durkheimianism, *Archives Européennes de Sociologie,* 2002, vol. 63, n. 2, pp. 354-385.

TAROT, Camille. Sociologie et Anthropologie de Marcel Mauss. Paris: La Découverte, *Repères* 2003, n. 360.

_____. *De Durkheim à Mauss, l'Invention du Symbolique*. La Découverte/Mauss, 1999.

TRILLES, R. P. *Les Pygmées de la Forêt Équatoriale*. Paris: Bloud & Gay, 1933, 500p.

Capítulo II Sobre E. E. Evans-Pritchard

Textos de E. E. Evans-Pritchard

Witchcraft, Oracles, and Magic Among the azande (1937). Oxford Clarendon Press, versão abreviada em Paperbacks, 1976; tr. fr. *Sorcellerie, Oracles et Magie chez les Azandé*. Paris: Gallimard, 1972.

nuer Religion. Oxford Clarendon Press, 1956.

Les nuer. Description des Modes de Vie et des Institutions Politiques d'un Peuple Nilote. Paris: Gallimard, 1968.

Theories of Primitive Religion. Oxford University Press, 1965; tr. fr. *La Religion des Primitifs à Travers les Théories des Anthropologues*. Paris: Petite Bibliothèque Payot, 1971.

Introduction, para a tradução inglesa de Robert Hertz, *Death and the Right Hand* (trad. Needham R. e C.), London, Cohen and West, 1960.

Les Anthropologues Face à la Religion. Paris: PUF, 1974; tr. fr. de *Social Anthropology and Other Essays*. Glencoe: The Free Press. Para as duas contribuições, La Théologie Zandé (pp. 185-235) e Religion and the Anthropologists.

Complemento

AUGÉ, Marc. *Le Génie du Paganisme*. Paris: Gallimard, 1982.

BURTON, John W. Answers and Questions: Evans-Pritchard on nuer Religion, *Journal of Religion in Africa,* vol. 14 (3), 1983, pp. 167-185.

DUMONT, Louis. *Essais sur l'Individualisme*. Paris: Seuil, 1983.

FAVRET-SAADA, Jeanne. *Les Mots, la Mort, les Sorts*. Paris: Gallimard, 1977.

GEERTZ, Clifford. *L'Anthropologue comme Auteur*. Paris, Métailié, 1996; tr. fr. de *Words and Lives. The Anthropologist as Author*. Standford: Standford University Press, 1988.

GESCHIERE, Peter. *Sorcellerie et Politique en Afrique. La Viande des Autres*. Paris: Karthala, 1995.

JOHNSON, Douglas H. *nuer Prophets. A History of Prophecy from the Upper Nile in the Nineteenth Centuries* (1994). Clarendon: Oxford Studies in Social and Cultural Anthropology, 1997.

LAGAE, Constant Robert. *Les Azandé ou Niam-Niam.* Brussels: Bibliothèque Congo, 1926.

LALLEMAND, Suzanne. *La Manguese d'Âmes.* Paris: L'Harmattan, 1988.

MALLART-GUIMERA, Luis. *Ni dos ni Ventre. Religion, Magie et Sorcellerie Evuzok.* Société d'Ethnographie et de Sociologie Comparative de l'Université de Paris X, 1981.

MARWICK, Max (ed.). *Witchcraft & Sorcery.* Penguin Books, 1982.

Capítulo III Sobre Claude Lévi-Strauss

Sobre a questão do totemismo

LÉVI-STRAUSS, Claude. Contribution à l'Étude de l'Organisation Sociale des Indiens Bororo. *Journal de la société des Américanistes,* 1936, t. 28, pp. 269-304.

_____. *Anthropologie Structurale I.* Paris: Plon, 1958.

_____. *Le Totémisme Aujourd'hui.* Paris: PUF, 1962a.

_____. *La Pensée Sauvage.* Paris: Plon, 1962b.

_____. *L'Homme Nu.* Paris: Plon, 1971.

DURKHEIM, Émile. *Les Formes Élémentaires de la Vie Religieuse. Le Système Totémique en Australie.* Paris: PUF, 1960.

MAUSS, Marcel. *Sociologie et Anthropologie.* Paris: PUF, 1950.

_____. *Oeuvres, I. Les Fonctions Sociales du Sacré.* Paris: Éditions de Minuit, 1968.

MAUSS, Marcel e DURKHEIM, Émile. Quelques Formes Primitives de Classification, em: *Essais de Sociologie.* Paris: Éditions de Minuit, 1968.

Complementos

ELKIN, Adolphus Peter. *Les Aborigènes Australiens.* Paris: Gallimard, 1967.

_____. La Nature du Totémisme Australien, *Anthropologie Religieuse.* Middleton: Larousse, 1974.

ROSA, Frederico. *L'Âge d'or du Totémisme. Histoire d'un Débat Anthropologique (1887-1929.* CNRS Éditions, Éd. de la Maison des Sciences de l'Homme, 2003.

Sobre a eficácia simbólica

LÉVI-STRAUSS, Claude. Le Sorcier et sa Magie, em: LÉVI-STRAUSS, C. (ed.) *L'Anthropologie Structurale I.* Paris: Plon, 1958, cap. 9 (publicado primeiro sob este título em *Les Temps Modernes*, 1949, n. 41).

_____. L'efficacité Symbolique, em: LÉVI-STRAUSS, C. (ed.) *Anthropologie Structurale I.* Paris: Plon, 1958, cap. 10 (publicado primeiro sob este título em *Revue de l'Histoire des Religions*, 1949, tomo 135, n. 1).

_____. Introduction a l'Oeuvre de Marcel Mauss, em: MAUSS, M. *Sociologie et Anthropologie.* Paris: PUF, 1950.

Alguns complementos

LÉVI-STRAUSS, Claude. Les Vivants et Les Morts, em: LÉVI-STRAUSS, C. *Tristes Tropiques*, cap. 23. Paris: Plon, 1955 (retomado de um curso do EPHE sobre A visita das almas de 1950).

_____. Le Syncrétisme Religieux d'un Village Mogh du Territoire de Chittagong. *Revue de l'Histoire des Religions*, 1952.

_____. Le Père Noël supplicié, *Les Temps Modernes,* n. 77, março, 1952.

Alguns comentários filosóficos

DESCOMBES, Vincent. L'équivoque du Symbolique. *Confrontation*, 1980, Cahier n. 3, Les Machines Analytiques, pp. 77-94.

SCUBLA, Lucien. Fonction Symbolique et Fondement Sacrificiel des Sociétés Humaines. *La Revue du MAUSS*, 1998, n. 12, pp. 40-55.

HÉNAFF, Marcel. Lévi-Strauss et la Question du Symbolisme, *La Revue du MAUSS*, 1999, n. 14, pp. 271-287.

FOESSEL, Michaël. Du symbolique au Sensible, Remarques en Marge du Débat Lévi-Strauss/Ricoeur. *Esprit*, 2004.

Outras referências

BENVENISTE, Emile. La Nature du Signe Linguistique, em: *Problèmes de Linguistique Générale*, t. I, Paris: Gallimard, 1966.

BERTHOLET, Denis. *Lévi-Strauss*. Paris: Plon, 2003.

BOURDIEU, Pierre. *Le Sens Pratique*. Paris: Éditions de Minuit, 1980.

EVANS-PRITCHARD, E. E. *Les nuer*. Paris: Gallimard, 1972.

FREUD, Sigmund. *Totem et Tabou*. Paris: Payot, 1924.

IZARD, Michel e SMITH, Pierre (dir.). *La Fonction Symbolique: Essais d'Anthropologie*. Paris: Gallimard, 1979.

RADCLIFFE, Brown A. R. *Structure et Fonction dans les Sprimitives*. Paris: Éditions de Minuit, 1968.

SPENCER, Baldwin e GILLEN, Francis James. *The Nothern Tribes of Central Austrália.*London, 1899.

VAN GENNEP, Arnold. *L'État Actuel du Problème Totémique*. Paris: Leroux, 1920.

Capítulo IV Sobre Roger Bastide

Sobre misticismo no sincretismo: principais obras citadas

Les Problèmes de la Vie Mystique (1931). Paris: PUF, Quadrige, 1996.
Éléments de Sociologie Religieuse (1935). Paris: Stock, 1997.
Les Religions Africaines au Brésil (1960). Paris: PUF, 1995.
Les Amériques Noires. Paris: Payot, 1967.
Le Prochain et le Lointain. Paris: Éd. Cujas, 1967.
Le Rêve, la Transe et la Folie (1972). Paris: Seuil, 2003.
Le Sacré Sauvage et Autres Essais. Paris: Payot, 1975.

Sobre o sincretismo segundo Bastide

Contribution à L'étude de la Participation, *Cahiers Internationaux de Sociologie,* 1954, n. 14.
Le Principe de Coupure et le Comportement Afro-brésilien, *Anais do XXXI Congresso Internacional de Americanistas.* São Paulo, 1955, vol. I.
Mémoire Collective et Sociologie du Bricolage. *L'Année Sociologique.* 1970a, vol. 21, pp. 65-108.
Le Rire et les Courts-circuits de la Pensée. *Échanges et Communications, Mélanges Offerts à C. Lévi-Strauss.* Paris: Mouton, 1970 b, pp. 953-963.
Immigration et Métamorphose d'un Dieu, em: BASTIDE, R. (ed.). *Le Prochain et Lointain.* Paris: Éd. Cujas, 1970 c, pp. 211-226, artigo previamente publicado em 1956 em *Cahiers Internationaux de Sociologie,* n. 20, pp. 45-60.
L'acculturation Formelle, em: BASTIDE, R. (ed.) *Le Prochain et le Lointain.* Éd. Cujas, 1970 d, pp. 137-148, artigo previamente publicado em 1963 na revista *América Latina,* Rio de Janeiro, n. 6, vol. 3, pp. 3-14.
Le Syncrétisme Mystique en Amérique Latine, em: R. Bastide (ed.). *Le Prochain et le Lointain.* Paris: Éd. Cujas, 1970, pp. 237-241,

artigo previamente publicado em fevereiro de 1965, em *Bulletin Saint Jean-Baptiste*, n. 5, vol. 4, pp. 166-171.

Les Christs Noirs, prefácio a Martial Sinda, *Le Messianisme Congolais et ses Incidences Politiques.* Paris, Payot, 1972.

Outras referências citadas no texto

Roger Bastide: Claude Lévi-Strauss, du Principe de Coupure aux Courts-circuits de la Pensée, em: *Bastidiana, Cahiers d'Études Bastidiennes,* 1994, n. 7-8. Entrevista com Claude Lévi-Strauss, pp. 53-64.

BABADZAN, Alain. Naissance d'une Tradition, Changement Culturel et Syncrétisme Religieu aux Îles Australes (Polinésia francesa). *Travaux et Documents de l'Orstom,* 1992, n. 154.

BASTIDE, Roger. Lévi-Strauss ou l'Ethnographe à la Recherche du Temps Perdu, Recension de Tristes Tropiques. *Présence Africaine,* 1956, Paris, n. 7, pp. 150-155; retomado em: *Bastidiana* n. 7-8, 1994, pp. 89-99.

_____. Le Totémisme Aujourd'hui et La Pensée Sauvage, recensão em: *L'Année Sociologique.* Paris: PUF, 1963, n. 14, pp. 315-324; retomado em *Bastidiana* n. 7-8, 1994, pp. 101-106.

_____. La Pensée Obscure et Confuse, em: *Le Monde Non-chrétien.* 1965, Paris, n. 75-76, pp. 137-156; retomado em: *Bastidiana* n. 7-8, 1994, pp. 123-136.

DUCRET, R. Henri Desroche e Centre Thomas More, em E. Poulat e Ravelet, *Henri Desroche: un Passeur de Frontières, Hommage.* Paris: L'Harmattan, 1997.

DUMONT, Louis. *Homo Hierarchicus. Le système des Castes e ses Implications.* Gallimard (posfácio à edição Tel), 1966.

POULAT, E. e RAVELET, C. (dir.). *Henri Desroche, un Passeur de Frontières. Hommage.* l'Harmattan, 1997.

FOURNIER, Marcel. *Marcel Mauss.* Paris: Fayard, 1994.

LÉVI-STRAUSS, Claude. *L'Année Sociologique.* 1940, n. 48, t. I, pp. 335-336.

_____. *Le Cru et le Cuit*. Paris: Plon, 1964.

_____. *Anthropologie Structurale*. Paris: Plon, 1973.

RABENORO, Aubert. Le Protestantisme de Roger Bastide. *Bastidiana*, 1999, n. 25-26, pp. 137-151.

SAHLINS, Marshal. L'apothéose du Capitaine Cook, em: IZARD, M. e SMITH, P. (dir.) *La Fonction Symbolique*. Paris: Gallimard, 1979, pp. 307-343.

VIDAL, Denis. *Le Malheur et Son Prophète*. Paris: Payot, 1983.

Capítulo V Sobre Clifford Geertz

Textos de Clifford Geertz

The Religion of Java. Chicago and London, The University of Chicago Press, 1960.

Religion as a Cultural System, em BANTON, M. (ed.) *Anthropological Approaches to the Study of Religiom*. Tavistock Publications, 1966 (tr. fr.: *Essais d'Anthropologie Religieuse*. Paris: Gallimard, 1972). Este texto prolonga o artigo Ethos, World View, and the Analysis of Sacred Symbols, publicado em: *Antioch Review*, 1958 e retomado no capítulo 5 em: *The Interpretation of Cultures* (1973).

Islam Observed. New Haven, Yale University Press, 1968 (tr. fr.: *Observer l'Islam. Changements Religieux au Maroc et en Indonésie*. Tr. Jean-Baptiste Grasset, Paris: La Découverte, 1992). Livro resultante de um ciclo de conferências dadas na Universidade de Yale em 1967.

Deep play: Notes on the Balinese Cockfight. *Daedalus*, 1972, n. 101, pp. 1-37 (tr. fr.: Jeu d'enfer. Notes sur le Combat de Coqs Balinais. *Le Débat*, 1980, n. 7, retomado na obra *Bali, Interprétation d'une Culture*, em 1983).

The Interpretation of Cultures. New York: Basic Books, 1973.

Bali, Interprétation d'une Culture. Trad. Denise Paulme e Louis Évrard, Paris: Gallimard, 1983; uma composição francesa muitas vezes tomada para a tradução de *The Interpretation of Cultures,* uma vez que ela não retoma nem mesmo o célebre texto da introdução sobre a *thick description*, nem o capítulo 5, mas somente alguns capítulos desta obra, entre os quais *Internal Conversion,* La Conversion Interne dans le Bali Contemporain (1964), e alguns outros publicados anteriormente, principalmente sobre a aldeia balinesa.

Local Knowledge. Further Essays in Interpretive Anthropology. New York, Basic Books Inc., 1983 (tr. fr.: Denise Paulme, *Savoir Local, Savoir Global. Les Lieux du Savoir.* Paris: PUF, 1986).

Works and Lives: The Anthropologist as Author. Standford, California, Standford University Press, 1988 (tr. fr.: D. Lemoine, *Ici et Là-bas. L'Anthropologue comme Auteur.* Paris: Métailié, 1996).

Thick description introdução de *The Interpretation of Cultures* (1973). New York, Basic Books. Tradução *Enquête*, 1988, n. 6: *La description*, pp. 73-105.

Obras e artigos complementares

CLIFFORD, J. e MARCUS, G. E. *Writing Culture. The Poetics and Politics of Ethnography.* Berkeley: University of California Press, 1986.

LANGER, Suzan. *Philosophy in a New Key.* Cambridge Mass., Harvard University Press, 1953.

MARCUS, G. E. e FISCHER, M. M. J. *Anthropology as Cultural Critique.* Chicago: The University of Chicago Press, 1986.

RABINOW, Paul. *Un Ethnologue au Maroc. Réflexions Sur une Enquête de Terrain.* Paris: Hachette, 1988.

RICOEUR, Paul. The Model of the Text: Meaningful Action Considered as a Text. *Social Research*, 1971, 38, pp. 529-562 (retomado em francês em: *Du Texte à l'Action. Essais d'Herméneutique II.* Paris: Seuil, 1986, pp. 183-211).

_____. *Temps et Récit*, T. I. Paris, Seuil, 1983.

SCHUTZ, Alfred. *The Problem of Social Reality*, vol. I. Collected Papers. Haia: Martinus Nijhoff, 1962.

SEGAL, Robert. Interpreting and Explaining Religion: Geertz and Durkheim. *Soundings.* 1988, n. 71, pp. 29-52.

WEBER, Max. *Sociologie des Religions.* Trad. de J. P. Grossein, Paris: Gallimard, 1996.

Capítulo VI Sobre Marc Augé

Textos de Marc Augé

Le Rivage Alladian. Organisation et Évolution des Villages Alladian. Paris: OSTOM, 1969.

Théorie des Pouvoirs et Idéologie. Étude de Cas en Côte d'Ivoire. Paris: Hermann, 1975a.

Pouvoirs de Vie, Pouvoirs de Mort. Introduction à une Anthropologie de la Répression. Paris: Flammarion, 1977.

Symbole, Fonction, Histoire: Les Interrogations de l'Anthropologie. Paris: Hachette, 1979.

Génie du Paganisme. Paris: Gallimard, 1982.

La Traversée du Luxembourg. Paris: Hachette Littératures, 1985.

Un Ethnologue dans le Métro. Paris: Hachette, 1986.

Le Dieu Objet. Paris: Flammarion, 1988.

Nkpiti, La Rancune et le Prophète, com COLLEYN, J. P. Paris: EHESS, 1990.

Non-lieux. Introduction à une Anthropologie de la Surmodernité. Paris: Seuil, 1992.

Pour une Anthropologie des Mondes Contemporains. Paris: Aubier, 1994.

La Guerre des Rêves. Exercices d'Ethno-fiction. Paris: Seuil, 1997.

Fictions Fin de Siècle. Paris, Fayard, 2000.

Alguns artigos essenciais

Sorciers Noirs et Diables Blancs. La Notion de Personne, les Croyances à la Sorcellerie et Leur Évolution dans les Sociétés Lagunaires de Basse Côte d' Ivoire (Alladian et Ebrié), Em: *La Notion de Personne en Afrique Noire* (1971). Paris: CNRS Editions, 1973, n. 544.

Dieux et Rituels ou Rituels Sans Dieux? Em: MIDDLETON, John. *Anthropologie Religieuse. Textes fondamentaux,* tr. fr. Larousse Université, 1974.

Logique Lignagère et Logique de Bregbo, em: PIAULT, C. (ed.) *Prophétisme et Thérapeutique. Albert Atcho et la Communauté de Bregbo*. Paris: Hermann, 1975b, pp. 219-232.

Qui est L'autre? Un Itinéraire Anthropologique. Em: *L'Homme*, 1987a, n. 103, 27 (3), pp. 7-26.

Espace, Savoir, Pouvoir: les 'Prophètes' Ivoiriens, em: *Gradhiva*, 1987b, n. 3, pp. 11-18.

Complementos

ALTHUSSER, Louis. Idéologie et Appareils Idéologiques d'État. *La Pensée*, 1970, n. 151, retomado em: ALTHUSSER, L. (ed.) *Positions*. Paris: Éditions Sociales, 1976, pp. 67-125.

CASTORIADIS, Cornelius. *L'Institution Imaginaire de la Société*. Paris: Seuil, Esprit, 1975.

BALANDIER, Georges. *Sociologie Actuelle de l'Afrique Noire*. Paris: PUF, 1955.

BESSIS, Raphaël. *Dialogue avec Marc Augé, Autour d'une Anthropologie de la Mondialisation*. Paris: L'Harmattan, 2004.

BUREAU, René. *Le Prophète de la Lagune*. Paris: Karthala, "Les Afriques", 1996.

COMBÈS, Gustave. *Le Retour Offensif du Paganisme*. Paris: P. Lethielleux, Libraire-Éditeur, 1938.

COPANS, Jean. De l'idéo-logique au Paganisme, ou Le Malin Génie et Son Maître, em: *Cahiers d'Études Africaines*, 1983, n. 92, vol. 23-4, pp. 471-483.

DOZON, Jean-Pierre. *La Cause des Prophètes. Politique et Religion en Afrique Contemporaine*. Paris: Seuil, 1995 (seguido de Marc Augé, *La Leçon des Prophètes*).

HALIBURTON, Mackey Gordon. *The Prophet Harris. A Study of an African Prophet and his Mass-Movement in the Ivory Coast and the Gold Coast, 1913-1915*. London: Longman, 1971.

ANDERSON, M. D. e JOHNSON, H. D. (ed.) *Revealing Prophets. Prophecy in Eastern African History*. London: James Currey, 1995.

LANTERNARI, Vittorio. *Les Mouvements Religieux des Peuples Opprimés*. Paris: Maspero, 1962.

LÉVI-STRAUSS, Claude. Introduction à L'Oeuvre de Marcel Mauss, em: *Sociologie et Anthropologie*. Paris: PUF, 1950.

L'Homme, Número especial 185-186, *L'Anthropologue et le Contemporain. Autour de Marc Augé*. Paris: Éd. EHESS, 2008.

PETRARCA, Valerio. *Un Prophète Poir en Côte d'Ivoire. Sorcellerie, Christianisme et Religions Africaines* Paris: Karthala, 2008.

PIAULT, Colette (ed.). *Prophétisme et Thérapeutique. Albert Atcho et la Communauté de Bregbo*. Paris: Hermann, 1975.

TERRAY, Emmanuel. L'idéologique et la Contradiction. À Propos des Travaux de Marc Augé. Em: *L'Homme*, 1978. n. 18 (3-4), pp. 123-138.

SHANK, David. *Prophet Harris. The "Black Elijah" of West Africa*. Leiden: E.J. Brill, 1994.

WALKER, Sheila, *The Religious Revolution in the Ivory Coast. The Prophet Harris and his Church*. Chapel Hill, N. C., University of North Carolina Press, 1983.

ZEMPLENI, Andràs. De la Persécution à la Culpabilité, em: PIAULT, C. (ed.) *Prophétisme et Thérapeutique*. 1975, pp. 153-219.

Capítulo VII Sobre a Bruxaria Bocaina
de Jeanne Favret-Saada

Textos de Jeanne Favret-Saada

Les Mots, la Mort, les Sorts. Paris: Gallimard, 1977.

Com CONTRERAS, José. *Corps pour Corps*. Paris: Gallimard, 1981.

Com CONTRERAS, José. *Le Christianisme et ses Juifs, 1800-2000*. Paris: Seuil, 2004.

Désorceler. Paris: ed. de l'Olivier, 2000.

L'embrayeur de Violence. Quelques Mécanismes Thérapeutiques du Désorcèlement, em: *Le Moi et l'Autre*. Paris: Denoël, L'espace analytique, 1985, pp. 95-148.

Com CONTRERAS, José. La Thérapie Sans le Savoir, *Nouvelle Revue de Psychanalyse*. 1985, n. 31, Les Actes, pp. 223-238.

L'Invention d'une Thérapie: la Sorcellerie Bocaine 1887-1970. *Le Débat*, 1986, n. 40, pp. 29-46.

Com CONTRERAS, José. Ah! la Féline, la Sale Voisine, em: *Terrain*. 1990, n. 14, pp. 21-31.

Les Culottes Petit Bateau: Dix ans d'Étude sur la Sorcellerie en France, em: *Gradhiva*. 1989, n. 3, pp. 19-31.

Être Affecté. *Gradhiva*. 1990, n. 8, pp. 3-9.

Le Blasphème et sa Mise en Affaire, Notes de Séminaire, em: *Gradhiva*. 1994, n. 15, pp. 27-33.

Para uma contextualização, uma comparação ou outros esclarecimentos

BOUGEROL, Christiane. *Une Ethnographie des Conflits aux Antilles. Jalousie, Commérages, Sorcellerie*. Paris: PUF, Ethnologies, 1997.

CAMUS, Dominique. *Pouvoirs Sorciers. Enquête sur les Pratiques Actuelles de Sorcellerie*. Paris: Imago, 1988.

CARRER, Danièle e YVER, Geneviève. *La Désencraudeuse, une Sorcière d'Aujourd'hui*. Paris: Stock 2/Voix de femmes, 1978.

COSTEL, Louis. *Un cas d'Envoûtement*. Paris: Fayard, 1979.

GABORIAU, Patrick. *La Pensée Ensorcelée. La Sorcellerie Actuelle en Anjou et en Vendée*. Les sables d'Olonne, Le Cercle d'or, 1987.

GINZBURG, Carlo. *Les Batailles Nocturnes. Sorcellerie et Rituels Agraires aux XVI et XVII Siècles* Paris: Flammarion, 1984 (trad. de Giordana Charuty).

LALLEMAND, Suzanne. *La Mangeuse d'Âmes. Sorcellerie et Famille en Afrique*. Paris: L'Harmattan, 1988.

LENCLUD, Gérard. Attribuer des Croyances à Autrui. L'anthropologie et la Psychologie Ordinaire, em: *Gradhiva*. 1994, n. 15, pp. 3-25.

MUCHEMBLED, Robert. *La Sorcière au Village (XV-XVIII siècle)* Paris: Archives Gallimard Julliard, 1979.

PIETTE, Albert. *Le Fait Religieux. Une Théorie de la Religion Ordinaire*. Paris: Economica, 2003.

ÍNDICE DOS PRINCIPAIS CONCEITOS

Aculturação - 133, 144, 153.

Acusação - 70, 72, 77, 78, 79, 80, 214, 215, 216, 249, 251, 260, 261, 262, 264, 267, 270.

Ambivaência - 39, 40, 57, 76, 77, 81, 109, 151, 152, 154, 155, 156, 199, 213, 214, 235, 258.

Antropologia (histórica, interpretativa, religiosa) - 9, 10, 11, 13,14, 15, 16, 17, 20, 24, 25, 27, 28,32, 33, 38, 43, 44, 51, 61, 62, 63, 67, 70, 71, 73, 83, 84, 86, 87, 89, 91,93, 94, 96, 98, 106, 112, 132, 143, 146, 156, 157, 159, 160, 161, 162, 163, 164, 171, 172, 173, 174, 175, 176, 178, 182, 190, 191, 192, 194, 195, 196, 199, 201, 204, 216, 217, 218, 223, 242, 246, 248, 253, 272, 273, 276, 277, 282.

Bricolagem - 14, 142, 153, 154, 155, 175, 213, 214, 215.

Bruxaria - 11, 20, 22, 28, 61, 63, 64, 65, 66, 67, 68, 69, 70, 71, 72, 73, 74, 75, 76, 77, 78, 79, 80, 81, 92, 98, 112, 176, 185, 191, 195, 204, 212, 215, 233, 245, 247, 248, 249, 250, 251, 252, 253, 254, 255, 256, 257, 258, 259, 260, 261, 262, 263, 265, 266, 268, 269, 270, 271, 272, 273, 276, 277, 278.

Categorias de pensamento - 27, 36, 145, 146, 147, 150, 151, 154, 281.

Coisas religiosas - 11, 16, 17, 28, 32, 65, 99, 179, 201, 217, 282.

Conversão - 51, 81, 132, 136, 147, 151, 152, 162, 174, 180, 209, 210, 215, 217, 262, 279, 281, 282.

Costume - 22, 23, 24, 27, 79, 88, 241.

Crença - 17, 20, 21, 22, 27, 28, 29, 35, 37, 45, 46, 55, 62, 65, 68, 69, 79, 80, 92, 93, 94, 95, 96, 98, 102, 115, 116, 117, 118, 122, 130, 148, 154, 160, 174, 183, 184, 185, 186, 187, 218, 235, 246, 248, 250, 251, 255, 256, 260, 261, 273, 278, 279.

Crer - 22, 28, 48, 57, 160, 178, 183, 186, 188, 217, 218, 219, 249, 255, 256, 257, 259, 273, 274, 279.

Culpabilidade - 41, 44, 49, 51, 70, 86, 199, 215, 216, 266, 267, 271.

Descrição - 11, 51, 54, 56, 64, 66, 92, 105, 107, 138, 163, 164, 165, 166, 167, 168, 169, 172, 174, 184, 271.

Desenfeitiçamento - 246, 265.

Deus - 19, 21, 32, 39, 45, 48, 53, 56, 57, 81, 82, 84, 85, 86, 87, 91, 94, 95, 97, 100, 101, 104, 110, 115, 117, 122, 128, 135, 136, 138, 140, 146, 148, 149, 151, 152, 180, 194, 196, 197, 100, 204, 207, 212, 213, 214, 217, 234, 238, 271, 272, 273, 274, 277, 280, 281.

Diabo - 68, 214, 215, 216, 267, 271.

Dispositivo ritual - 37, 38, 41, 195, 214, 215, 267.

Dualismo - 54, 86, 152, 154, 156, 258, 277.

Espírito, espíritos - 13, 24, 37, 41, 45, 47, 48, 51, 53, 65, 66, 67, 72, 81, 82, 83, 84, 85, 86, 87, 88, 93, 94, 95, 100, 101, 104, 107, 109, 111, 113, 114, 115, 117, 122, 123, 127, 135, 136, 142, 143, 149, 150, 152, 154, 155, 156, 163, 168, 186, 192, 195, 197, 198, 200, 201, 207, 210, 228, 232, 242, 248, 253, 259.

Esquema - 19, 36, 38, 52, 55, 68, 114, 115, 116, 118, 122, 123, 124, 135, 143, 145, 152, 166, 171, 191, 196, 202, 209, 213, 215, 229, 231, 236, 257, 259, 263, 265, 266, 271.

Estruturalismo - 58, 96, 116, 153, 175, 194.

Expiação - 31, 32, 33, 34, 35, 36, 40, 42, 43, 44, 46, 47, 48, 49, 50, 51, 58, 59.

Forma simbólica - 171, 175, 188.

Função simbólica - 10, 38, 103, 105, 106, 107, 111, 120, 130, 194, 214.

Identidade - 22, 25, 32, 54, 55, 56, 75, 82, 102, 152, 154, 191, 199, 200, 222, 223, 226, 230, 232, 238, 241, 242, 267.

Ideologia, Ideológico - 77, 148, 193, 194, 196, 202, 204, 207, 208, 212, 214, 215, 233, 234, 237.

Indígena - 11, 16, 17, 21, 22, 25, 26, 28, 29, 53, 55, 64, 65, 71, 73, 99, 100, 103, 104, 105, 109, 110, 114, 125, 127, 129, 132, 133, 134, 152, 153, 157, 165, 167, 169, 171, 172, 196, 216, 248, 252, 282.

Individualismo - 143, 201, 208.

Interação - 11, 25, 26, 147, 178, 193, 255.

Interpretação - 27, 29, 44, 68, 77, 110, 143, 150, 161, 163, 164, 165, 166, 167, 169, 171, 173, 177, 186, 195, 201, 231, 233, 243, 259, 265, 266.

Magia, mago - 20, 21, 23, 28, 40, 49, 63, 64, 65, 66, 67, 68, 69, 71, 72, 73, 80, 81, 92, 93, 98, 104, 105, 123, 137, 169, 182, 233, 252, 253, 254, 271, 273, 276.

Mal - 31, 32, 39, 41, 42, 44, 49, 50, 51, 52, 67, 75, 76, 79, 135, 147, 151, 152, 154, 156, 182, 183, 196, 199, 202, 214, 215, 234, 248, 250, 260, 264, 265, 272.

Mana - 11, 16, 29, 32, 36, 39, 47, 51, 58, 64, 67, 73, 75, 94, 99, 100, 101, 103, 104, 105, 106, 108, 109, 110, 123, 130, 280.

Mecanismos de pensamento - 16, 35.

Misticismo - 10, 131, 133, 136, 137, 138, 139, 140, 141, 143, 219.

Monoteísmo - 66, 82, 207, 280.

Oração - 21, 34, 36, 37, 40, 45, 64, 81, 86, 139, 281.

Paganismo - 15, 19, 21, 51, 94, 143, 145, 151, 191, 192, 193, 196, 197, 199, 200, 201, 202, 207, 214, 216, 217, 233, 241, 271, 273, 277.

Pecado - 28, 31, 32, 33, 34, 35, 36, 38, 40, 41, 42, 43, 44, 46, 47, 48, 49, 50, 51, 58, 59, 86, 217.

Perdão - 31, 36, 38, 42, 43, 49, 50, 51, 58, 212, 215.

Peregrinação - 10, 34, 52, 53, 55, 192, 201, 271, 276.

Pessoa - 21, 29, 51, 52, 53, 54, 55, 56, 59, 64, 66, 68, 69, 70, 72, 75, 76, 77, 78, 79, 80, 82, 83, 84, 85, 86, 87, 106,

113, 114, 117, 128, 129, 134, 139, 142, 145, 151, 160, 169, 170, 172, 173, 181, 191, 195, 196, 197, 199, 202, 215, 217, 225, 228, 231, 232, 236, 242, 248, 249, 250, 252, 253, 254, 255, 256, 260, 261, 262, 263, 265, 271, 272, 281.

Piedade - 21, 49, 65, 80, 82, 86, 87.

Possessão - 68, 74, 83, 87, 98, 112, 133, 140, 141, 143, 149, 151, 156, 157, 191, 192, 193, 217, 254, 281.

Princípio de ruptura - 134, 151, 152, 248, 259, 260, 273, 277.

Profeta(s), profetismo (s) - 10, 66, 68, 83, 84, 86, 87, 88, 89, 111, 140, 142, 155, 191, 192, 193, 196, 197, 202, 203, 204, 205, 206, 207, 208, 209, 210, 211, 212, 213, 214, 215, 265, 267, 271, 276.

Reinterpretação - 145, 146, 147, 150, 156.

Religiões históricas - 22, 23, 63, 278.

Religiões primitivas - 18, 19, 20, 182, 278.

Representações (coletivas, culturais) - 36, 54, 58, 108, 174, 184, 231.

Ritual - 20, 22, 24, 37, 38, 41, 49, 50, 52, 70, 75, 87, 98, 101, 102, 108, 112, 116, 117, 118, 119, 120, 121, 122, 125, 126, 130, 164, 172, 184, 189, 190, 192, 195, 196, 199, 202, 205, 208, 209, 213, 214, 215, 217, 218, 221, 222, 223, 224, 225, 226, 227, 228, 229, 235, 236, 237, 238, 241, 252, 253, 266, 267, 277, 281.

Sacrifício - 19, 36, 38, 40, 45, 49, 51, 52, 53, 56, 65, 72, 83, 86, 88, 95, 98, 112, 116, 124, 125, 149, 277, 281.

Sagrado - 10, 16, 20, 21, 25, 29, 38, 39, 40, 47, 51, 58, 59, 100, 101, 102, 104, 108, 131, 136, 137, 141, 142, 143, 147, 157, 178, 180, 183, 186, 203, 235, 238, 239, 242, 273, 277.

Santo - 51, 52, 53, 54, 55, 56, 57, 58, 136, 139, 146, 147, 148, 149, 151, 156, 180, 216, 256, 263, 273, 274.

Senso comum - 22, 33, 43, 62, 68, 167, 175, 177, 181, 182, 183, 184, 185, 186, 188, 276.

Simbolismo, simbólico - 11, 17, 18, 37, 40, 42, 84, 85, 91, 93, 94, 97, 100, 103, 107, 109, 110, 111, 125, 126, 127, 128, 129, 130, 135, 144, 145, 160, 168, 170,179, 180, 190, 194, 195, 196, 205, 206, 243, 246, 259, 261, 263, 265, 266, 270, 271, 276, 281.

Sincretismo - 10, 14, 26, 55, 131, 132, 133, 136, 137, 139, 141, 142, 143, 144, 145, 146, 147, 148, 151, 152, 153, 155, 193, 197, 200, 201, 202, 206, 210, 263, 271.

Sistema religioso - 11, 111, 115, 121.

Totemismo - 10, 17, 19, 20, 40, 45, 74, 93, 94, 95, 96, 97, 98, 99, 100, 101, 103, 106, 111, 112, 113, 114, 115, 118, 119, 122, 124, 125, 126, 129, 130,138, 143.

Tradução - 11, 27, 64, 107, 110, 128, 162, 167, 191, 194, 252, 259, 276.

Esta obra foi composta em CTcP
Capa: Supremo 250g – Miolo: Pólen Soft 80g
Impressão e acabamento
Gráfica e Editora Santuário